西南大学教育学部
现代教育文库

课程美学导论
——基于美学取向的课程探究

何茜 著

人民出版社

图书在版编目（CIP）数据

课程美学导论——基于美学取向的课程探究 / 何茜著. —北京：

人民出版社，2019

ISBN 978-7-01-020815-2

Ⅰ. ①课… Ⅱ. ①何… Ⅲ. ①课堂教学－教学研究 Ⅳ. ①G424.21

中国版本图书馆CIP数据核字(2019)第092916号

课程美学导论——基于美学取向的课程探究
KECHENGMEIXUEDAOLUN——JIYU MEIXUE QUXIANG DE
KECHENG TANJIU

著　　者：何　茜
责任编辑：翟金明　韩　悦
出版发行：人民出版社
地　　址：北京市东城区隆福寺街99号
邮政编码：100706
印　　刷：廊坊市海涛印刷有限公司
版　　次：2020年5月　第1版
印　　次：2020年5月　河北第1次印刷
开　　本：710毫米×1000毫米　1/16
印　　张：20.75
字　　数：285千字
书　　号：ISBN 978-7-01-020815-2
定　　价：88.00元
销售中心：(010) 65250042　65289539

目　录

前　言

　　这是一个伟大的时代，中国的改革进入到深水区，中国教育在经历了多次改革之后，取得了很大的成效，但一些深层矛盾依然难以消除，中国教育依然面临诸多困难。课程是教育的核心，作为改革的重头戏，课程改革一直肩负实现教育中国梦的重任。然而，课程一直受制于社会舆论，没能展现其特立独行且自由多元的教育功能。在第四次工业革命浪潮到来之际，课程未来的道路将向何处去？是课程学者必须面对、思考和选择的。无论如何，课程研究需要拓展视角，加强与其他学科的对话和融合，大力借鉴其他学科的理论，更新和丰富自身理论体系，促进课程学科发展，同时又使得课程实践能适应社会发展的需要。

　　美是哲学的科学，是智慧的科学，是精神的科学。美是人类追求的最高境界。用美作为课程理解的价值准绳和理论基础，是课程摆脱"工具理性"走向个体生命美感体验课程的路径选择。课程研究的美学转向是课程研究后现代主义运动的产物，是课程研究范式转向的一种代表，是课程再概念化运动的一种声音。

　　课程美学（也有学者称为美学取向的课程探究）是课程与美学互相跨界的交叉学科，是借助美学的理论成果，重新认识课程的本质，重构一种关注生命价值和本体意义的课程，具有意识觉醒、社会转型的意味。它促使课程对自身的价值做出重新的认识，显示了当前课程研究的价值论和方法论的转向。作为一本从美学的角度研究课程问题的著作，本书将讨论和解决课程美学的七个核心问题。

第一，课程美学探究如何兴起？课程研究由科学主义范式走向人文主义范式，促使课程研究自身转向了价值多元的课程概念重构运动。课程美学隶属于人文课程研究范式，它的出现是课程研究走向发展和多元的结果，也顺应了课程理论变革的发展趋势，还是课程实践反思的价值诉求。

第二，课程与美学如何跨界融合？首先要解决美学与课程跨界的可能性以及如何进行研究的问题，这样才能为课程美学的跨界寻找合理性解释，为下一步课程美学的跨界研究理清思路。美学与课程学隶属于人文科学，两者一样都有着追求"真善美"的意向。美学与教育的关系源远流长，美学与教育融合的教育美学，美学与教学融合的教学美学，美学与教师学融合的教师美学，都为美学与课程的跨界提供了很好的基础和借鉴。在此基础上，对早期课程与美学结合的探索作一个历史梳理，对课程美学发展的几个阶段后作了回顾，经历了萌芽期和形成期之后，逐渐步入多元发展期。作为一种研究方法，在总结已有发展经验和不足的基础上，架构一个课程美学的研究框架。

第三，课程美学探究的哲学思考。多学科交叉是现代科学技术发展的趋势，是科技创新的源泉，也是学科增长点最重要的来源之一。课程美学作为理解课程的一种新的思考方式和研究方法，究竟会带来怎样的改变，产生怎样的惊奇？本章从哲学的层面讨论课程美学的方法论和价值论，探索课程与其他学科交叉融合的意义和课程学科创新的动力。

第四，课程美学的理论框架。美学作为一个博大精深的学科，有着丰富且独特的理论观点，对这些美学理论的选择与挖掘是课程美学探究的非常重要的工作。经验美学、生命美学和现象学美学的思想符号和研究视角与课程美的研究甚为相近，以此作为课程美学探究的理论基石，同时也作为解决课程实践问题的视角和途径。简而言之，经验美学建议以一元论的课程研究方略，进一步弘扬审美经验对课程意义的观照，树立以生活为基础的课程观。生命美学凸显课程的生命意义，并呼吁课程应该回归生命本体。现象学美学对传统课程的认识论提出挑战，对传统课程研究的方法论提出质疑，对传统课程研究的二元思维提出控诉。这些理论都对课程研究产生了深刻的影响。

第五，课程美学的体系如何建构？课程美学的建构首先是理论建构，需要解决"是什么"的问题，包括基本课程美学的理念、课程美学的知识观、课程美学的目标观、课程美学的内容观。课程美学的基本理念认为：1. 课程是意识觉醒的旅途；2. 课程是生命体验的过程；3. 课程是意义生成的过程；4. 课程是诗意的存在。有什么样的理念就会产生什么样的知识观。课程美学知识观坚持：知识不仅具有普遍性更具有个体性；知识不是静态的而是体验的；知识不是一种事实而是一种信念。美好的课程理念需要通过具体的课程目标才能落实。课程美学的目标观：注重目标的人文性，以体现课程的人文价值；注重目标的全面性，以促进人的整体发展；注重目标的多维性，以满足个体发展的差异；注重目标的生成性，以保证发展的可持续性。课程美学的内容构建应坚持"广""博""雅"。

第六，课程美学的实施策略。课程美学从理论建构走向课程实践，始终坚持人文性、创生性和对话性的原则。人文性原则建议要构建一种人文关怀的课堂文化，为学生的独创性而教。创生性原则建议以中国艺术境界中的"写实、传神、妙悟"为参照，要求教师跳出已熟知的"路"，探寻课程实施的"道"，"悬置"一切已有的"经验"，将课程视为一个未知而充满探索的路途，欣然接受一条非预期的、模糊、复杂、难以理解的未知之路。对话性原则建议教师要参与课程理解，积极与学生进行对话，使学生参与到课程实施中，构建具有对话机制的课程共同体，使课程实施走向开放、民主、多元的审美意境。课程实施中的教师和学生角色定位非常重要。课程美学中的教师应该像艺术家一样善于发现课程中的美，发现学生的潜能，发现被忽略了的自然和优美的教育生活情境，发现生活中有助于学生全面素质提高的内容，并将它们引入课程。教师应该像艺术家一样具有创造的冲动，将课程视为艺术品，如同对待生命一样热爱课程、不断地完善课程和创造课程，而不会如同"工匠"一样，以机械性的技能执行课程。教师应以想象、惊奇、创造的智慧融入对课程的理解中，以促进课程诗意的实施。学生是课程的表演者，全程参与课程，运用多种方式去认识世界，提升自我的审美知觉，积累丰富的美感体验。

第七，课程美学的评价策略。课程评价要改变过往注重选拔和甄别的功能，摒弃以往运用单一的文本和工具测评个人发展的现象，以更多的宽容、鉴赏的态度对学生进行评价，将评价看成是描述、解释和欣赏，促进学生自由、生动的发展，这样，课程评价就有了开放的姿态，课程评价成了一个理解、认识、建构的过程。课程美学的评价坚持价值性原则、真实性原则、模糊性原则。具体的策略主要有档案袋策略、等级评价策略和自我评价策略。

课程美学的探究在国内是一个新的研究视角，鉴于资料的稀缺和个人研究能力的局限，本书仅对课程美学的理论建构层面作了一些思考和研究，在课程美学的理论基础、基本理念、知识观、教师观、学习观、课程实施的意义、课程评价的策略等方面作了理论上的探讨，对于这种课程思想如何联系到实践中，使课程实施真正具有艺术性，使学校课程真正达到审美的意境，还有待日后进一步的深思和实践。

课程美学是西方课程研究进程中一个独特而美妙的流派。从课程美学的提出到盛行已不是什么稀有理论，西方课程美学已经从理论讨论层面逐渐走向了多元实践层面，我从现在才开始研究课程美学这个话题，似乎有"吃别人早已嚼过的香馍馍"之嫌。然而，在我国课程研究领域，无论是理论或者实践层面，对它知之甚少研究不多，希望通过本书的出版，使未来有更多的学者、课程领导者投身到课程美学的研究中并大胆践行课程美学的思想，对于改善课程实践发挥一点作用。当然，课程美学绝不是解决课程实践问题的一把万能钥匙，也许它只是一扇窗，希望透过窗户，能闻到一股清新的气息，看到一幅别样的画卷。

本书是在我博士论文的基础上扩充完成的，从博士论文开题到完成，历时5年，论文完成到出版又经历了3年时间。这几年来我一直纠结在课程美学的建构和实践模式的思考和探索中，之所以拖延这么久，就是希望能为大家呈现一本高水平有些独创性思想的学术专著，但是无奈本人的水平和能力有限加之时间紧迫，暂且这样交卷，幸好未来的学术道路漫长，可以容我再细作思考。

本书的出版得到了西南大学教育学部专项出版资金的资助，得到了西南大学社科处中央基本基金的资助，是中央基本科研项目"美学视野下中小幼学校课程建设研究"（SWU1509425）和博士培育项目"美学取向课程评价研究"（SWU1509310）的成果。我的博士生导师靳玉乐教授一直为我的学术成长给以无私的帮助和智慧指引；西南大学教育学部部长朱德全教授为学部发展贡献心力，为我们青年学者成长奠基高水平学术平台；人民出版社对于教育的热忱和积极扶持的态度，令人感动，正是因为有了他们的扶持，才促成了本书的出版，在此一并表示衷心的谢意！当然还要感谢书中所引用的学者大家们的观点和思想。本书的完成是多年来的一个心愿，在欣喜的同时也很惶恐，因我知道无论怎么努力，书中依然存在着诸多问题，我真诚期望得到专家和同行的批评匡正，也期待有更多志同道合的朋友一起去研究、开拓和践行这一赋有生命美感的课程！

何 茜

2017 年夏至

导　论

　　课程研究的美学转向是课程发展到一定阶段的产物,是课程与美学跨界的大胆尝试。课程美学以美学的理论和视角审视课程内部的问题,为课程走向多元、适宜和和谐选择一条新的路径。课程美学探究既是基于课程研究范式转向的发展背景,也顺应了课程理论变革的发展趋势,还是课程实践反思的价值诉求。

　　在课程研究的历史进程中,通常可以将课程研究范式分成"课程开发范式"和"课程理解范式"。相对而言,"课程开发范式"形成较早。从笛卡尔(Rene Descartes)的理性主义哲学、牛顿(Isaac Newton)的机械论科学开始,到孔德(Auguste Comte)的实证主义哲学,以康德(Immanuel Kant)、黑格尔(Georg Wilhelm Friedrich Hegel)为代表的德国古典哲学以及后来斯宾塞(Herbert Spencer)对"什么知识最有价值"的追问和回答,都彰显了现代课程研究范式的理论基础和价值取向,一种以追求效率和流程规范的现代课程研究范式孕育而生。期间,出现了诸如博比特(Franklin Bobbitt)、查特斯(Werrett Charters)、哈拉普(Henry Harap)、泰勒(Ralph Tyler)等著名学者,他们是现代课程研究的主要代表。

　　现代课程研究建立在"理性科学"的基础上,其价值观和方法论融汇了工业化社会的特点,以科学主义为取向,以"课程目标、经验组织、课程评价"为课程的核心要素,并以此作为课程开发的设计程序,试图以周全的课程方案来提高课程的质量,教师则依照预先制订的操作步骤进行课程实施和课程评价。现代课程研究范式,以"技术—控制"为模式,关注课程开发的技术问题,主张通过严格控制课程过程中的各个要素来实施课程，视课程为一个线性的、封闭的、稳定的、工艺学的系统，是一种倾向于理性认知和量化分析为主的研究思路，这种范式试图借用简单的科学程序和简化的技术方法来操纵课程的实施和检验课程的效果，使课程变得简单易行。

由于强调课程开发的操作程序，课程被视为一种普适性的、固化单一的操作流程，漠视人作为课程主体的参与性，忽视学校作为课程实践场所的真实性和特殊性，课程成为一个孤立而密闭的空壳。杰克逊（P. W. Jackson）曾言："泰勒法则已经过时，我们却没什么可以取代之，目前的思维模式及学校教育，无法公平地对待人的复杂性和尊严，课程控制权掌握在科学技术人员、测验编制者、教科书出版商和学校管理者的手里，我们的学校看不到人道主义的价值和目标，而课程工作者却无法对教师提供直接的帮助，教育经验中美学、伦理、精神的层面一再地被忽略。"① 一方面，课程以课程专家、外部人员为主导，他们决定学校课程的局面，教师难以参与其中，造成了课程远离学生的真实生活，成为一个脱离真实教学场景的文本。另一方面，课程内容的传授是一种单向传输的过程，视学生为容器，教师作为教学的传授者掌握着学习的进程和学习的内容，学习对于学生而言，就是接受和记忆书本知识。这样的课程内容忽视了学习者自身对于知识的理解，抹杀了学生对知识的体验和诠释的过程。教师和学生也就失却了课程中的创造力和想象力，无法获得参与课程实践的真实体验。

当现代课程弊端开始蔓延时，一些倾向于批判、辩证、理解的哲学思潮，如存在主义、新马克思主义、生命哲学、后结构主义、批判主义、符号互动论、后现代主义的出现，推动了课程研究的转变，课程领域掀起了一场以"概念重建运动"为导火线的课程研究范式转向运动。

———————————

① P. W. Jackson, Curriculum and Its Discontents, In J. A. Giroux, A. N. Penna & W. F. Pinar (eds.), *Curriculum and Instruction: Alternative in Education*, Berkeley, CA: McCutchan Publishing Corporation, 1981, pp. 367 – 381.

课程范式转向以美国、加拿大的课程领域为核心。这种转向是对过去哲学研究"宏大叙事"范式的突破，是对哲学世界认知方式的客观反思，以一种新的哲学范式探寻意义世界，分析人与世界的关联，探索人的生存价值与生活意义，使哲学的判定标准从传统本体论转向了价值论。课程领域开始由"课程开发范式"转向"课程理解范式"，这是一种"把课程视为'符号表征'，视课程研究的目的为'理解'课程'符号'所负载的新型价值观"，它"以一种批判的精神审视课程，以多元视角解读课程的意义，将人作为完整的生命个体看待，凸显出强烈的人文关怀和公平意识"。①

这些哲学思潮对于课程研究范式转向产生的影响是久远而弥深的。早期的代表人物有针对课程目标取向弊端而提出过程取向的劳伦斯·斯藤豪斯（Lawrence Stenhouse），强调课程应走向实践的施瓦布（Joseph J. Schwab）。特别是20世纪70年代以来，以小威廉姆·E.多尔（William E. Doll, Jr.）、威廉·派纳（William F. Pinar）、休伯纳（D. Huebner）、詹姆斯·麦克唐纳（James Macdonald）、马克斯·范梅南（Max Van Manen）、艾略特·艾斯纳（Eiliot W. Eisner）、阿普尔（M. W. Apple）等学者以多元的观点重新解释课程，课程研究领域出现了多元化的话语，形成了后现代课程理论、政治课程理论、美学课程理论、性别课程理论、制度课程理论、神学课程理论、自传课程理论、种族课程理论、现象学课程理论等等纷繁多样的研究视角。用派纳的话说就是："课程研究从范式统一体转向个别主义，从泰勒原理垮台之后造成的真空，在真空中学者们走向其他领域寻找新理论的来源。"②随后，西方课程研究领域广泛运用现象学、存在主义、解释学、后结构主义、后现代主义、女性主义等哲学社会学思潮对课程进行探究，同时把

———————

① 张华：《走向课程理解：西方课程理论新进展》，《全球教育展望》2001年第7期。
② ［美］派纳等：《理解课程》（下），张华等译，教育科学出版社2003年版，第869页。

文学理论、美学、自传或传记理论、神学等领域"嫁接"到课程领域，由此产生了形形色色、多元丰富的"课程理解"。课程变成了一个"多元文本"，从不同角度对"文本"进行解读，便形成了丰富多彩的"课程话语"。至此，课程研究范式转向旗帜鲜明地开始了。课程研究范式转向不仅为美学取向的课程探究提供了背景和契机，而且为美学取向的课程探究开辟了价值选择和理论方向。

第一章

课程美学探究的缘起

1918 年，富兰克林·博比特（Franklin Bobbitt）《课程》一书的出版，确立了课程作为一门独立学科的地位，课程也由此迈入了科学发展的轨道。随着课程研究的不断深入，逐步形成了体系完整、方法严谨的研究范式。课程研究范式是课程研究走向成熟和规范的重要标志，直接影响着课程理论和课程实践的变革。然而，课程研究范式不是一成不变的，随着社会变革，对课程提出了越来越多的挑战，新的社会思潮不断涌现也给课程研究范式带来冲击，课程研究范式随之出现了一些新的转向。课程美学探究是课程研究范式转向中对课程进行反思和重构的结果，它以美学理论作为研究课程的一个视角，为课程研究的方法论投射了一束人性的光芒，从美的视角审视和观照课程，为课程研究提供一种新的话语，亦为探寻课程的本质和意义提供了新的方法与路径。

第一节 课程研究范式的转向

课程研究范式是一种稳定的解决问题的思路和立场，不同研究范式的理论体系和解决问题的立场是不同的。长期以来，实证主义课程研究范式占据了课程研究的主导地位，随着课程再概念化运动的开启，课程研究范式呈现了多元化——历史范式、美学范式、心理范式、批判范式等，课程研究范式的多样化拓展开辟了课程研究新的视野，也为解决课程实践问题提供了多样的途径。

一、科学主义课程研究范式面临的挑战

（一）范式及其意义

"范式"是近代科学研究中出现得最为频繁的词。美国物理学家、科学哲学家、科学史家托马斯·库恩（Thomas S. Kuhn）于 1959 年在《必要的张力》一文中首先使用"范式"一词，不过使"范式"这一概念作为科学术语被普遍接受和广为流传的是库恩 1962 年出版的《科学革命的结构》一书，该书被公认为现代思想文库的经典名著，它的出版成为 20 世纪科学哲学的转折点，引发了科学哲学界的一次认识论大变革。在此以后，"范式""范式转换"成为科学讨论非常时尚流行的词语，甚至被滥用到"近乎失控的地步"①。库恩将"范式"做了两种意义解释：一方面，它代表着一个特定共同体的成员所共有的信念、价值、技术等等构成的整体。② 可以简单地理解为"范式"就是一个科学共同体成员所共同认可的规则；另一方面，它指那个整体的一种元素，即具体的谜题解答，把它们当作模型和范例，可以取代明确的规则以作为常规科学中其他谜题解答的基础。③ 台湾学者傅大伟将其翻译为"公认的科学成就，在某一段期间内，它们对于科学家社群而言，是研究工作所要解决的问题与解答的范例"④。

库恩曾说，"范式（典范）一旦改变，这个世界也跟着改变了"，"范式（典范）的改变的确使得科学家对他们研究所涉及的世界的看法

---

① ［美］库恩：《科学革命的结构》，金吾伦等译，北京大学出版社 2012 年版，第 11 页。

② ［美］库恩：《科学革命的结构》，金吾伦等译，北京大学出版社 2012 年版，第 147 页。

③ ［美］库恩：《科学革命的结构》，金吾伦等译，北京大学出版社 2012 年版，第 147 页。

④ ［美］库恩：《科学革命的结构》，傅大伟等译，允晨文化事业有限公司 1974 年版，第 42 页。

改变了"。① 由此可见，任何科学形态和方法的改变，都起源于范式的改变，因此，范式成了主宰人们世界观的思维工具。"范式"为什么可以改变人们的思维观念呢？

首先，"范式"与常规科学相通。范式即公认的科学成就，"科学教科书阐发了公认的理论，列举出该理论许多的或所有的成果应用，并把这些应用与示范性的观察和实验进行比较"②。库恩认为常规科学与范式具有相通性，常规科学的本质有三：一是揭示事物本质事实的定律、理论；二是基于检验科学的搜集事实的观察和实验；三是对科学想象性的预测。而范式既是理论的，也是实验的，所以范式与常规科学具有相通性，也可以说，常规科学是在范式指导下进行的，因此，可以说，"取得一个范式，是任何一个科学领域在发展中达到成熟的标志"③。范式是公认的科学成就，更是通向常规科学的路径。

其次，"范式"是团体承诺的集合。根据库恩第一层次的解释，一个"范式"就是一个科学共同体。那科学共同体是如何构成的呢？一个科学共同体由同一个科学专业领域的工作者组成，他们经过近似的教育和专业训练，钻研过同样的技术文献，并从中获得许多同样的教益。④ 也就是说，科学共同体应该有近似相同的学术经历，有相同的专业旨趣、相同范畴的学术话语，以及相同的探讨主题，这些是一个科学共同体的基本特点，也是判断共同体成员资格的标准。正如我们所知道的，一个科学领域的发展是无数科学共同体智能的集合，不同的科学共

① ［美］库恩：《科学革命的结构》，傅大伟等译，允晨文化事业有限公司1974年版，第183页。
② ［美］库恩：《科学革命的结构》，金吾伦等译，北京大学出版社2012年版，第8页。
③ ［美］库恩：《科学革命的结构》，金吾伦等译，北京大学出版社2012年版，第9页。
④ ［美］库恩：《科学革命的结构》，金吾伦等译，北京大学出版社2012年版，第148页。

同体可以由不同的学术团体构成，但是在同一个学术团体中，他们认可的范式应该是一致的，范式的规范和固定是学科形成的标准，也是学科成熟的重要标志。

第三，范式具有优先性。范式是所有要成为这门学科的入门者需要学习的。如果对某一个时期某一专业做仔细的历史研究，就能发现一组反复出现的类标准式的实例（这个实例就是范式），体现各种理论在其概念和仪器的应用中。① 这些实例（范式）根植于科学家的思想中，是该科学共同体已确立的学术成就，它们存在于教科书、课堂讲演和实验室实验中，后来者通过对它们的学习和研究，就能掌握这门学科的基本理论、研究的主要问题领域、基本的思维方式，从而熟悉这门专业。可以说，了解本学科的范式是掌握本学科学术专业问题的基础，是该学科入门的必备基础。

第四，范式是解决问题的工具。在库恩看来，范式可以被看作进行"规范科学"研究的指令，同时也决定着科学研究中问题表述的方式和问题解决的思路。就是说，范式不仅仅是理论性的，而且是工具性的，因为"科学家从不抽象的学习概念、定律和理论"，"一个新理论总是与它在自然现象的某种范围的应用一道被宣告的，没有应用，理论甚至不可能被接受"。② 也就是说，在范式里包涵着理论、方法和标准，它们构成了范式，所以当范式变化时，通常解决问题的方法和标准也会发生重大改变。因此范式不仅仅是历史文献或者思想理论，更是一种解决问题的方法。

第五，范式具有不可通约性。当然，需要说明的是"范式的存在并不意味着有任何整套的规则存在"，"科学共同体能够同意确认一个范式，但不会同意对范式的完整诠释或合理化"。也就是说，范式只是相

---

① ［美］库恩：《科学革命的结构》，金吾伦等译，北京大学出版社 2012 年版，第 36 页。

② ［美］库恩：《科学革命的结构》，金吾伦等译，北京大学出版社 2012 年版，第 39 页。

对固定的，这样有利于科学共同体进行学术讨论和学术研究。但是范式也不是一成不变的，"科学共同体成员可以学习许多相同的书和科学成就，但他们在专业更专门化的过程中却可能获得相当不同的范式"，所以说范式不是单一和一成不变的，而是多样性的，它也是伴随着科学革命进行更新的，所以它既是思想的产物也是变革的产物。正是因为范式的不可通约性，催生出研究范式的多样性，同时反映出科学研究的不同立场，反映了科学研究问题的多样性。

（二）科学主义课程研究范式的发展

库恩把范式作为区分科学与前科学的标准，范式成了学科科学化的标志。自此，范式由自然科学领域开始，延伸到人文和社会科学领域，包括教育领域和课程研究领域，"范式"被越来越多的学科移植使用，以分析自身学科发展的问题。课程作为一门规范的科学，在课程研究的道路上，在不同的历史时期，存在着对不同课程问题的探索和思考，从而形成了多元化的课程研究范式。课程研究范式的形成，是课程学科成熟的标志，也是课程学科发展的动力。从客观上讲，课程研究范式的发展总是具有时代烙印的，它是当时的社会、经济和文化共同影响下的产物。

科学主义课程研究范式又被称为"科学取向范式"或者"课程开发范式"。这种范式的代表就是"学问中心课程"，即通过编制符合时代精神的、高质量的科学知识，同时通过学问研究的方法，提供给学生先进的科学文化知识，以掌握人类文明的最新科技成果，从而掌握科学知识和科学方法。1918 年博比特《课程》一书的出版，为课程研究的现代化和科学化奠定坚实的基础，从那以后，课程研究步入了科学化的道路，"科学取向范式"顺应而生并逐渐走向成熟。

博比特深受"科学管理原理"的影响，认为"我们首先应该根据社会需要的研究来确定目标"[①]，即教育的目标就是要培养符合社会发

———————

① ［美］麦克尼尔：《课程导论》，施良方译，辽宁教育出版社 1990 年版，第 353 页。

展需求的人。因此，他将学校看作工厂，学生看作原料，学校教育就像工厂流水线的作业一样，把学生加工成符合社会需要的产品，他将这种思想运用到课程设计中，认为课程应该根据社会所需要的知识、技能、态度，制定教育目标，为了提高教育的效率，目标必须具体、明确、详尽，以使教育者有明确的行动方向，形成快捷的工作流程。他主张通过对人的观察和活动分析，来拟定课程内容，这就是著名的"活动分析法"。其主要步骤为：第一，对人类经验进行分析，即对人类文化进行科目分类；第二，工作分析，即将人类经验活动作具体化分析；第三，推导目标；第四，选择目标，即学校教育活动对学生培养目标进行选择，以此作为课程计划的基础；第五，制订详细计划，为目标达成设计活动、经验和机会。①

泰勒（Ralph Tyler）也是现代课程流派科学取向探究的积极推动者，其著作《课程与教学的基本原理》清楚地回答了课程编制的一些关键问题。第一是学校应努力达到的目的；第二，为了达到这些目标应该具有什么教育经验；第三，如何有效组织这些经验；第四，如何确定目标已经达到，这就是课程发展史上著名的泰勒模式，其始终围绕着教育目标对学生的经验进行选择和组织，并为教育评价提供了一个明确的指向，因此泰勒模式也称为目标模式。泰勒整合了之前课程研究的各种流派和思想，准确地把握了课程研制的四个关键因素，提出了清楚简单易行的课程研制流程，因此成为课程研究的经典理论。

布鲁纳（Bruner）进一步发扬了泰勒的目标模式，并接受结构主义的影响，把自然科学方法引入课程研究，提出了强调学科结构的学科中心课程模式。他主张把人类文化遗产中最具有学术价值的知识作为课程的内容进行传授；强调学科知识的结构；强调本学科基本知识、基本概念、基本原理的学习。根据布鲁纳的观点，掌握学科的知识结构，能使

①　施良方：《泰勒的课程与教学的基础原理——简述美国课程理论的兴起与发展》，《华东师范大学学报（教育科学版）》1992年第4期。

学科内容更容易理解；掌握知识的结构，能更好地记忆科学知识；掌握学科的基本概念，能有助于促进知识的迁移，达到触类旁通和学以致用，学生只要掌握好基本原理，后续学习的可能性更大。在教学方法上，他提出了发现式教学法，学生通过与周围环境的互动，主动地探索知识，运用归纳推理的方法，建立并验证假设，以此发现学科知识的整体结构，从而掌握知识的基本原理。

就课程研究来看，这一时期是确定现代课程领域的范围和研究取向的重要阶段。课程研究将科学管理思维方式和效率观念，采用实证方法探讨课程编制问题，尤其是形成了著名的"目标模式"，使课程研究进入了标准化、定量化、程序化的科学研究阶段。在课程开发方面，强调技术理性，倾向"技术—控制"的运行模式，关注的是课程开发的技术问题，通过严格控制课程过程中各个要素来实施课程，视课程为一个线性的、封闭的、稳定的、工艺学的操作流程。

（三）科学主义课程研究范式的局限

科学主义课程研究范式，以科学理性的旗帜领导课程研究，使课程开发的手段和方法变得清晰而高效，极大地推动了课程研究的科学化发展。但是，在人文主义思潮的影响下，科学主义课程研究范式导致的课程目标工具化、课程研究程序化的弊端日益受到批评，科学取向课程探究范式受到挑战。

1. 以科学认识论为本位，忽视对课程意义的全面理解

现代课程研究建立在"理性科学"的基础上，其价值观和方法论无不体现现代工业社会的特点——以科学主义为取向，借用简单的科学程序和简化的技术方法来操纵课程的实施和检验课程的效果，形成了一种倾向于理性认知和量化分析为主的研究思路。不同的研究立场和思路就会有对课程的不同定义，纵观课程概念形成的背景和发展历程，不难发现，在推动课程研究的科学化的道路上，对课程概念的界定是多元的，但无论怎样的解释立场，都是基于将课程视为一个确定性的研究对

象，没有将课程与人的关系密切联系起来，更没有将课程置于一个开放的视域中，从一个发展、变化、多元转换的视角审视课程的真正内涵。

课程概念的传统解释有：课程即教学科目，课程即有计划的教学活动，课程即预期的学习结果，课程即学习经验，课程即社会文化再生产，课程即社会改造等。① 第一，将课程定义为教学科目是古老而又根深蒂固的课程理念。中国古代"六艺"（礼、乐、射、御、书、数）和西方欧洲中世纪的"七艺"（文法、修辞、辩证法、算术、几何、音乐、天文学）都是在学科课程观指导下的具体实践。很长一段时间以来，教育学教材都是将课程定义为学科的，学科知识一般是固定而少有变化的，进入书本的学科知识是概念性的，有时甚至是脱离实际生活的。第二，将课程理解为有计划的教学活动，将课程理解为预设的跑道，课程就变成了一个按照预设计划实施的静态过程。然而，计划是书面的和指导性的，书面计划不能准确反映教育实践中师生活动的目标和实际需求。第三，课程即预期的学习结果。北美课程学者认为，课程不应该指向活动，而应该直接关注预期的学习结果或目标，把课程从手段转向结果。② 然而，在课程实施过程中，结果的预判是课程决策者，而课程实施中，教师的教和学生的学的过程是难以预料的，课程实施的过程与课程的预设的结果之间便出现了难以调和的矛盾。第四，课程即学习经验。这种课程观把对教材的研究转向了对学习者个体的研究，将学习者置于课程的中心，将经验作为学习的前提，体现了课程对人的经验的关注。但是事实上，此课程定义的模糊性和学生经验的差异性，使其成了课程实施难以逾越的障碍。第五，课程即社会文化再生产。此定义将课程看成社会文化的一部分，个体是社会的产物，学校教育就是按照社

---

① 施良方：《课程理论——课程的基础、原理与问题》，教育科学出版社1996年版，第3—7页。

② 施良方：《课程理论——课程的基础、原理与问题》，教育科学出版社1996年版，第5页。

会的需要通过课程传递社会文化成果，使个体成为符合社会需求的人才，该观点体现了课程由关注学校、学生转向了社会。这种观点的优势同时也是其劣势，课程过于强调社会的适应性，就会丧失对人个体生存意义的重视，而且社会政治权利的分配便自然流入学校教育中，使学校延续了社会的不公平现象。第六，课程即社会改造。一些激进的课程学者认为学校教育应该具有一定的独立性，不能成为社会文化传递的工具，而是应该帮助学生摆脱现成社会制度的束缚，因此呼吁课程的重点应该是培养学生的批判意识，学会思考社会现存的不公平现象、社会剥削问题和人的觉醒问题。然而，学校教育在社会发展的影响力远不如政治、科技和经济所起的作用，所以学校课程的声音在社会改造中是极为微弱的。

2. 以技术理性控制课程，忽视对课程主体的关注

现代课程重视对已知世界的架构，缺乏对未来课程发展可能性的估计。泰勒原理被誉为现代课程思想之经典，在其所著《课程与教学的基本原理》中，将课程编制为四步曲：确定目标、选择经验、组织经验、评价经验。这种课程设计模式，简单明了便于操作。显然，这种课程观体现了科学主义的哲学精神，在某种程度上，它更多是从社会需要出发，而不是从人的个体出发，课程设计的目标不是以生命个体的角度为设计思路，而是从成人世界思考学生发展的必然路径，忽视了学生发展的自我需求、情感陶冶、创造能力、个性培养以及教师与学生对话等维度。这种模式化的课程开发模式，将课程诸要素按照一种稳定的思维框架加以设计，且一旦确定就一成不变。这种设计思路丝毫没有将教师和学生看作活动的生命，漠视教师和学生在课程组织中的主动性和创造性，这种静态的、凝固的课程设计思路是无法适应和促进学生生命成长的。

技术理性体现了人类为了满足自身的生存需要而努力寻找某种合乎规律的行为，以实现对环境和自然的控制。技术理性的发展依靠人的经验和知识，但同时却拒绝对人的生存意义加以关注，人并没有从技术中解放出来，反而被技术的手段、方法束缚自身，人的情感、兴趣、生命

价值被忽略了。

3. 以教师为知识权威，忽视学生的权益

现代课程受科学主义的影响，视知识传授为课程的首要任务，知识的能量被无限放大，知识成为课程唯一的价值判断标准，谁拥有知识，谁就拥有课程的主动权，优先占用知识的教师无疑成为课程的中心，学生作为知识的接受者自然处于次要位置。

教师作为课程主导和课堂领导的地位是如何确立的呢？由于科学主义的幽灵一直笼罩着人们的价值认识，课程一直被简单地理解为知识传授的过程，而教师掌握了系统的学科知识，这样教师以学科知识代言人的身份确立了其权威地位，因此教师成为知识传授者，学生成为知识接受者，而且教师和书本成为学生获取知识的主要渠道。在这种课程体制下，教师与学生不平等的关系是毋庸置疑的。课程忽视学生，视学生为容器，将活生生的知识学习过程看作是由教师主导的单向度传输过程，侧重于接受和记忆现有的知识，忽视了学生已有的文化背景和前在的经验；在学习过程中，忽略了学习者对于知识建构的主动性，抹杀了学生对知识的体验和诠释的过程。总之，学生在教学过程中将要经历的一切，教师都已经历过，所以在教学过程中，教师常常以自己的生命历程代替学生的生命历程。①

海德格尔（**M. Heidegger**）指出，科学是现时代的根本现象之一，它的必然结果就是蔓延机器技术的统治，科学技术使人的生活世界中的文学艺术、文化成就都面临危险。② 也就是说，在过分强调技术与效率的现代社会中，科技的发展对人的生存质量造成危害，它使人与生活世界分离了，人成了研究、计算的对象，艺术成了考察的对象，体现自由精神的诗歌有了呆板的格式，复杂的意义世界成了简约的程序和数字，人与世界之间成了认识与被认识的二元对立关系。现代课程的发展也摆

---

① 燕良轼：《解读后现代主义教育思想》，广东教育出版社 2008 年版，第 118 页。
② 刘小枫：《诗化哲学》，华东师范大学出版社 2007 年版，第 273 页。

脱不了现代社会形成的弊端，现代课程在追求课程科学化的道路上，凸显科学技术的价值取向，把课程看作一个封闭的程序，试图通过探寻一种普适性的手段和途径，以严格的程序实现对课程的控制。这种课程模式，忽略了对人主观能动性的关注，忽略了人的前在文化对课程建构的影响，缺乏个体对课程的积极建构，使课程失却了反思、创造、批判的因素，成了一个固定、僵化、静态的"跑道"。

二、人文主义课程研究范式的发展

随着时代的变迁和个体意识的觉醒，从批判和反思的角度审视课程，课程已深陷科学主义的泥潭，成为滞碍自身发展的桎梏，人文主义取向课程探究范式应运而生。人文主义取向课程探究的出现可以说是源于 70 年代的课程概念重建运动。[①]

人文主义以存在主义、新马克思主义、生命哲学、后结构主义、批判主义、符号互动论、后现代主义为理论旗帜，以批判的精神看待社会文化现象，呼吁消除权威、彰显个性自由，以解放和超越的精神重新构建一种科学研究秩序。正是在这种精神的鼓舞下，课程开始反观科学取向的诸多弊端，强调以人性关怀为基础，将人作为完整的生命个体看待，呼吁学校教育应该唤醒人的生命价值和生命意义。人文主义课程探究范式经由课程概念重建运动的积极推动，逐渐形成了对课程理解的多元话语，从而丰富了对课程本质和意义的理解。

课程"概念重建运动"作为课程研究范式转向的开端，是课程研究范式最具代表、影响最大的一次学术运动，在西方课程变革史上具有里程碑意义。它在对传统课程观批评反思的基础上，促进课程人文主义范式转向，促进课程走出自身学科的藩篱，走向多元理解，是进行跨学科对话的重要推动力。

———————

① 李子健等：《课程：范式、取向和设计》，香港中文大学出版社 1996 年版，第418 页。

（一）在批判的基础上瓦解传统课程范式

概念重建运动是从批判泰勒模式开始的。对泰勒模式本质的挑战最初源自人本主义心理学，它为重新构想课程领域的早期尝试提供了非行为主义的基础。① 麦克唐纳对学科结构运动提出了挑战，在一本题为《语言与意义》的书中，他指出语言知识是完成教学的工具和载体，意义才是人学习所要追求的目标，一种以人为导向的课程建构思想得到了广泛的宣传。他还指出了课程隐含着工程学的危险，学校将教育的过程简单化和程序化（暗指泰勒模式），把教育看成商品的加工，甚至把学生进行等级分类，这种过于倾向技术理性的做法导致教育陷入了困境。因此，他提倡"课程理论应该使用审美理性，回归世界并从中获得洞见，使自己能够超越目前的思想体系，走向新的范式"②，麦克唐纳呼吁课程理论不要只关注课程开发，更应该注意其解释性功能。休伯纳作为课程概念重建运动的另一位引领者，从政治、存在主义、现象学、神学等视角对课程领域进行审视，并提出了四个激进的建议：一是课程概念受到技术的束缚，忽略了人文精神；二是课程领域过分地注重学习目标；第三，建议通过改变教育环境，实现对课程的重新认识；第四，课程是一个政治文本，通过它可以获得公正的待遇。早期的概念重建主义者如康茨（Counts）、拉格（Rugg）、施瓦布，他们对传统的课程理论进行了批判，言明课程理论已经进入"垂死的边缘"，课程理论无法直接运用于不同的课程实践，因此课程理论"已进入穷途末路"，呼吁课程应该更多地关注课程实践问题和实践情境。

1971 年，麦克唐纳发表《课程理论》一文，首次明确提出了"概念重建"一词。③ 他认为课程论者在工作中太多地运用了逻辑和理性的

---

① ［美］派纳：《理解课程》，张华译，教育科学出版社 2003 年版，第 170 页。

② Macdonald, *Theory and Practice*, 1967, p. 168.

③ W. F. Pinar, *Autobiography, Politics and Sexuality*, New York: Peter Lang Publishing, 1994, p. 63.

方法，以致经常完全忽视了课程的美学方面，因此应该重组他们的概念—重新寻找中心—找到新的方向。① 此后，课程概念重建运动风生水起，涌现出一大批有影响的学者，休伯纳、格林（M. Gerner）、派纳、范梅南、阿普尔、吉鲁、弗雷尔等等，他们站在对现代课程大胆质疑和评判的高度，积极主张对当前僵化的课程进行重新思考和重新概念化，指出应该以一种新的视角和方法来审视和理解课程，并形成影响深远的"概念重建课程研究范式"，同时也被称为课程研究的"第三势力"。用奥恩斯坦（Allan Ornstein）的话来说，"概念重建主义者对课程基本采用一种学术性的方法，因为他们更感兴趣的，是抽象的研究课程，而不是将知识实际运用于课程创设，他们更专注于理解课程，而不是编制课程"，因为他们相信"学校并不是一个脱离世界而自立的系统，学校就处身于世界之中，作为同政治的、经济的和社会的系统相互作用的伴生系统而存在"②。

概念重建运动改变了过去对课程认知单一的视角：课程不再仅仅是教科书，不是预设的跑道，也不仅仅是教学的行动计划，课程不再是一个按照预设计划实施的静态概念，课程不是完全封闭、精准和确定的，那样必将导致学校现有秩序的静止和发展的停滞。课程不能脱离人类生存的真实情景，理应扎根世界之中，以开放的态度融入社会，以产生更多的对话，从而使课程成为一种个体建构、共同对话、意义生成的动态过程，这样课程就有了一种持续的生命活力。概念重建运动颠覆了以往对于课程作为一个固有的、程序化的印象，以一种新的视角为我们重新思考课程和处理课程问题提供了一种态度和取向。课程概念重建运动以批判的精神对课程进行反思，对强调技术理性的现代课程进行宣战，使

① ［美］艾伦·C. 奥恩斯坦等：《课程：基础、原理和问题》，柯森译，江苏教育出版社 2002 年版，第 199 页。
② ［美］艾伦·C. 奥恩斯坦等：《课程：基础、原理和问题》，柯森译，江苏教育出版社 2002 年版，第 11 页。

课程在重建人文精神上取得了突破，具有意识觉醒的意味。

（二）在反思的基础上重新理解课程

70 年代以后，概念重建运动对传统课程的危机提出了激烈的批评。赛伯曼、格林、施瓦布、古德莱德、艾斯纳等先后发表一系列文章和出版一系列著作，比如《课堂中的危机：美国教育的重建》《学校课堂中的谋杀》《公立学校如何杀死梦想、毁伤大脑》《课程与意识》《实践：课程的语言》《明日的学校》《教育变革的动力：走向反应性学校》《教育想象》等等，对传统课程模式中的学校教育的目标、教学方法、知识结构、评价模式等提出了针锋相对的批评，指出当前学校存在的危机，批评传统课程将课程理解为跑道，是一种执行自然科学"假设—研究"的思维逻辑，这种技术理性的框架，将课程安放在一种预定的轨道中忠实地执行和实施，无疑是在否定人的自主意识和行动的自由性，这种课程会致使学习者的学习过程陷入僵化的程序和指令中，个性遭到漠视，自我意识被压抑，为此，派纳指出要通过提升个体意识和强化个性化的努力，促进文化革命，改善学校生活。[①] 另外，传统课程理论遵循主客二分的哲学思维模式，将理论/实践、概念/事实、物质/意识、认知/情感、学习/学科、社会/个体等视为二元对立面，认为物质是先于认识存在的，世界是认识和对象的关系。如此一来，课程便是一本不可动摇的"圣经"，人类文明知识作为一个课程文本被合理化地进入学校教育，学生被视为无知的对象，通过学习继承文明的成果。用阿普尔的话就是"霸权"被植入人的意识中，一种单一的常识性解释模型渗透到政治、经济、教育中，"学校充当了文化和艺术的霸权机构，充当了选择性传统和合并文化的机构"[②]，而"课程的形式和内容都体现了与文化控制

---

① 汪霞：《课程研究：现代与后现代》，上海科学教育出版社 2003 年版，第 62 页。

② ［美］阿普尔：《意识形态与课程》，黄忠敬译，华东师范大学出版社 2001 年版，第 6 页。

有关的权利关系的复杂连结"①，学习者长期处于被压迫者的地位，学校通过测验的方式，使学生受到不公平的分类，有些被认为是"有能力的"，有些被视为"没有能力的"，分类以公开或隐蔽的方式进行着。要改变这种状况，阿普尔和弗莱雷都认为应该"从批判性的对话"② 开始，建立一种对多样化学生的高期望，在尊重学生文化、历史和经验的基础上寻找解决问题的路径，将"希望作为一种资源"③，从而建立一种更加民主的学校课程。

（三）在探究的基础上重新建构课程

探究与研究有所区别。探究是指对一个事物的研究正在形成和探讨的过程中，尚未形成稳定的范式。课程概念重建运动掀起的对课程的多元理解，正是因为这种多元难以形成一种统一的声音，课程处于一切皆有可能的变动探究过程中。研究是为主动寻求根本性原因与更高的可靠性依据，从而提高事业或工作的可靠性和稳健性而做的工作。"研究"一词常被用来描述关于一个特殊主题的资讯收集，利用有计划与有系统的资料收集、分析和解释的方法，获得解决问题的过程。研究是主动和系统方式的过程，是为了发现、解释或校正事实、事件、行为或理论，或者把事实、法则或理论进行实际应用。研究一般有稳定的范式。

在对传统课程产生的危机进行激烈讨论以后，旧的课程研究模式渐渐被瓦解了，与此同时，课程概念重建学派在经历了 20 年的争论中渐渐明晰了新的课程研究范式的框架和思路。休伯纳的思想为概念重建运动奠定了重要基础，他认为课程是反思性的实践，从现象学、政治学的立场来看，课程应该"无条件的尊重年轻人的政治、公民和法律权利，

---

① ［美］阿普尔：《国家权力和法定知识的政治学》，马和民译，《华东师范大学学报（教育科学版）》1992 年第 2 期。

② ［美］阿普尔：《教育的正确之路》，黄忠敬译，华东师范大学出版社 2008 年版，第 280 页。

③ ［美］阿普尔：《教育的正确之路》，黄忠敬译，华东师范大学出版社 2008 年版，第 294 页。

学生有权利获得公共财富，如知识、传统、能力，这些是他在公共世界的能力"①，同时他指出课程专家要关注学生和教育者的个人自传，这是人类环境中的真实素材。麦克唐纳延续了这种研究思路，从政治、自传的角度对课程概念重建进行了开创性的研究工作。艾奇（T. Aoki）在一篇《以新的方法面向课程》（Toward a Curriculum in a New Key）中提出了用现象学研究课程与教学的方法，他说"课程研究应该是情境解释取向，这种取向将研究视为对意义的寻找，这样的报告被称为现象学描述"。② 他从教师叙事的角度进行课程探究，指出课程应该关注教师生活经验这一特殊的景观，如通过教师的日常教学故事反映教育生活中的事件。

格林主张从艺术和人文学科的角度解读课程的意义。在她的研究中，指出要提升学生的自我意识，"学习者不是知识的接受者，而是意义的创作者，课程与教学旨在使学生以活生生的知识来解释其世界"，③格林非常重视个人及其经验的意义，强调学习的目的在于提升意识，自我意识是意义诠释的基础，也是认知结构的条件，在没有自我意识参与的认知活动中，学习者会被蒙蔽于知识的泥潭，因此课程应该考虑学生的自我意识，要分析和理解学生所获得的经验，帮助学生与外界沟通，在意义的诠释中回归"生活世界"。从 60 年代到 70 年代，越来越多的学者对传统课程思想提出了挑战，同时拉开了课程概念重建运动的大幕。

女性主义取向课程探究可说是人文主义传统取向中最具有批判性和激进潜质的。④ 女性主义课程重视女性的经验和体验，以女性的立场和

---

① ［美］派纳：《课程理解》，张华译，教育科学出版社 2003 年版，第 207 页。

② ［美］派纳：《课程理解》，张华译，教育科学出版社 2003 年版，第 223 页。

③ R. Dale, G. Esland, Macdonald Meds, *Schooling and Capitalism: A Sociological Reader*, London and Henley : Routledge and Kegan Panl, 1976, p. 185.

④ 李子健等：《课程：范式、取向和设计》香港中文大学出版社 1996 年版，第 421 页。

理解发现学校知识的价值和课程的意义，关怀女性自我生存的质量，体现了对教育体制上父权制的批判，在课程中以女性的视角解读社会公平、正义、学校教育知识、自我意识等。在课程体系中，女性多关注人文类课程而排斥理工科类课程已成为人们的意识常态，女性主义批评这种贯穿着男性中心的价值体系，这样的课程容易形成学生性别歧视的思维惯性。针对课程内容的性别偏见，建议采取不同的编排和呈现方式，以改变以男性经验为标准的状况，呼吁课程应该反映男女平等，以女性和其他弱势群体的生活经验为背景和来源，建立消除性别歧视在内的一切压迫性和不平等的新知识。在课程和教材建设方面，她们还试图开发一种女性主义自己的课程，以对抗男性中心的课程，这种课程包括批判现存的教育制度，强调男性和女性具有平等的受教育机会，提供女性自己的教育经验等，① 她们认为，仅仅赞同妇女的要求或在课程中增加妇女的数量是不够的，更为重要的是，应对课程所宣称的事实、必然性、普遍性提出挑战。② 女性主义课程观从女性主义独特视角出发，重新审视和批判传统学术思维，致力于消减知识领域和学术领域的性别歧视，建立女性主义的学术及其思维方式。著名女性主义课程学者诺丁斯（Nel Noddings）在《学会关心——教育的另一种模式》中呼吁对传统学校教育进行彻底改革，学校应该重视学生多样化发展的需要，建立一个充满关心而非竞争的环境。诺丁斯认为学校应该承诺一个崇高的道德目的：关心孩子，并且培养孩子学会关心。③

派纳是课程概念重建运动的忠诚战士，他不仅参与了对传统课程批评的运动中，而且自始至终主持和参与了各种会议、争论和回应的学术

① 曾颖、杨昌勇：《女性主义对现代教育的批判、重构及启示》，《天津市教科院学报》2006 年第 8 期。

② A. Coffey, S. Delamont, *Feminism and the Classroom Teacher: Research, Praxis, Praxis, Pedagogy*, Routledge Falmer, 2000, p. 38.

③ ［美］诺丁斯：《学会关心——教育的另一种模式》，于天龙译，教育科学出版社 2004 年版，第 86 页。

活动，他在一系列研究成果，如《课程理论化：概念重建主义者》《健全、疯狂与学校》《教育经验的分析》《存在体验课程：走向概念重建》《寻找一种方法》《理解课程》中，对概念重建运动做了历史性的回顾，并系统而完整地提出了课程概念重建的思路框架。他在《理解课程》中提出未来课程研究应该广泛运用现象学、存在主义、解释学、后结构主义、建构主义、后现代主义、女性主义等哲学、社会的研究成果对课程进行重新解读和多元理解，并全景式地向我们展现了将课程视为历史文本、政治文本、种族文本、性别文本、现象学文本、美学文本、制度化文本的美好愿景，这种将课程理解为多重世界观中的多元文本，有助于运用多种视角，全面分析和探究课程丰富的内涵。

经历了概念重建运动以后，课程研究呈现了鲜明的人文主义色彩。人文主义课程探究以一种人文关怀的精神对科学取向课程探究范式进行批评，使课程进入了一个善于批评和反思的学术世界，完成了课程研究由注重开发走向多元理解的历程，为课程研究带来了人文性、多元性、审美化的价值诉求，尤其对课程主体的权益、意义、价值进行了重新建构。

三、多样而丰富——课程研究范式发展的趋势

经历了课程概念重建运动以后，课程领域换来了充满时代气息的研究气氛，形成了理解课程的多种话语：政治批评、种族差异、性别、现象学、美学、自传体、神学、制度、国际理解、多元文化等等话语进入课程领域，课程进入了一个多元理解的话语体系，同时课程探究范式也出现许多新的尝试。

派纳等人认为，课程再也不是单一典范的文本，课程可以被视为：美学文本、政治文本、历史文本、性别文本、现象学文本、后现代（解构、后结构）文本、传记文本、神学文本等。相应地，也可以用多种探究形式与认知方式来研究课程。

艾斯纳归纳了八种认知方式：美感认知、科学认知、人际认知、直观认知、叙述认知、形式认知、实用认知与灵性认知。[1] 因此，课程研究正逐渐成为多重实在世界观（本体论）与多元探究和认知（认识论）的行动与事件。

哈格森（N. L. Haggerson）提出课程探究的概念重建，倡导多重研究典范。他以"河流"（stream）为隐喻，以展示课程领域中的各种研究典范。[2] "隐喻"由于具有多重阐释意义，以及比较与对照的特质，成为课程美学探究取向的一大特点。由此可见，美学取向课程探究是在课程研究新范式不断涌现的背景下形成的，同时又对课程研究范式的转向起到了积极的推动作用。

奥恩斯坦认为课程探究范式可以分为五种：行为—理性范式、系统—管理范式、理智—学术范式、人文—美学范式和新概念主义范式。艾斯纳（E. W. Eisner）将课程范式分为认知发展范式、学术理性范式、自我实现或完全经验、技术学和社会改造主义等。[3]

舒伯特（W. Schubert）在《课程：观点、范式和可能性》一书中，将课程范式划分为：课程的主导范式（指泰勒原理）、课程的实践探究范式（以施瓦布为代表）、课程的批判实践范式（以派纳、阿普尔为代表）。[4]

肖特（E. Short）在《课程探究的形式》一书中系统分析了课程探究的 17 种形式，也就是：分析范式、演绎范式、思辨范式、历史范式、科学范式、人种志范式、叙述范式、美学范式、现象学范式、注释学范

① E. W. Eisner, *Learning and Teaching: The Ways of Knowing*, Chicago, Illinois: The University of Chicago, 1985.

② N. L. Haggerson, *Expanding Curriculum Research and Understanding*, New York: Peter Lang, 2000, p. 26.

③ 靳玉乐：《课程研究方法论》，西南师范大学出版社 2000 年版，第 38 页。

④ W. H. Schubert, *Curriculum: Perspective, Paradigm, and Possibility*, Macmillan Publishing Company, 1986, pp. 169 – 177.

式、理论范式、标准范式、批判范式、评价范式、综合范式、讨论范式和行动范式。① 肖特这种分类方式与解决课程问题的方法相呼应，因为在他看来，只有使课程的研究范式与课程存在的问题相对应时，才能提出有效的解决课程问题的方法。

国内课程学者靳玉乐对课程探究的范式做了全面的研究，认为课程探究主要有实证分析范式、人文理解范式、实践探索范式和社会批判范式。② 实证分析范式主要由两支流派组成，第一派以博比特《课程》一书的出版为标志，其代表人物有博比特、查特斯、卡斯威尔、泰勒、塔巴。主要借鉴工业化管理的原理和行为心理学为理论基础解决课程问题，强调学校教育的效率，强化对学生的科学管理，尤其以泰勒的课程四因素最为著名。第二派是以布鲁纳、施瓦布为代表的，他们把课程研究的重心由行为目标、系统控制转向了学生认知发展、知识本质、学科结构等方面，在具体的研究方法上，仍以经验的实证分析为主，旨在描述、解释和预测学习经验。人文理解范式则是针对实证分析范式而产生和确立的。其代表人物有格林妮（M. Greene）、派纳和休伯纳等，该范式强调人个体意识的觉醒，强调学校课程意义解释性和个体的自主构建性，反对课程对人的"控制""课程开发"和"工具性"，主张通过主体的能动性，在学校中通过对话交流来唤醒学生已有的经验，让学生主动构建知识，获得丰富的生活体验。

实践探究范式主要以施瓦布为代表，他从 1969 到 1983 年，先后撰写了《实践 1：课程的语言》《实践 2：择宜的艺术》《实践 3：课程的转化》《实践 4：课程教授要做的事》几篇文章，系统阐述了他的课程理念，从而改变了一贯以来课程研究侧重于理论研究而忽略学校教学情况和学生的实际学习需要的传统，掀起了一场课程探究走向实践的变

---

① E. C. Short, *Forms of Curriculum Inquiry*, New York: State University of New York, 1991, pp. 17 – 19.

② 靳玉乐：《课程研究方法论》，西南师范大学出版社 2000 年版，第 40 页。

革。社会批评范式将社会公平与人权解放的观点用以批判地分析课程中的社会政治、经济和文化传统等因素，批评学校课程存在以文化霸权的方式支配课程知识的分配和传递的现象，课程成为民众与权贵的调解员，使民众甘心臣服于已有的社会从属地位，课程由此成为维护社会阶层的工具，其代表人物如阿普尔（M. W. Apple）、弗莱雷（P. Freire）等。课程探究范式的分类林林总总，一是由于课程研究本身是复杂的；二是由于对范式理解的存在差异，有时候范式被理解为一种新的课程理论，有时候范式被理解为一种解决问题的立场，无论如何，课程研究范式的多样性对丰富课程理论和提供解决课程实践问题的思路是大有裨益的。在众多的探究范式中，"美学取向课程探究"无疑是其中一种重要而且极具特色的范式。

杰克逊（Philip W. Jackson）在其著作《教室中的生活》一书中，体现了运用美学取向的立场探讨课程实践现场的真实情况。在书中，他以一个教育专业研究者的身份，深入到课堂，对课堂中教师和学生的情景做出真实的、深入而细致的描述，以故事记录的方式，来发现在老师们看来是日益重复的琐碎事务背后存在的深层次的教育机缘，以揭示当时教育存在的问题。他发现，教室是个忙碌的地方，老师主宰着师生间对话的权利，控制着对学生的指导、资源分配和学习时间。[1] 这样，学生的探索愿望难以得到满足，学生处于课堂中的被动地位。更加使这种不平等的师生地位得以维持的是持续不断的评价，经常性的测验和评价，使学生更加处于被动地位。考试的分数和教师对学生学业成绩的评定，成为检查学生学习结果的标准，而有些成绩低的学生在评价中感到挫败，导致学生丧失了学习的兴趣，与教师关系紧张，同时也导致教师在工作中处于孤立状态，自我效能感差，这些看似微小的因素，却大大影响着课程实施的效果，甚至杰克逊将其称为隐蔽在学校课程中的一种

①　甄晓兰：《课程经典导读》，学富文化事业有限公司 2007 年版，第 285 页。

课程——隐性课程。杰克逊运用走进教育现场的方式开展研究，获取了大量、真实的教育现象，在此基础上审视当前课程的问题，他以真实的笔触，以故事的方式，进入教育现场与教师和学生一同生活，并记录下教学过程中难忘珍贵的时光，与他们一同分享困惑和快乐，以自己的观察和见解，投身教育改革，是杜威以学生为中心教育改革思想的延续。这种以质性研究的方式，通过对细微的现象进行分析的方法，是对当时量化研究大行其道的冲击，并以事实说明，量化研究无法解释教室中复杂而动态的情境。杰克逊的教育实践取向的研究可以说是颇具美学精神的课程实践活动的一次尝试。

第二节　课程理论发展的趋势

课程理论是课程研究者在不同的社会历史条件下对课程问题所做出的诸种理解和思考，反映出课程研究者所坚持的世界观、教育观和方法论。[①] 在课程研究发展的进程中，逐渐形成了几种著名的课程理论流派。长期以来，课程理论深受机械论、控制论的影响，课程理论比较固定和单一。

一、传统的课程理论

（一）实用主义课程

实用主义课程是以杜威的实用主义哲学为基础的课程流派，其代表人物是杜威、克伯屈。实用主义哲学思想主张"有用即真理"，强调个体的经验，认为个体的经验是认知的起点，离开了经验，一切认知都无从谈起，也于个体无用。所以，实用主义课程也被称为经验主义课程，突出以下几个特点：

---

① 廖哲勋等：《课程新论》，教育科学出版社 2003 年版，第 99 页。

1．强调个体的经验

经验是认知的起点，教育应该由于经验和为着经验，应该以儿童的经验为起点，教育又以丰富儿童的经验为目的，只有那种对儿童经验增长有价值的经验才构成了教育，课程就是把具有教育意义的经验串联起来的活动。在课程内容建构上，杜威坚持从学习者的经验开始，引申出合乎科学的方法，即"心理的方法"，以区别于一些科学专家的"逻辑的方法"，其实是一种强调学生学习心理状态的立场，强调学习逻辑的起点是学生而非学科知识。实用主义课程强调个体经验，体现出实用主义以儿童为中心的进步思想，对传统的把生活与课程、人与知识"二元对立"的思想提出了挑战。

2．强调在活动中学习，即做中学

经验不是想出来的，而是做出来的，是在生活与环境的互动中积累出来的，所以，课程应该是一种探索性的活动，学习应该在做中学。杜威提出要使教育过程成为真正的师生共同参与的过程，成为真正合作的相互作用的过程，师生两方面都是作为平等者和学者来参与的。建议在教学过程中建立师生之间的合作关系，认为教育过程是师生共同参与、合作完成的过程，主张师生平等。在教育过程中激发学生自己发现问题，解决问题，并不是教师可以袖手旁观，保持沉默，而是共同参与学生的活动。教师的作用在于根据学生的特点和需要来组织和指导学生的活动。

3．强调教育即生活

教育是经验的改造，教育必须密切联系生活，课程的内容来源于生活，教育的目的除了生活没有别的目的。杜威把生活作为教育的目的，把对生活的适应和对经验的改造作为改造社会的一个手段。

（二）永恒主义课程

永恒主义也称新古典主义教育，它产生于20世纪20年代的美国，流行于50年代的英、法等国，最主要的代表有美国教育家赫钦斯、法国的阿兰和英国的利文斯通。

永恒主义者强调理性是人性的基础。社会秩序的稳定，依赖于以永恒的真善美原则为基础的理性文化。社会如果缺乏理性文化会导致社会精神支柱的坍塌，社会的经济危机、战乱等问题，归因于道德问题和文化问题。永恒主义在极力推崇"永恒价值"的基调上，确立了"复古式"课程标准。他们还认为，好的教育在于使人逐渐认识真理而变得富有人性，教育的任务在于借助对永恒真理的认识促使永恒人性的发展。强调通过知识教学向学生传授永恒真理，以便使学生认识永恒的世界，同时又使人的最高属性——理性得到发展，学校教育就是要让学生学习永恒的古典知识，强调教师对于知识的传递作用。

永恒主义有着浓厚的古典主义色彩，永恒即意味着永远存在、永远的真理，也就是强调真理的永恒性和课程内容的永恒不变。永恒主义课程在某种程度上说是一种精神产品，过于强调历史的经典使课程脱离了社会和时代的需要，无法满足学生当下的好奇心和求知欲。

（三）结构主义课程

结构主义课程以皮亚杰的《结构主义》为思想，由布鲁纳（J. Brunner）继承和发展，主要针对20世纪中期美国基础教育质量下降，学生基础能力、学习动机不知和能力下降引发社会质疑而盛行。

1. 结构主义课程强调学科知识的逻辑体系

对于知识而言，学科知识的严谨性和递进性有助于学生学习和掌握。学科知识整体地呈现了学科知识的逻辑体系，具有整体和全面的特性，知识任何一个组成部分的性质都不可能孤立地被理解，而只能把它放在一个整体的关系网络中，即把它与其他部分联系起来才能被理解。对于学生的学习而言，完整的学习学科知识，就是由基本概念、基本原理和基本关系构成的。这样的课程内容是科学的，便于学习和记忆。

2. 课程内容的编排遵循螺旋式上升的规律

知识的学习应该整体，应该递进，遵循由低到高的规律，从低级向高级递进，而不是知识的堆积和罗列，要将学科的概念、原理按照学生学习的特点，以图像、符号、形式等构成不同的维度加以编排，使知识的学习系统有序，有助于能力的迁移。

二、革新的课程理论

课程理论对于解决当时的课程问题发挥了作用，但是并不能解决所有的课程问题，这使得课程理论研究者备受争议。随着课程研究范式的转向，必然会导致课程理论的重构。

在课程范式多元化的引领下，课程开始了概念重构运动，课程非常迫切地期待能与更多的学科相融合，借助其他学科的理论研究成果，建立丰富的课程理论和话语体系。课程研究不受学术领域的限制，模糊学术的疆界，将课程理论与文化研究、政治理论、精神分析、舞蹈、工学和其他领域交织起来。① 这种对课程意义的多元解读方式，将极大地丰富课程理论体系，拓展课程研究的视界，这是课程本身发展的趋势，也是课程理论变革的必然。

（一）人本主义课程

人本主义课程的心理学基础是马斯洛的"第三思潮"，认为人的本性派生人的价值。马斯洛强调人的主观活动，第一次把"自我实现""人类潜能"引入心理学，强调了人的尊严。主张学校课程要鼓励学者的自我实现，它所关注的表示学生的学习结果（行为主义所关注的），也不仅仅是学生学习的过程（认知心理学家所关注的），而是进一步关注学生的学习起因，即情感、信念和意图等。所以，学校课程的设置要有利于学生寻找并重视个人的意义，把这种思想体现在课程中的最具代表性的人物是罗杰斯。

1. 强调自我意识

_____

① 欧用生：《课程理论与实践》，学富文化事业有限公司 2006 年版，第 24 页。

人本主义要求将课程的重点从教材转向个人，主张课程要适合学习者的内部和外部需要，最终是帮助学习者发现自我、实现自我。即"完美的人性的形成""人的潜能的充分发展""人的能力的全域发展"等。人本主义课程认为，课程的目的就在于培养"完整的人"。这种"完整的人"的基本特征是动态的、过程中的、有创造性的，是"躯体、心智、情感、精神和心理力量（Psychic Power）融贯一体"。

2. 建议平行课程体系，包括学术性课程、社会体验课程和自我实现课程

也就是一直平行整合的课程模式，包括知识课程、情意课程和体验整合课程。多元化的课程内容可以为学习者提供更多的选择，满足不同的学习者的学习兴趣和需要，让学习者在多元化的选择中发现自我的潜能和实现自我的价值。

3. 提倡有意义的学习

罗杰斯指出：人类学习有两种类型，一是无意义学习，另一是有意义学习，是指一种使个体的行为、态度、个性以及在未来选择行动方针时发生重大变化的学习。这不仅仅是一种增长知识的学习更是一种与每个人的各部分经验都融合在一起的学习。意义学习坚信学生具有一种天然的学习倾向，当学生理解学习对于自己的意义时，便会主动学习也就是开始有意义的学习。许多意义学习是通过学生的实际活动进行的。有意义的学习往往是最持久和最深入的学习。概况地说，罗杰斯认为，教育所培养出来的人应该是个性充分发展的人，这种人具有主动性和责任感，具有灵活地适应变化的能力，是自主发展的人，能够实现自我价值的人。正是因为相信学生具有自我学习的动机，所以教师的教学是一种"非指导性教学""非指导性"有四个基本特征：[①] 它极大地依赖于个体自身的成长，有助于通过自身的努力克服各种障碍；更多地强调感情因

---

① 非指导性教学理论，2017 年 6 月 9 日，见 http://www.baike.com/wiki/。

素，而不仅仅依靠理智因素去工作；更多地强调此时此刻的情景，而不是个体的过去；作为自然发展状态而相互接触。在非指导性教学中，教师扮演着一个促进者和参与者的角色，教师的作用是提供丰富的材料和能激发学生主动探究的环境，以启发、讨论、思考、发现的方式进行探索生活、学业以及与他人的关系。这种教学理论旨在培养学生而不是控制学生，更多的是形成学生的学习风格使之能主动地学习。

（二）生态主义课程

人类所生活的世界是一个生理现象、精神现象、社会现象和环境因素都相互依存的世界，卡普拉（Capra）在 1982 年出版的《转折点：科学、社会和新文化》一书中指出，唯科学的理论和方法会导致人性的毁灭，呼吁人们采取科学与人类精神相结合的后世界观，将人类的生活世界看成一个相互依存的整体，掀起了采取生态学的世界观来看待世界和进行课程设计的生态主义课程思潮。

借助后现代主义的"自组织规律"设计课程，生物具有一种天生的环境适应能力，当生物体面临危险威胁时，会转向混乱的边缘，引发生物体的变异聚合新能源而继续生存，这种生命体的自我系统的自组织现象给课程研究很大的启示。生态主义课程观就是借鉴这种思路，摒弃了西方对自然的二元论、还原论和功利主义态度，为我们认识课程和改造课程提供思考。

1. 生态主义遵循整体观的指导

注重学校建筑、教室布置、自然环境、学生的心理环境的整体和谐。以培养充分自由和完全解放的公民为课程目标，注重课程目标一致性与差异性的统一、理性与非理性的统一、意识与潜意识的统一，以及课程目标的个体需要与社会需要的辩证统一。将生态意识渗透到教育过程之中，既关注个体外在生态环境的平衡和保护，也注重个体内部（如情感、心理场、潜意识等）的生态平衡。

2. 倡导民主平等对话的新型师生关系

师生关系是教学过程中的主要矛盾之一，师生关系的好坏严重影响教学目标的达成，它主张教学双方在平等基础上的对话与沟通以共同实现教学目标，从而在这一过程中建立起民主平等对话的新型师生关系。生态主义课程思潮反对知识的绝对客观说，知识具有不可预测性，强调知识的生成性，认为知识的获得有赖于学习者的内部感受，强调学生的自主学习和自我发现。

3. 生态主义课程的实施策略注重具体教学情景的重要性

尊重教学双方的内部情感体验以及个体的价值追求，尊重个性，并以此为出发点实施相应的教学策略，开发丰富多彩、富有成效的教学模式。注重知识与知识之间的联系，注重学习经验、自然界以及生活本身，强调课堂与社会密切相连，提倡到大自然中研究，联系社会，深入社会。

（三）批判主义课程

在 20 世纪 70 年代，巴西教育家弗莱雷（Freire）提出了以"被压迫者的解放"为目的的"解放理论"，由此开启了批判教育学研究的大幕。批评理论受法兰克福学派、马克思主义理论和后现代主义思潮的影响。通常认为批判课程论共有三个知识谱系：即 20 世纪 70 年代盛行"解放理论"，代表人物为弗莱雷；80 年代盛行的"再生产理论"，代表人物是吉鲁（Giroux）、麦克莱伦（Mclaren）、鲍尔斯（Bowles）、金蒂斯（Gintis）、布迪厄（Bourdieu）；80 年代以后的"抵制理论"，代表人物是阿普尔（Apple）。批判课程论针对西方社会的现实问题，批判社会中主流文化意识和经济政治结构引发的社会不公问题，批判学校和课程中存在的意识形态依附、社会地位不公正和文化霸权等现象。呼吁"人类意识觉醒"，人们必须投身参与到实践中，改革目前学校教育的状况，去除学校课程的意识形态依附压力，对学校课程进行批判反思、解除精神上的束缚，获得身心解放，通过学校公平来实现社会公平。

1. 注重隐性课程的价值

　　批判课程论从微观的学校结构和文化群体进行考察，注重揭示"隐性课程"对受教育者的潜在影响。他们从宏观社会环境和制度生态出发，考察社会政治经济结构如何以隐蔽的方式进入学校从而影响学生发展。麦克莱伦认为"隐性课程研究的是一些暗默的方式，运用这些暗默的方式，知识和行为得以在通常的课程材料和正规安排的授课之外形成。隐性课程是学校中科层化和管理方面的'压力'的一部分——受这些联合在一起的力量的驱使，学生被劝诱说服，进而遵从于权威、行为和道德相关的，处于优势的意识形态及社会实践"①。"隐性课程"强化了社会的不平等与不公正，其社会职能在于进行"社会控制"，是通过把占统治地位的意识形态、价值观念和行为习惯无声地延展到学生，从而维护其"社会统治"。

　　2. 通过课程改革实现社会公平

　　批判课程论者从自身的经历中亲历学校和课程中隐藏的不公正。他们对于知识的价值中立持反对态度，认为这是主流文化的一种欺骗手段。在批判课程论者看来，课程是"价值负载"的，学校课程的设置和内容的选择使贫困阶层的孩子处于不利境地，进一步加剧了社会分化，由此揭露学校课程中隐藏的非正义性和社会不公。教育在复制主流社会里的技术官僚、企业组织和资本主义意识形态。② 他们主张重新定义课程的内容，改革现有课程体制，体现教育的公平和社会正义。

　　3. 倡导多元文化课程

　　批判课程论批评传统课程中的男性中心主义、教师中心主义、父权中心主义、主流文化主义在课程中的优越性和文化霸权地位，批判课程研究基于以上社会现实，对课程中隐藏的歧视问题进行剖析，提出构建

---

① 李宝庆、靳玉乐：《麦克莱伦的批判课程理论及其启示》，《西南大学学报》2014 年第 6 期。

② 李宝庆、靳玉乐：《麦克莱伦的批判课程理论及其启示》，《西南大学学报》2014 年第 6 期。

多元文化课程。多元文化课程必须重视女性、有色人种、经济弱势族群和他人的历史，消除课程中的"歧视"，如种族歧视、性别歧视、信仰和文化歧视等。教师作为课程设计者要让学生有机会批判课程内容和知识形式，教师应该将教室变成批判场域，在这个批判场域中教师必须深入挖掘那些被边缘化或被孤立团体"被压迫的知识"，消除对少数民族、女性、农村家庭学生的歧视与偏见，以解放的姿态引导学生的文化资本和声音纳入课程内容之中，加强师生对话共同解构课程文本的权威。

（四）课程美学理论

在课程研究的多元话语中，将课程理解为一个美学文本无疑是独具魅力的新思路。美不仅仅是一种认识论，也是人类生存意义的最高追求，用美作为课程理解的价值准绳和理论基础，是课程摆脱"工具取向""科技取向"，走向尊重个体经验、促进和谐发展的路径选择。

从哲学范畴来看，真善美反映着事物的不同属性，具有不同的内涵。可以说，人类生命活动的最基本和最终极的目的就是对真善美的追求，同时也以科学、道德与艺术三种形式体现真善美。科学求真、道德向善、艺术求美，三者相互联系。美以真和善为前提，美又对真和善有着促进的作用。从历史上对美的追问和思考的历程来看，美是人类的一种向往和追求，是一切文明创造的动力之源和价值标准，对真的追求是为了达成至善至美的境界，因此，美是哲学的科学，是智慧的科学，是精神的科学，是人类追求的最高境界。以美来审视和观照课程，不仅可以丰富课程研究的理论基础，也为解决课程问题提供了新的视野。

休伯纳曾极力呼吁"把美学语言确定为可以替代泰勒学说的一种重要语言"。[①] 在他看来，课程研究的语言过于单一，在泰勒原理的影响下，课程长期被科学主义、本质主义的思想控制，忽略了对课程、教

① ［美］派纳：《课程理解》，张华译，教育科学出版社 2003 年版，第 590 页。

学、教师和学生的意义做深刻的解读。休伯纳建议可以运用一些符合教育活动的美学理论，如混沌、心灵距离、美、和谐、形式、真理与批评，来进行教室活动意义的探究，讨论师生互动的动态关系。① 他还认为美学和伦理学的价值形式是课程中最重要的，课程活动意图在于鼓励学习者寻找美感、诚实、和平和真理，而非像技术的价值般侧重于方法和目的。② 曼恩（mann）赞同休伯纳的观点，认为目前教育研究使用的语言过于简单，关注技术方面的课程，他提出以审美元素对课程加以审视，或者说将科学与美学共同融入课程探究中。③

作为课程美学探究的开创者之一，美国哥伦比亚大学教育哲学家马克辛·格林（Maxine Greene）指出，"是美学经验使我们成为追求意义的存在"，"艺术与美学的独特性，可以使观点的多元化和现实的多样性成为可能"，"艺术向空洞的形式主义、教导主义和精英主义挑战，与艺术的际遇可以激发人们意识的那些震撼"。④ 格林努力将"美学—艺术"与课程探究融合来解决课程"科学取向"研究方法单一的倾向，并以此来修正过分强调学生学术认知能力和追求单一认知方式的弊端。从美学的角度来理解课程，为课程理解生成了一种新的话语，为课程探究注入清新的探究气息，吸引愈来愈多的学者参与其中。

课程美学探究不仅在不同研究流派与意识形态中转换与并存，即使是同一探究取向中，也有各种不同的观点在不断涌现。在这种状态下，不确定性与开放性也为未来的课程探究描绘出无限的发展空间。

---

① 李雅婷：《课程美学探究取向的理论与实践之研究》，博士学位论文，台北师范大学 2002 年，第 32 页。
② 李子健、黄显华：《课程：范式、取向和设计》，香港中文大学出版社 1996 年版，第 421 页。
③ J. S. Mann, *Curriculum Criticism, Curriculum Theory Network*, 1969(2)，pp. 2 – 14.
④ ［美］派纳：《课程理解》，张华译，教育科学出版社 2003 年版，第 590 页。

第三节 课程实践变革的诉求

在现代课程研究范式的影响下，课程"学科取向"的"幽灵"挥之不去，学科的知识成为课程实施的重要价值标准，课程内容严格按照知识的逻辑结构来排列。教师的教学任务是依照教科书预定的方案进行，教学内容以课本的知识为主，课程的评价主要围绕预设目标的达成为主。"学科取向"的课程模式使课程在完成社会文化传承功能方面发挥重要作用，但是由于过分强调知识，往往忽略了对学生情感、经验、价值观的重视。这种课程模式还导致教科书、课程专家、教师成为课程的话语主体，教学成为教师单向度的活动，学生处于被动接受的地位。由于课程强调预设，教师往往以忠实取向执行课程方案，这样的课程，教师缺乏课程参与的意识，消极对待。面对新的课程思想，教师只是被动地接受，没有将自身丰富的课程实践经验与理论进行对话，缺乏参与课程对话的主动性和自觉性。由于缺乏教师个体对课程的理解和积极建构，课程实施往往停留在简单复制的层面，教师的教学也成为一次次简单而机械的重复工作，教师缺乏对课程实施的真情投入，也缺乏对课程实施创生的动力。

传统课程漠视学生在课程中的意义和价值，将课程视为一个封闭的系统，将前人的经验作为知识传授给学生，并以此作为对学生发展情况的评价。这样，学生被限制在一个狭窄的知识框架中，学生作为知识建构的主体地位被忽略了。单一的知识传播的方式难以适应学生认知方式多元化的需求，单一的课程评价方式也无法恰当地评价学生综合发展的真实状况。课程漠视学生已有的生活经验，没有为学生构建新的意义世界提供帮助，反而以一个先在的事件成为学生发展的阻碍。课程，只有当它涉及人的时候才存在。为了真正实现学生的健康发展，课程的目标、意义、价值必须重构，课程中的教学观、教师观、学习观必须重构。

现代课程研究由于过分强调课程的开发功能，将课程视为一种普适性和固化单一的操作流程，制订出一套严密的课程开发程序，试图通过课程开发代替课程研究，以往完成课程开发就完成了培养人的目标。这种课程模式，漠视人作为课程主体的参与性，忽视了学校作为课程实践场所的真实性和特殊性。一方面，形成了由课程专家、外部人员决定学校课程的局面，教师难以参与其中，造成了课程远离学生的真实生活，仅是一个脱离真实教学场景的文本。施瓦布曾经批评当前课程理论脱离实践，脱离学生生活世界，使课程进入"穷途末路"的境地。另一方面，它是一种静态的课程观。这样的课程观决定了在课程实践中的教师对于课程的执行是忠实取向的，其教学行为必然强调以教师为主，以教材为中心，强调学生对于知识的接受性的学习。这就违背了学校教育促进学生独立、自主、个性化发展的宗旨。这种课程模式往往容易造成人精神的贫瘠，使课程丧失了与人一样追求美好愿景的价值视野。

此外，课程开发技术往往体现在显性课程上，所以现代课程强调对显性课程的研究，忽略了对隐性课程的思考，这就造成传统课程强调学科课程的建设，强调对学科知识内容的传授和结果评价，以掌控各门学科的基本内容为目标，关注的是已经列入课程的基本内容，而对隐性课程没有给予充分关注，忽略学生作为课程主体本身的发展需求和其经验负载学习背景，也就是没有将学生所受到的隐性影响列入课程思考的框架。如此一来，一种以知识传授为目的的教学任务成为教师的重要使命。教师成为知识的授予者、讲解者和传递者，教师的任务是教学。教师只是僵化地执行课程，其主动性难以发挥，造成了教师没有敏感的课程意识，没有对课程的独立思考和理解力，没有参与到课程研究中，教师的自主意识很难得到发挥，教师的生命价值也很难展现。

课程美学探究，借助美学认知的价值观和方法论，对课程的价值进行重新的审视和建构——课程的意义在于促进人有意义的生存，个性的独立、自由、创新发展。课程应该珍视教师和学生已有的经验，回归丰富的教育实践现场，鼓励教师有创意地理解课程，赋予课程新的活力，强调学生的美感认知和体验，鼓励学生以多样的方式展示自己的发展水平。课程作为伴随个体成长的一条跑道，应该具有宽容、丰富、多元、诗意的人文意蕴和精神价值。课程中蕴含的美，是课程的价值追求也是分析工具，用美的视角观照课程实践，不仅有助于反思课程实践，而且能够为解决当前课程实践问题提供新的视野和价值标准。

第二章

课程与美学的跨界融合

　　课程与美学是两个不同的学科，它们的跨界是否可能？如何可能？跨界的意义何在？这是课程美学必须要厘清的问题。首先，我们来看看美学是一门怎样的学科？能否成为承载教育科学和课程研究的理论基础。

第一节　课程与美学跨界的可能

　　1750 年，鲍姆嘉通撰写并出版了《美学》一书，使美学（Aesthetics）成为一个专属名词，并由此使美学成为一门独立的学科，因此鲍姆嘉通也被冠以"美学之父"的美誉。在这之前，美学一直作为哲学的一个分支隶属于哲学探讨的范畴，时至今日，很多大学的美学专业依然挂靠在哲学中，这使得哲学的很多研究方法和价值体系都深深地影响着美学。美学与哲学的关系相互交织密不可分，美学中的许多基本问题，往往会直接涉及哲学中的许多基本原理，有的就是哲学问题在审美领域中的具体体现。美学是很多哲学家都必须涉猎的一个范畴，他们都以研究美作为自己研究的一个感叹号，研究了美学似乎能让哲学家感到自己研究疆域的完美。因此，许多哲学家几乎同时都是美学理论家，美学也因此有了哲学的高度，美学与哲学一样是"一门认识论层面的科学"①。

---

① 朱光潜：《西方美学史》，人民文学出版社 1979 年版，第 5 页。

一、美学是一门形而上的科学

美学是一门理论性很强的学科，属于哲学研究的范畴。在西方，美学过去都是设在哲学系，所以可以说"美学理论是哲学的一个分支"①。美学是一门带有哲学性质的科学，在历史上它一直作为哲学的一部分，许多哲学家几乎同时都是美学理论家，比如柏拉图（Plato）、亚里士多德（Aristotle）、鲍姆嘉通（Alexander Gottliel Baumgarten）、康德（Immanuel Kant）、谢林（Friedrich Wilhelm Joseph von Schelling）、黑格尔（Hegel）、马克思（Karl Heinrich Marx）、杜威（John Dewey）。在他们的研究体系中，都会涉及关于美的讨论，他们的美学观方法是他们哲学观和世界观的重要组成部分。如柏拉图在其著名对话录《会饮》篇、《斐德若》篇中，贯穿着这样的思想：人生的最高理想是"凭临美的海洋""凝神观照""孕育思想语言""得到哲学收获"。② 柏拉图在《会饮篇》中，用非常优雅灿烂的语言描写了一种对哲学拷问的人生境界，这种境界是一种对真理追求的内心充实和满足，同时也是一种美的精神享受，他认为这种真理才是最高的美，此时"美"与"真"同义，所以可以说它（指美学）就是哲学。又如代表康德哲学思想著名的三大批判《纯粹理性批判》《实践理性批判》《判断力批判》，围绕知情意（即哲学、伦理学、美学）构筑他的哲学体系，其中《判断力批判》前半段实际上是他的美学主张。黑格尔不仅仅著有著名的《逻辑学》，同时还有著名的《美学讲演录》，翻译成中文是《美学》三大卷，并提出了"美是理念的感性显现"。③ 还有教育界非常熟悉的美国学者杜威，

---

① ［美］鲍桑葵：《美学史》，张今译，商务印书馆1985年版，第1页。
② 全文是：凭临美的汪洋大海，凝神观照，心中起无限欣喜，于是孕育无数量的优美崇高的思想语言，得到丰富的哲学收获。如此精力弥漫之后，他终于一旦豁然贯通唯一的涵盖一切的学问，以美为对象的学问。——《会饮篇》
③ 朱光潜：《西方美学史》，人民文学出版社2007年版，第467页。

他其实首先是一名哲学家，其次才是美学家和教育学家。"经验"是杜威哲学的出发点，同时也是其美学观点的核心。鉴于杜威在哲学上的贡献，罗蒂（Richard Rorty）将杜威、维特根斯坦、海德格尔列为20世纪最重要的哲学家。① 杜威的《艺术即经验》也由此被视为20世纪最重要的美学著作之一。②

美学与哲学交织的历史源远流长，许多哲学家的观点都映射出美学的意味。如柏拉图提出"美是理念"的命题可以看成是对美的本质的最早论述。在柏拉图的思想中，有三个世界：一是理念世界，二是感性的现实世界，三是艺术世界。理念世界就是概念世界，是抽象的世界；现实世界是理念世界在生活中的反映，是实体的"物"的世界；艺术世界是现实世界的摹仿，是现实的摹本。艺术世界是现实世界的摹本，现实世界是理念世界的摹本，这两个世界是感性的，需要依赖于理念世界存在，理念世界是抽象的世界，永远存在，也可以独立存在。在柏拉图看来，理性世界是第一性的，感性世界是第二性的，艺术世界是第三性的。③ 美属于第一性的理性世界中，他认为，美从"喜欢"开始，从此一体到彼一体（也就是从个别到一般），如此进入到"行为和制度的美"及"各种学问知识的美"，"最后达到理式世界的最高的美"，"这种美是永恒的，无始无终，不生不灭，不增不减的。"④

鲍姆嘉通是创建"美学"的鼻祖，他提出应该建立一门科学，专门研究人的感性认识的问题，并将这门新科学命名为"感觉学"，他提出了人类的心理活动分为"知""情""意"三部分，"知"是理性认识由逻辑学研究，"意"由伦理学研究，"情"是感性认识由美学来研究。这样哲学便以逻辑学、伦理学、美学构成了完整的体系。美学的任务

① ［美］罗蒂：《哲学与自然之境》，李幼蒸译，三联书店1987年版，第3页。
② ［美］杜威：《艺术即经验》，高建平译，商务印书馆2007年版，第3页。
③ 朱光潜：《西方美学史》，人民文学出版社2007年版，第44页。
④ 朱光潜：《西方美学史》，人民文学出版社2007年版，第44页。

"知道怎样以美的方式去思维"，是"凭感官认识到的完善"，所以美是一种认识论，是"以美的方式去思维的艺术，是美的艺术的理论"。①他进一步阐明了感性与理性的关系，完善是事物的一种属性，凭理性认识到的完善，是科学研究的真，凭感官认识的完善，是美学研究的美。②他将美作为一种认识论提出来，并将感性认识与理性认识共同构成了认识的整体，由此也将美视为构成完整哲学认识的一个部分。鲍姆嘉通作为美学的创始人和奠基人，其思想极大地促进了此后的西方美学作为一门独立学科的繁荣和发展。

康德撰有著名的《纯粹理性批判》《实践理性批判》《判断力批判》。第一部《纯粹理性批判》主要是讨论哲学和形而上学的问题，研究人的认识能力，是对"知"的思考，属于认识论。第二部《实践理性批判》主要讨论伦理问题，研究人的意志能力，是对"意"的思考，属于伦理学。为了把上述两者联系起来，康德认为必须通过"审美判断力"，所以推出第三部力作《判断力批判》，主要讨论美学问题，试图通过美学作为联系认识论和伦理学的中介，通过美学将它们结合成一个整体。"三大批判"使康德对"知情意"作了详明的解读，并构筑了一个完整的哲学体系，也由此奠定了他在哲学和美学发展中的重要地位。康德认为，我们的全部认识能力有两个领地：一个是自然概念领地，一个是自由概念领地。自然概念确立是由知性进行的并且是理论性的，自由概念确立是由理性造成并且是实践性的，③将哲学划分为理论哲学和实践哲学是合理的。这两个领地相对独立而又相互牵制，在这两个领地中间，存在一个不可估量的鸿沟，因为"对于我们的全部认识能力来说，有一个无限制的，但也是不可接近的领域，这就是超感官之物的领

① 朱立元：《美学大辞典》，上海辞书出版社2014年版，第517页。
② 朱光潜：《西方美学史》，人民文学出版社2007年版，第290页。
③ ［德］康德：《判断力批判》，邓晓芒译，人民出版社2002年版，第8页。

域"①。要将两者进行协调的可能，必须依赖一个中间环节、一种新的能力，所幸"在高层认知能力的家族内还有一个处于知性和理性之间的中间环节，就是判断力"②。康德所讲的判断力，就是一种审美的判断力，研究超感官的领域就是美的科学。康德认为，审美趣味的最高范本是一种观念，观念在本质上是一种理性概念，是不确定的理性概念，但又不能用完全概念来概括这种美，它存在于一些个别的形象里，恰当地说它是一种美的理想。康德力图用美来链接理性和意志，比如在对"美的理想"的讨论中，康德认为，有两个因素影响美：一个是审美的规范意象，另一个是理性观念。审美的规范意象是基于人的审美趣味以后，对审美对象做出的判断，这个判断包含有个人审美趣味，具有主观性。而理性观念是"使不能被感性的表象出来的那些人类目的成为人的形象的批判原则"③，是一种"客观的符合目的性的概念固定下来的美"，是一种理想的美。康德用美学将理论与实践结合，用美来解释自然世界，把理性观念与人的感性情趣联系起来，同时也证明了美学既是感性的也是理性的。

黑格尔是著名哲学家，著有《逻辑学》，他的哲学思想有两个特点：一是强调逻辑，二是强调辩证。《美学》是根据他在柏林大学的讲稿整理出来的，这些演讲是讨论美好的，讨论的对象就是广大的美的领域，黑格尔的这些讲演非常全面而系统地讨论了美和美的艺术问题，包括美学的范围和地位、美和艺术的科学研究方式，书中讨论了美的理念——美是理念的感性表现，是抽象形式在外在美与感性材料的抽象统一的外在美的统一。书中还讨论了各种特殊类型的艺术美，以及各门艺术的体系，对建筑、雕刻、绘画、诗歌等艺术门类作了详尽的阐述。通过《美学》三大卷，黑尔格构成了一个完整的美学理论体系，运用形而上

---

① ［德］康德：《判断力批判》，邓晓芒译，人民出版社 2002 年版，第 9 页。
② ［德］康德：《判断力批判》，邓晓芒译，人民出版社 2002 年版，第 11 页。
③ ［德］康德：《判断力批判》，邓晓芒译，人民出版社 2002 年版，第 74 页。

的方法系统地论述了"美学"。

从思想来看，美学观是哲学家们哲学观、世界观的一部分，一个哲学家必须要研究美学。哲学是美学研究的方法论，哲学为美学提供理论和方法的指导，反之，美学的研究也以丰富哲学的思想推动了 哲学的发展；美学不能脱离哲学，美学如果脱离哲学，将成为泛泛的经验或者庸俗化。美学与哲学是根与茎的关系，美学是哲学的一个分支，是哲学的组成部分，美学借助哲学的思维提升其研究的高度。

二、美学是一门思辨的科学

思辨是哲学上常有的思维方式，指运用逻辑推导对问题进行纯理论、纯概念的思考。因为美学是哲学的一个分支，早期的美学也非常盛行和哲学一样的研究方法，强调思辨，强调运用理性的思维对人的存在本质作思考，对问题进行形而上的思考。尤其是对"美是什么"这个命题，相关的讨论充满了思辨色彩。

西方在公元前 6 世纪就有了很多美学思想的讨论，那时候的美学都依附在哲学中，对美学命题的讨论充满了哲学的思辨意味。毕达哥拉斯学派是以研究数学、天文学著称的，他们认为世界是由数构成的，从这个观点出发，他们认为音乐是由不同音调的长短和高低组成的，美就是把这些音乐按照数的规律和比例协调的排列起来，从而产生一种和谐统一，这种和谐就是美。这种观点成为毕达哥拉斯学派的核心观点，即认为"美是和谐（恰当）"，物体、声律、人体、心理、宇宙等分别按照一定的比率和谐运行构成了美。比如美的事物不能太大，太大我们的眼睛看不到它的全貌，也不能太小，太小我们也看不见，美在于数的和谐。柏拉图则把美学推到了一个新的高度，将"美的东西"和"美本身"做了辨析，并坚持"美本身"是一种"理念"，是"一种永恒不变的无始无终的美"。① 认为"美是一种理式",即美存在于理性世界,属于一般、普遍的真理内容中,具有玄妙性和不可测性。亚里士多德将人类的理性分为三个方面:理论理性、实践理性、诗意理性。理论理性与认知相关,实践理性与行为相关,诗意理性与创造相关。苏格拉底认为"美是有用",对"美是什么""什么是美"的问题做出了许多理性层面的诘问和思辨,逐渐形成了各种美学流派和美学思想。亚昆那(St. T. Aquinas)认为"美就是善"。休谟(D. Hume)认为"美是快感"。康德(Kant)认为"美是一种判断力,美是没有概念而普遍令人喜欢的东西"。席勒认为"美是感性冲动和理性冲动",通过美,人性才能走向自由,② 并提出了"美育""审美的人""游戏冲动"等概念,把美学与人的生成境界联系起来。黑格尔(Hegel)认为"美是理念的感性显现"。③ 黑格尔说:"美是理念,即概念和体现概念的实在二者的直接的统一,但是这种统一须直接在感性的实在的显现中存在着,才是美的理念。"④ 他认为,美就是理念,美与真是一回事,美本身必须是真的;这就是说,理念是真,美的本质是理念,因此可以说,美与真有着本质的相同。车尔尼雪夫斯基(N. G. Chernyshevsky)认为"美是生活",他说:"美包含着一种可爱的、为我们的心所宝贵的东西……在人觉得可爱的一切东西中最有一般性的,他觉得世界上最可爱的,就是生活……所以,这样一个定义:'美是生活。'"⑤ 他认为对于任何事物而言,能在其中符合人们所理解的生活的模样就是美的;任何事物,能反映出生活的样态或勾起人们对生活的向往,那就是美的,真正的美是存在于生活中的,生活本身就是美的本质。纵观这些观点,有的认为美是一种客

---

① 寇鹏程:《文艺美学》,上海远东出版社2007年版,第26页。
② 朱光潜:《西方美学史》,人民文学出版社2007年版,第433页。
③ [德]黑格尔:《美学》,朱光潜译,商务印书馆2008年版,第142页。
④ [德]黑格尔:《美学》,朱光潜译,商务印书馆2008年版,第142页。
⑤ 李鹏程等:《西方美学史》,中国社会科学出版社2008年版,第366页。

观存在的理念，有的认为美是人与世界交往获得的感性认识的结果，有的认为美是主客观的统一，美是生活……无论如何，必须承认的是美与和谐、实用、情感、理性、道德、伦理、生活有着密切关联，要为美寻找一个绝对、理性、普遍的定义着实不容易，因此，柏拉图说"美是难的"，看来确实是非常中肯并有预见性的，不过从另一个角度而言，正是这些相互对抗的观点极大地丰富了对美的本体意义的解读，由此也夯实了美学的理论深度。

哲学对真、善、美、知、情、意、存在和价值等问题的思辨从来没有停止过，因为人的存在使这种自我的反思存在，于是哲学就永远存在，而美所要探寻的问题，涉及人类生存的基本价值问题，正如人类生生不息的存在一样，对于人生的思想意义的追寻也是没有止境的，哲学的永恒存在使美的探索永恒存在。美学与哲学的关系是密不可分的，哲学为美学研究提供方法论和理论的指导，反之，美学的发展也会推动哲学研究的进步。哲学的思辨，夯实了美学理论，美学如果脱离了哲学，就会变为简单的经验化和通俗化。因此，美可以说是一种哲学思辨，是一种理论思维。借助这种理性的思辨，历来的美学家们从哲学的视角观点来思考美学问题，对美的概念、本质进行深入的探讨，拔高了美学的理论，促进了美学这门学科的发展。

第二节　美学与课程跨界的基础

美学与教育的交融有着悠久的历史和良好的发展历程，在教育学以往的研究中，不乏借助美学研究教育问题、教学问题和教师职业特征的成果。教育学与美学的契合，一方面是因为教育与美学一样有着对美的向往和追求，美对人心灵的涤荡和教育对人精神的启迪有着共通的目的；另一方面是源于教育中美的隐退，通过对美的重拾，可以使教育重寻其价值。

一、教育美的意蕴

（一）教育是一门崇高的事业

崇高是一种重要的审美形态。康德认为：崇高和美有一点是一致的，即两者本身都是令人喜欢的，崇高不是一个感官的规定性判断，也不是逻辑的规定性判断，而是以反思性的判断为前提。[①] 但是美和崇高也是有区别的，在康德看来，美是一种有形式的可感知和见的，而崇高可以是无形式的对象。美能让人产生愉悦感，这种愉悦感是直接能体验生命情感，而崇高却是一种间接产生的愉快。因为"崇高是通过对对生命力的瞬间阻碍、及紧跟而来的生命力的更为强烈的涌流之感产生的，……对崇高的愉悦与其说是愉悦，毋宁说包含着惊叹或敬重"[②]。在这里，康德认为崇高不是一种表面的愉悦之情，不能用游戏的心态看待，崇高是一种严肃的情感，包含着惊叹或敬重。崇高首先表现为数量上的大，但这个大是相对的，因为崇高不是一个知性的概念，也不是感官概念，而是一个判断力概念，所以崇高的大是相当的大，是一种抽象概念的大，是充满着想象力的大，"是对想象力自身扩展的愉悦"[③]。也就是说崇高的大是伟大，是伟大的高度和伟大的深度，[④] 它不在于数目的大，而是判断者心中的价值判断。其次，崇高表现一种强力，自然的强力，即力学的崇高。康德用高悬险峻的山崖、风雨欲来的雷电交加、无边无际奔涌的海洋、火山的喷发和熔浆的喷涌等描述自然的巨大力量，这种力量是让人恐惧的，恐惧来源于人类所要面临的危险，但是当危险过去，人们回到安全地带，这种可怕的景象却反而成为一种吸引，这时，人们会感到自然的崇高，因为它"把心灵的力量提高到超出其日常

[①] ［德］康德：《判断力批判》，邓晓芒译，人民出版社2002年版，第83页。
[②] ［德］康德：《判断力批判》，邓晓芒译，人民出版社2002年版，第83页。
[③] ［德］康德：《判断力批判》，邓晓芒译，人民出版社2002年版，第87页。
[④] ［德］康德：《论优美感和崇高感》，何兆武译，商务印书馆2001年版，第4页。

的中庸，让我们心里的抵抗力显露出来，使我们有勇气与自然界表面的万能相较量"①。总而言之，崇高的特征无固定的形式，即对象形式无规律、无限制，或无限大，崇高不受形式的限制，表现为无限的巨大、无穷的威力，主体通过无限想象力进入无限性的空间，达到一种震撼感觉，主体由震撼、惊讶、恐惧的感觉转化为肯定、赞扬、愉悦的感觉，这是一种伟大的精神力量，因此，它是一种"反思的判断"。

席勒把崇高当做与美有着共同本质的美学范畴，这无疑是席勒的巨大贡献。② "崇高"的内涵包括：第一，崇高是一种纯粹理性的能力，具有崇高思想的人具备强大的精神力量，不容易被折服。崇高的品性不是天生的，而是通过文化修养，"文化修养应该解放人并帮助他实现完全自我的概念"，也就是使人成为人性完整的人的手段。文化修养包括身体的修养和道德的修养。身体的修养是人作为自然生物体认识身体规律，把握身体规律的形式，身体是自己意志的前提和基础。通过道德的修养，才能使人成为道德上成熟的人，即自由的人，人性完整的人。这种文化的修养，要靠审美教育才能得到，尤其是通过崇高才能得到。因为"崇高感是混合的感觉，……是痛苦和兴奋的愉快的结合……由于崇高感我们看出，我们的精神状态不一定与我们感觉的状态相适应，自然法则不是我们的法则所必须的，而且在我们身上有一种完全不依赖于感觉波动的独立自主的原则"③。第二，席勒认为，崇高从理性中发展起来，是人性最卓越的能力，它引导人类超越感性世界的界限，从现象世界进入理念世界。通常美的事物能打动人的情感，使人感到愉悦，使人在感性世界里获得满足。而崇高能引导人类超越感性世界的界限，从感性世界中解放出来，成为精神自由的人，崇高使人的性格刚毅，使人的精神得到解放和升华。崇高是从理性中抽取出来对伟大和高尚的感受

① ［德］康德：《判断力批判》，邓晓芒译，人民出版社 2002 年版，第 100 页。
② 张玉能：《席勒美学论稿》，华中师范大学出版社 2009 年版，第 139 页。
③ 张玉能：《席勒美学论稿》，华中师范大学出版社 2009 年版，第 155 页。

性。第三，席勒用美和崇高构成审美的整体。美是审美的前提，崇高是审美的升华，美与崇高构成了人由自然的人向道德的人到审美的人的过度，"因为我们的使命在于要不顾感性的局限性而遵循纯粹精神的法则，那么崇高就应该联合美，以便使审美教育成为一个整体，并把人类心灵的感受性扩大到感性世界以外，使心灵充分适应于我们的使命"①。单纯的美是一个感性的概念，使人放松和愉悦，崇高是一个趋于理性的概念，使人紧张，使人成为政治自由和道德的人。以美和崇高结合为一个整体的审美教育，才能使人性真正达到完整。②

教育肩负着崇高的使命，教育拥有崇高的目的。就此而言，教育与崇高一样，有着一些共通的关联。

1. 教育以实现社会公平为崇高理想

夸美纽斯的《大教学论》扉页上清晰地阐明了教育即"把一切事物教给一切人们的全部艺术"，他以一种人道主义关怀的立场宣扬"泛智论"观点，以博爱的精神关心青年的受教育权利，呼吁实现义务教育的普及性。公正与平等是人类的理想，教育公平是社会公平的重要指标，教育公平是社会公平价值观念在教育系统中的延伸和体现。教育是实现社会公平的重要手段，教育协助每一个人的天赋、才能与潜力充分发挥，以达成人生的目标与生命的意义，而教育机会均等的理念，正是本着公平、正义的原则，以追求社会正义目标的达成。③

2. 教育以人的诗意生活为崇高目标

夸美纽斯认为"人是造物中最崇高、最完善、最美好"④，人是造

---

① 张玉能：《席勒美学论稿》，华中师范大学出版社 2009 年版，第 157 页。
② 蒋孔扬、朱立元：《西方美学通史》（第四卷），上海文艺出版社 1999 年版，第 421 页。
③ 联合国教科文组织教育发展委员会：《教育——财富蕴藏其中》，教育科学出版社 1996 年版，第 10 页。
④ ［捷克］夸美纽斯：《大教学论》，傅任敢译，教育科学出版社 1999 年版，第 1 页。

物主最杰出的成果，教育就是"教人达到善、光荣与幸福的极致"①，由此可见，教育成了一项有着崇高使命的事业，教育的任务伟大而艰巨，它致力于人类的诗意生存，是"使人感到愉快的艺术，它不会使教员感到烦恼，或使学生感到厌恶，它能使教员和学生全都得到最大的快乐；此外，它又是一种教得彻底、不肤浅、不铺张，却能使人获得真实的知识、高尚的行谊和最深刻的虔信的艺术"②。"教育人是艺术中的艺术，因为人是一切生物之中最复杂和最神秘的"③。人的教育是一项长期的工程，人的培养需要漫长的时间跨度，我们常说，十年树木、百年树人，可见对人的教育是一个长期而艰难的历程。受现代终身教育思潮的影响，加上科学技术更新的加速，教育不仅仅是青年时代特有的生活内容，更是伴随其一生的事业，人只有终身自觉地学习，才能与时俱进，享受科技给人类带来的便捷和舒适。

3. 教育以实现个体的全面发展为崇高追求

永恒主义教育流派的主要代表人物赫钦斯认为教育的目的就在于促进人的理性、道德和精神力量的最充分发展，培养完人、完整的人、自由的人、作为人的人，而不是片面发展的工具。马斯洛认为人的发展不仅包括知识和智力，而且包括情感、志向、态度、价值观、创造力、人际关系等，教育的目的在于人的整体发展，在于促进主观能动性的充分发挥和内在潜能的充分实现。1972 年的《学会生存》报告中提出教育要使人日臻完善；使人格丰富多彩，表达方式复杂多样；使人作为一个人，作为一个家庭和社会的成员，作为一个公民和生产者、技术发明者和有创造性的理想家，来承担不同的责任。④ 学校教育包括了"学智"

---

① ［捷克］夸美纽斯：《大教学论》，傅任敢译，教育科学出版社 1999 年版，第 3 页。
② ［捷克］夸美纽斯：《大教学论》，傅任敢译，教育科学出版社 1999 年版，前言 1。
③ ［捷克］夸美纽斯：《大教学论》，傅任敢译，教育科学出版社 1999 年版，前言 4。
④ 联合国教科文组织国际教育发展委员会：《学会生存：教育世界的今天和明天》，教育科学出版社 1996 年版，第 86 页。

和"育人"的目的，学校教育不仅仅是掌握生存的技能以获得物质需要，更重要的是丰富其对生活世界的理解，也即"理解人生，体验人生，理解人与世界的关联，在'理解'中领悟世界的意义，践行教育的意义，启发人生的意义"①，从而成为道德高尚、心灵纯洁和精神丰富的个体。要达到这个目的极为不易，教育不仅仅是"教"还包涵"育"，由于教育的对象是人，人是复杂的集合，教育既要遵循自然的天性，顺应其规律，使其成为自由发展的个体；又要依据社会需求，将其培养成符合社会规范的道德高尚和品行优雅的人。因此，教育不是通过简单的说教或者认知来完成，而是通过启迪、点燃和浸润来实现，教育如同春风化雨润物无声。

教育是一项直接面向生命的事业，而且是为了促进人的精神生命主动发展的伟大事业。② 就此而言，教育与美是合目的的，都执着于以美和崇高来达到培养人性的完整和人的全面自由发展的目的。教育光荣的使命和艺术的手段充分体现了其崇高的特点。

（二）以美启真是教育的追求

教育活动是真善美的统一。"真"是知识、原理、规律，教育要使人类文明的成果得以传承，让人在不断对自然的探索中明晰自然规律，改善生存条件，提高生活质量。"善"是教育的社会目的，学校教育的任务就是要培养学生良好的品德，养成学生的人格，涵养学生的德行，使学生成为符合社会道德标准的公民。"美"是学校教育的最高目的，是教育的标准，也是教育的追求，教育在培养学生美感经验的同时，要赋予学生生活的智慧、自由的心灵空间，促进其人格和谐发展。在教育活动中，三者是和谐的统一体，而美在其中地位最高。美是教育的手段，人是有思想的动物，人的发展有着多样性和独特性，所以教育不能

---

① 刘铁芳：《人、世界、教育：意义的失落与追寻》，《教育研究》1997 年第 8 期。
② 余慧娟：《为了精神生命的主动发展——记叶澜与她的"新基础教育"》，《人民教育》2009 年第 17 期。

像工艺流程那样对学生施以程式化的流水作业，而需要借助美的方式，通过审美化的教学，让学生沐浴美的氛围，在愉悦、轻松、感动的气氛中领悟知识的真谛。这样的教育，通过唤醒学生的潜能，塑造完美的人格，达到启迪学生心智，丰富学生体验的目的。

教育心理学认为，对人的教育，包括认知、意志、情感三方面的统一。认知、意志、情感与真善美具有对应的关系，认知即求真，意志即向善，情感即审美，三者协调一致，共同构成人的和谐发展。认知过程离不开人的意志和情感参与，这样认知行为才是有目的有意义的。人的意志养成需要认知和情感的参与，因为只有认清了事物的发展规律，了解事物与自我的意义关系，才能自觉养成道德规范。人的情感培养需要认知和意志的参与，因为在认识事物规律的过程中，主体逐渐澄明事物的本质，引起情感上的愉悦，从而获得审美的体验。三者是从不同层面对世界加以释义，各有不同的角度和形式，但是三者共同存在于认知活动中，相互促进，和谐统一。

审美活动是一种以感性活动为基础的复杂的教育活动。审美活动的作用使其成为沟通感性与理性、自然与人文、知识与道德、感性王国与理性王国之中介。也就如席勒所言，审美联结着感觉和思维，要使自然之人成长为理性之人，必须通过审美教育。在审美活动不仅仅是感性体验，而且也是一种复杂的思维活动，在审美过程中，伴随着领悟、感受、体验和把握，认知过程具有个体经验，而非普遍、抽象的认识和理解。以美启真，是一种高层次的教育活动，可以成为对个体独特性的认可，即对人的主体性的尊重。教育是真善美的统一，经由美而进一步丰富善和真，通过美而使人成为整体，使人的感性和精神达到和谐，符合教育规律和目的，也是教育的理想。

（三）和谐发展是教育的理想

和谐是美学上一个重要的命题。古希腊的毕达哥拉斯很早就从自然科学的现象中提出"美是和谐"的概念。柏拉图把高低、强弱、长短等相同相反的声音协调起来，就产生了音乐，这音乐就是和谐，和谐就是美。各个整体有机地联系起来，创造出一个统一性的事物，这个具有统一性的整体就是美。在中世纪，美在和谐的观念体现在遵循比例、对称、秩序的艺术表现原则。黑格尔将"整齐一律，平衡对称，符合规律与和谐"① 比作美的形式的基本要素。凡是能作为美的研究的事物，首先应该是整齐的，即"外表的一致性"也就是统一性状的重复，比如直的线条，就是始终表现出一个形态；另一种情形是这种整齐性稍微打破，但是还是表现一种规律性，这就出现了平衡对称，平衡对称是同样性质重新组合的形式，它本身还是统一性状的，但经过组合以后出现了一种新的形式，是复杂的一致性和统一性，也使事物有了更多的可观赏性，黑格尔还用结晶体、植物、动物的外在形态来对这个规律加以说明，以说明自然现象界形体构造的基本规律。其次，是符合规律，高级生物更复杂的形式就是这种符合规律的原则，整齐对称的一般适用于量的范围，而符合规律有了质的概念，可以呈现一种抽象意义的规律性，比如椭圆形和抛物线，相对于圆形而言，不仅仅是线条的整齐重复，而是在这个基础上，线条呈现一种规律性的流动。这种流动是符合规律的，这样就出现波浪线——一种"美的线"。按照一定的规律形成的这样一种实体性，它在统一性中表现出一种差异性。尽管如此，统一性还是占据了大部分，个体还没有达到自由的动作，这种生物体还不具有主体自由。和谐要比单纯的符合规律更高一级，是规律性和差异性的统一。和谐是将若干差异面的对立和矛盾相互消融以后表现出来的协调一致，比如红黄蓝几种颜色合理构成的图画，不同音阶组成的悦耳律调。尽管组合以前各不相同，但是组合以后呈现一种协调统一，形成更和谐的物体，这种物体符合规律同时却超出了一致和重复，它们保留了一种本质上的差异面，结合成一个整体，但在差异中表现出协调，正是这种

---

① ［德］黑格尔：《美学》，朱光潜译，商务印书馆 2008 年版，第 173 页。

和谐代表了自由的主体性。

教育的目的是培养全面和谐发展的个体。和谐教育起源于古希腊的雅典，指健美体格和高尚道德的结合。柏拉图在《理想国》中认为应通过德、智、体、美诸因素使受教育者养成身心既美且善的人。亚里士多德提出适应自然的和谐发展思想，使和谐教育思想得到进一步提升。19世纪50年代，俄国教育家乌申斯基在《人是教育的对象》中指出，教育的目的在于研究未来的实践活动，其最终目的在于满足个人和人类最伟大的需要——满足他们求取人性本身完善的需要，教育的永恒理想在于造就完满的人。① 在他看来，教育就是在全面了解人的基础上，有目的地自觉培养和谐发展的人的过程。前苏联教育家瓦·阿·苏霍姆林斯基在《给教师的一百条建议》中，认为学校教育的任务就是培养全面和谐发展的人、社会进步的积极参与者，没有和谐的教育工作就不可能达到和谐的发展。② 和谐教育就是把人的活动的两种职能配合起来，使两者达到平衡：一种职能是认识和理解客观世界，另一种职能就是人的自我表现。③ 当学校里由于劳动、由于人在劳动中表现自己而使思想占统治地位的时候，教育者才能达到真正的和谐教育。④ 苏氏认为教育应该把认识与自我表现结合起来，帮助学生发现自己的天赋，找到某种表现自己的活动领域，通过积极劳动及与集体成员的相互关系，培养"道德纯洁、精神丰富和体魄健全的人"。而卢梭则提倡"植物的形成由于栽培，人的形成由于教育"⑤，他不仅指出了教育在人成长中的必要性，还把说明了人的发展包括三个方面：生理发展、心理发展、社会

① 单中惠：《西方教育学名著提要》，江西人民出版社2000年版，第245、248页。
② 戴本博：《外国教育史》，人民教育出版社1990年版，第436–437页。
③ ［苏］苏霍姆林斯基：《给教师的建议》，杜殿坤译，教育科学出版社1984年版，第471页。
④ ［苏］苏霍姆林斯基：《给教师的建议》，杜殿坤译，教育科学出版社1984年版，第479页。
⑤ 张焕庭：《西方资产阶级教育论著选》，人民教育出版社1979年版，第95页。

发展，这三个方面相互协调、相互促进构成了一个完整的个体。教育的目的是培养体、智、德、美等方面和谐发展的个体，试图包括人发展的这三个方面。夸美纽斯的《大教学论》同样阐述了要成为一个人，就必须由教育去形成。"学校教育应该是周全的"，他所说的"周全"是全面、和谐的意思。学校教育的内容包括：学问、德行、虔信，① 三者密切相关缺一不可。首先，一个人需要学习知识，努力增长自己的知识和智慧，这样才能胜任社会工作和职务，但是如果光有学问没有德行，就是非常不幸的，这种教育是非常恶劣和倒退的。当一个人的学问和德行得以结合的时候，这个人才能对国家和社会产生大的贡献。为了培养一个全面的人，为了改变旧的教育应该创办新的学校完成对学生全面智慧的培养，这就是著名的"泛智学校"——人人都有学习的权利，人人都可以学习所有的学科和文化，并且能够愉快学习和自我成长。在这个学校里，他提出了"教育要适应自然"的原则。他认为自然的一切都是具有秩序和规律的，这种亘古不变的法则保证万物的和谐发展，人也是自然的一个部分，所以教育和教师也应该尊重自然，从自然的普遍法则中寻找适用于教育的秩序和规律，并坚持运用在日常的教育实践中。夸美纽斯推崇的教育从内容和形式上都是倡导和谐的，是知识、道德、信仰的整体和谐，是人与自然的和谐共生。

二、教学美的创生

教学是一门科学，也是一门艺术，课堂教学就是科学与艺术的集合。在教学活动中，除了追求教学的有效性，更应该注重对教学美的追求。教学美即是教学过程中各个方面的和谐运作，使教学呈现美的特征，实现教学的审美化。美好的事物能给师生的身心带来愉悦和享受，也能使学生在潜移默化中获得美的熏陶。教学不仅是知识传递的手段，

---

① ［捷克］夸美纽斯：《大教学论》，傅任敢译，人民教育出版社 1984 年版，第 56 页。

也是审美体验的过程。教学充满了形式美、内容美、情境美、语言美，美的课堂必定能使教师和学生的教学投入真情、用心对话、享受知识探索的愉悦。

（一）教学是教与学融合的交响

教学是有意识的行为，目的在于引导学生学习，促进学生的发展，课堂教学是学生成长的主要渠道。苏霍姆林斯基也强调，"学生带着一种高涨的、激动的情绪进行学习和思考，对面前展示的真理感到惊奇甚至震惊，学生在学习中意识和感觉到自己的智慧力量，体验到创造的快乐，为人们智慧和意志的伟大而感到骄傲"[1]。所以，只有教的美才能引发学的美，教与学的美共同汇成教学美的交响。

德国教育学家奥图（Gunter Otto）在《审美教育的教学理论》一书中，探讨了教学美的理论问题。认为当代审美教学理论的发展大概有下列三种取向：从预先确定的政治观点出发，探讨审美教学方面的问题；从审美对象结构的特征、超越历史所接受的图画范畴或讯息理论处理的角度出发，探讨审美教学方面的问题；从社会情景和社会中出现的重要的审美现象出发，探讨审美教学方面的问题。虽然这些审美教学理论的观点有所不同，但是它们都重视下列问题的探讨：澄清艺术教学理论与一般教学理论的关系；艺术学习目标的精确化；教学过程的结构化；教学成就的可控制性；教学决定与人类基因和社会文化条件的关系。[2]

教学美是具有审美潜能的主体——师生与具有美的潜因的客体——教学内容与教学手段（包括师生互为主客体）相互作用后产生的一种能引起心灵愉悦的和谐状态。教学美的创造策略是和优秀教师成功经验相结合的：大力提高教师的审美素质，加强教学内容的审美开掘，优化

---

[1] ［苏］苏霍姆林斯基：《给教师的建议》，刘伦振等译，教育科学出版社 2000 年版，第 56 页。

[2] 李如密：《国内外教学美学研究状况及存在问题》，《教育学术月刊》2008 年第 1 期。

教学过程的审美设计，美化教学的各种手段，培养学生的审美能力，全面营造教学审美场，促进教学审美化，师生共同欣赏教学美。

教学美的实现要贯彻和遵循几个原则：形象性原理、情感共鸣原理、多样统一原理。① "教学美学是从教师、学生分别作为主体的'自由人'参与教学活动的前提出发，应用美学理论于教学，以教、学以及师生互动过程中的审美问题为研究对象，着力从教学过程内部探寻教学自身美的规律以及审美化教学的实现条件，使师生双方在接受知识、人格尊重的基础上达到审美的理想境界的一个研究领域。"② 王敏认为"以往的教学美学观的共同局限是从功利主义、'教之美'加'学之美''真即美'等取向来理解教学美，教学美被视为外在于人的客观实在，仅仅被当作工具来使用"③。这种观念的实质在于对美的先在实体化的理解，也是外塑教育观的反映，它根源于本质主义和主客二分的思维方式。走出此种困境的关键是要以主、客同一的存在关系来理解美，视教学美为师生的生命存在，使教学以审美的方式存在。刘黎清认为"所谓大学课堂教学美学观，是指对遵循美的法则的课堂教学活动全过程的一种理性认识。改革传统课堂教学观，以大学课堂教学美学观为指导，实现课堂教学结构美、内容美、节奏美和文化美，从而达到促进和实现教学系统整体和谐优化的目的"④。张晓辉认为，"课堂教学美学研究正在加速其研究进程，并展现出从审美作为课堂教学的手段到走向课堂教学以审美的方式存在的研究，从注重课堂教学美的表现形式的发掘到本质的探索，从特殊的学科课程课堂教学美的分析总结到课堂教学美普遍存在的一般原理摸索、再到课堂教学美学学科群的逐渐形成的基本发展轨

---

① 李善初：《教学美学初探》，《娄底师专学报》1989 年第 3 期。
② 尹力：《教学美学的基本理论问题》，《教育评论》1997 年第 2 期。
③ 王敏：《教学美学观的迷失与出路》，《教育研究与实验》2004 年第 2 期。
④ 刘黎清：《大学课堂教学的美学思考》，《广西大学学报（哲学社会科学版）》2009 年第 4 期。

迹"①。

教学目标设计的适宜性是教学美的逻辑起点，教学目标的设计应该立足于学生的现有发展水平，符合学生的心理年龄特点。目标的制订应该是全面多维的，满足学生多样化发展的需要，学生的发展不仅仅是知识的掌握，还包括情感和精神的丰富和满足。教学目标是学生发展道路上的一个个标杆，是学生成长的一个个记录符号，通过各个阶段教学目标的达成，为学生的成长搭建坚实的基石。教学是一次次的启发和引导，带领学生进入科学的殿堂，探索科学的奥秘，发现探索的乐趣，寻找科学的规律，积累科学的经验，获得新的知识，感受科学给人们生活带来的意义，发现科学美的意蕴，为更深层次的科学探索积累基础。教学是一种对话，是一种精神交流，是教学相长。教学美是指教师和学生在教学过程中所共同创造的具有美感效应和审美体验的整体。教学美是一种综合美，它是一个高度综合、统一的有机整体。

（二）教学美是效率和情意的互补

教学是追求效率的，只是追求效率的途径不是单一的，而是多样的。教学美表现在形式和方法上，教学方法的多样性能使课堂变得丰富而生动。荷加斯（W. Hogarth）说过：单纯而不多样就会十分平淡无味。② 教学方法如果过于单一，千篇一律，容易引起学生的心理疲劳，导致学生学习效率低下，而丰富多样的教学方法，能激发学生多种感官通道，能在多种刺激感受中保持最佳的精神状态，学习热情就高涨，效率也会提高。为什么要倡导"乐学"而不提倡"苦学"呢？有些人认为，学习自古就是一件苦差事，自古就有"头悬梁、锥刺股"，"学海无涯苦作舟"之说，学习是来不得半点马虎的，必须"吃得苦中苦，方为人上人"，其实，不能单纯地把学习当成一种检验学生意志的手段，

---

① 张晓辉：《课堂教学美学研究的几个基本价值》，《当代教育论坛》2009 年第 5 期。
② ［英］威廉·荷加斯：《美的分析》，杨成寅译，广西师范大学出版社 2002 年版，第 49 页。

在快乐中学习、在愉快轻松的环境中学习不仅仅是一个方向，而且也是有科学依据的。愉悦是指身心的放松能感觉到快乐。愉悦是一种美的享受，这种美是人类特有的精神活动，学生在快乐中学习，体会到美的事物，心灵被感动，情绪被感染，对于学生的情感发展是有利的。苏霍姆林斯基也强调"学生带着一种高涨的、激动的情绪进行学习和思考，对面前展示的真理感到惊奇甚至震惊，学生在学习中意识和感觉到自己的智慧力量，体验到创造的快乐，为人们智慧和意志的伟大而感到骄傲"①。因此教学方式的多样性不仅是为了追求教学的效果，也是从形式上使课堂丰富，为学生的学习过程带来愉悦感。人在心情愉快时血液中会分泌出一种有益于健康的化学物质，这种物质能引起中枢神经的兴奋，加快体内物质的运转。心理学的研究表明，人在愉快的情绪中，视觉、味觉、听觉等各种感官的表现会更加出色。所以，只有教的美才能引发学的美，教与学的美才能共同奏出教学美的交响曲。

（三）教学美是知识和经验的互动

一切知识都是从经验开始的。经验能够激活感官，通过表象保留下来，促使大脑对这些表象加以比较，把它们连结或者分开，这样把感性印象的原始素材加工成称之为经验的对象知识。知识是建立在经验之上，是经验的提升和抽象，但知识一定是从经验中来的。经验包括人的情感、意志这样一些心理、意识等等主观的东西，也包括事物、事件等客观的东西，经验即为人作用于其上的自然。②经验是人们在实践过程中通过感觉器官直接接触客观外界而获得的对各种事物的表面现象的初步认识，它的本原和所反映的内容都是客观的，经验对客观世界来说是第二性的。③经验是认识的第一步，是一切知识的源泉。一切科学的理

① ［苏］苏霍姆林斯基：《给教师的建议》，杜殿坤译，教育科学出版社 2000 年版，第 56 页。
② 方克立：《中国哲学大辞典》，中国社会科学出版社 1991 年版，第 495 页。
③ 张占斌：《毛泽东选集大辞典》，山西人民出版社 1991 年版，第 297 页。

论都是以经验为基础的，是经验的理论概括。在实践的基础上，经过思考和脑加工的作用，经验可以从感性认识上升到理性认识，因此，也可以把经验看作是感性的知识，把知识看作理性的经验。经验具有实践性，还包括人们在实践中获得的知识和技能的总和。

教学中，知识和经验是互补关系，经验是认知的基础，知识的传递要以学生的经验为基础，知识的学习以经验为先导，或者围绕经验确定。一切忽略了经验的知识教学都是机械和违背学生身心发展规律的。经验要成为稳固的知识，必须借助学生的观察、思维和辨析，把感性经验转化为理性知识，将更好地促进学生思维能力的提高。学生在学习过程中将所学知识有效运用到实践问题的解决中，使知识成为改造经验的工具，将有助于提高学生学习的兴趣和持续求知的动力，同时也能有效提高学生的思维、实践和创新能力。

马克辛·格林（Maxine Greene）认为，经验使我们更加追求意义的存在，这种观点对教学美的研究带来许多有益的启示。前苏联美育专家 H·Л·阿里宁娜认为，美应当渗透于一切形式的课内课外工作。她还深刻地认识到，优秀的教学方法具有美学意义。她说："教学法也可能而且应当具有审美价值。如果教学法是从孩子认知的年龄特点出发，目的在于满足他们的认识需要，而教师又努力勉励学生，振奋学生的精神，帮助他体验发现的欢乐，感受自己的长处，享受认识的才能带来的快感，那么，学习过程也就获得了审美性质。用黑格尔的话来说，教学法应当减轻孩子们进入'宇宙奥秘本质'时的负担，在果敢的求知欲面前，这'奥秘本质'是应当被揭晓的，它那天赋的风采和深度也必将展现在孩子眼前，给予人以尽情欣赏它们的机会。"[①]

中国台湾学者洪咏善认为美并非艺术独享的，它重在人类的一种感知、想象与创造的能力，艺术教育通常有三种：艺术的基本教学结果，

---

① ［苏］阿里宁娜：《美育》，刘伦振等译，教育科学出版社1989年版，第15页。

是一种比喻；艺术的相关结果，是一种感受和理解；艺术的附带结果，即为运用艺术以外的活动。[1] 还有桑慧芬认为，艺术的相关结果即鉴赏过程产生的美感经验，附带结果即评鉴的能力。回归到学校教育里的艺术教育，大部分教的是艺术的基本结果，像是文化脉络中艺术史的部分，并未产生横向的连结，只有片断的知识无法整合，而这部分意识形态特别强。而"知道如何做"是要会用材料操作，制作出模造的东西，但未必在其中产生美感经验，尚未有自己的意识。在教学中每一个环节像是一个艺术品那样具有美感，当教一节课的时候就像鉴赏完一件艺术品那样的感受到美感经验。[2]

李如密认为"教学美是指教师和学生在教育过程中所共同创造的审美因素和美感效应综合而成的整体"[3]，具有形象性、多样性、愉悦性、教育性和自由性等特点，相对分为作为手段的教学美、作为目的的教学美和作为境界的教学美等三个层次。教学美的存在形态是丰富多彩的：教学系统要素美、教学运行过程美、教学美的形式美和教学风格美。其次，教学美的价值体现在学生、教师、学校和社会四个维度：对学生而言，是学生全面发展不可缺少的"营养元素"；对教师而言，可以提升教师的职业体验、优化教学效果、提高教学效率；对学校而言，教学美的弥漫可以使学校成为学生的精神乐园，制造更多人生的节日；对社会而言，有助于审美文化的形成，促进社会精神文明的建设。最后，教学美的创造过程是复杂的，但不是不可知的：教师和学生是教学美创造的合作者；教学美的创生机制体现了教学美的预设和生成的统一；教学美的创造品主要是美的课堂和美的形象。

---

① 洪咏善：《美学取向课程与教学理论建构与应用》，《课程美学学术论文集》，台北教育大学 1998 年版，第 1 页。
② 桑慧芬：《美学取向课程与教学理论建构与应用》，《课程美学学术论文集》，台北教育大学 1998 年版，第 2 页。
③ 李如密：《教学美的价值及其创造》，广东高等教育出版社 2007 年版，第 32 页。

（四）教学是科学和艺术的协同

科学美是一种美的形态，它同自然美、社会美、艺术美、技术美相并列，是美的一种范畴。科学求真，科学求美。真诉诸人的理性，美则诉诸人的感性，但是这个感性和理性是和谐统一而非截然对立的。不真的事物不可能有美，美必须以真为前提。科学求真一方面是为了使人类认识发现和掌握客观的规律，这就是一种合规律性；另一方面也是为了满足人的需要，使人能顺应和预测未来发展的趋势，这是一种合目的性，也就是一种善。在这个认识、发现、寻找、探索的道路上，凝聚着人的聪明、灵巧、情感、创造力，通过这些人感到了自己的伟大，从而产生愉悦的情绪，获得享受，这就是美。可见科学美融合了真、善、美三者，人们在求真的同时，就在求善、求美，科学既然求真，它当然也在求善、求美。因此，在科学领域，当然会存在着科学美。

汤姆森在《科学的灵感》中指出，人们总是能够造出一种理论，乃至许多种理论去解释已知的事实，间或地甚至能预言一些新的事实，而对理论的审视标准却是审美的。[①] 科学中的美是不可回避的，美不仅在科学中存在，还是科学探索的动力和目的。如法国科学家彭加勒所言，科学家研究自然，并非因为它有用处；他研究它，是因为他喜欢它，他之所以喜欢它，是因为它是美的。如果自然不美，它就不值得了解。[②] 科学美是美的一种重要范畴，它以科学定律、公式、理论架构为表现形态，反映物理世界的客观规律和基本结构，它们是科学研究的结果。[③]

教学是在一定教育目的规范下，教师的教和学生的学共同组成的一种教育活动。教学是由教师和学生共同组成的，教师通过对人类知识文

---

① ［美］麦卡里斯特：《美与科学革命》，李为译，吉林人民出版社 2000 年版，第 7 页。

② ［法］彭加勒：《科学与方法》，李醒民译，商务印书馆 2006 年版，第 12 页。

③ 叶朗：《美学原理》，北京大学出版社 2009 年版，第 289 页。

化的筛选，指导学生学习主动获得新知，发展智能，形成良好的道德行为规范，成为符合时代需求的人才。教学活动是指导学生求真的过程，在此过程中，教学力求按照学生认知的客观规律向学生传授知识，促进学生发展，这种规律性使教学活动从自由零散走向科学。

比如孔子遵循自然的教学规律，反对那种强制性的教学，以"不愤不启、不悱不发"作为教学方法，强调教学重在启发。苏格拉底提出了"产婆术"的观点，提出教学应该以不断追问的方式引导学生思考。夸美纽斯在《大教学论》中，首次推出了"班级授课制"，强调用严密稳定的教学时间、教学计划来维护教学的秩序，他从万物的自然生长规律中悟出了教学的规律，并提出了"实物教学"和"直观教学"的教学原则，为教学的现代发展奠基了科学的基础。近现代教学的发展表现为广泛地借鉴其他学科的研究成果，积极探索教学科学规律，表现出更高的理论自觉性。比如借助行为主义心理学的研究成果，教学必须制定具体、精确的目标来强化和检测学生的学习，教学内容主要以学科内的知识体系为主，按照知识的逻辑顺序严密设计教学过程，这就是由斯金纳（B. F. Skinner）提出的程序教学理论。而之后的认知心理学的研究则指出教学不仅要关注学科知识的传授，还应该关注学生的学习心理结构，比如学生的学习动机、学生学习的技能，促进学生心智的发展，学习应该是让学生主动发现的过程，这就是布鲁纳的认知结构教学理论。① 借助社会学的研究成果教学方法有了合作教学、对话教学；借助建构主义理论教学中有了探究教学、研究性学习等方法。教学的科学美使教学认识到自身的规律性和科学性，从而完成了向学生传授新知、继承人类文明科技成果、促进人类科技进步与发展的任务。

教学的艺术美表现在，教学不仅仅关注学科知识传授目标的达成，还关注学生作为学习主体在学习过程中个性的自由发展、情感培养和道

————————

① 参见施良方：《教学理论》，华东师范大学出版社 1999 年版，第 61 页。

德熏陶。在教学过程中，教学的艺术体现在教学方法运用的多样性和适宜性，教学方法的多样性，就是要为学生提供诸如讲解法、启发法、操作法、实验法、讨论法、探究法等多种教学方法，以满足不同文化背景、不同学习风格学生的学习需要；教学的适宜性，就是要针对不同水平和层次的学生施以不同的手段使他们在原有基础上稳步提高。教育是一种陪伴，教学是一门慢的艺术，教师要力戒功利性的急躁和施压，代之以启发、引导和等待。教学过程中教师不必急于将探索的结论告诉学生，而是要鼓励学生通过自己的主动探究，发现知识、积累经验，以激发学生对科学探索的持续兴趣，在活动主动构建知识的同时、丰富社会经验、提高能力和完善个性。教学是连通知识传递和学生学习的渠道，教学方法恰当的运用，是教师智慧和经验的有机组合，是将学生看作具有发展潜能和独立精神个体的体现，教学的科学美和艺术美共同构成课堂和谐的韵律。

艾斯纳说："每一个成功的教学过程，不仅仅可以通过有关的教学和课堂管理的科学来分析，也可以依据所创造的环境——学习发生的知识背景的艺术来分析。"因为"在科学不能效力的地方，艺术会发挥作用。这就是说，要更多地在艺术和科学中都保持明智"。科学和艺术是教学活动的两翼，缺少其中一方即破坏了教学的完整性。[1] 查有梁用一个公式表示教育中科学与艺术的关系，认为教育美 = 艺术美 × 科学美，"教育美"并不等于"艺术美"和"科学美"的简单相加，因为如果是"相加"关系，如若"艺术美"和"科学美"中有一项为零，仍然会得到"教育美"为正的结论，但这是不符合实际的。"教育美"是"艺术美"和"科学美"的有机融合，可以用"相乘"关系来表示，其中一项为零，结果就为零[2]。这个公式如将教育美换成教学美仍然适用。教

---

[1] ［美］盖伊·莱弗朗索瓦兹：《教学的艺术》，佐斌等译，华夏出版社 2004 年版，第 384 页。

[2] 查有梁：《"审美—立美"教育模式建构》，《课程教材教法》2003 年第 3 期。

学美＝艺术美×科学美，艺术美包括教学中的形式美、载体美、环境美、语言美等主观感性范畴；科学美包括教学中的目标、内容、逻辑、结构等客观理性范畴。

三、教师职业的审美性

教师美是一种职业的美，是一种奉献美，一种智慧的美，一种高尚的美。

（一）教师是"真"的代表

教师必须拥有丰富的知识，学富五车、才高八斗。《韩诗外传》中认为教师必须"智如泉涌，行可以为仪表者，人之师也"。自古以来，能胜任教师的人必为智者，孔子、老子、庄子等，同样也是精通天文地理、能言善辩，对人生哲理理解通透的人，他们也是中国古代有历史记载以来最早的教师代表。在古代西方，教师也是由智者来承担，比如苏格拉底、柏拉图、亚里士多德都是睿智之人，他们掌握丰富的天文、地理、哲学等方面的知识，自然就成为了传扬真理的教师。近代，随着对教师研究的深入，教师被比喻成知识的代言人和传授者，对于教师需要具备的知识提出了更多要求。比如教师应该具备陈述性知识、程序性知识（安德森）；教师应该具有言语信息、智慧技能和认知策略（加涅）；教师应该具有显性知识、缄默知识（波兰尼）。在教师专业化发展的时代需求下，对教师知识的研究越来越丰富，提出了教师应该掌握文化科学的基础知识、专业学科知识、教育学知识和心理学。在教育部颁布的教师专业标准中，明确了教师应该具备教育知识、学科知识、学科教学知识、通识性知识。[①] 教师的知识，是教师赢得人们尊重的基础，无论对教师形象做什么样的描述，教师的职业特点都要求教师必须具有广博的科学文化知识和深厚的专业知识，具有精湛的教学艺术和育人技巧。

---

① 《教师专业标准》，2017 年 7 月 1 日，https://wenku.baidu.com/view/06993151f-78a6529647d53b9.html?from＝search。

教师作为知识的代表，不仅是知识的拥有者，还是知识的创造者。在知识更新速度以几何数字递增的时代，教师的知识不能一成不变，而是积极投身知识创新中，成为知识创新的先行者。"问渠哪得清如许，唯有源头活水来"，教师要想因知识丰富而获得别人的尊敬，就要如诗中所言，不断地学习，不断地读书，不断从读书中汲取新的营养，不断地重新建构自己的知识框架，才能有日新月异的进步。时代赋予了教师新的使命，当今的教师，仅仅单一的拥有知识是不够的，知识如果被固化那么就是残缺和无意义的，知识应该是流动和融合的。教师不仅需要熟悉掌握所教学科的知识体系、基本思想与方法，还要了解所教学科与其他学科的联系，了解所教学科与社会实践的联系。

无论如何，教师的专业知识，是教师职业专业化的标志，是教师稳固社会地位的依据，也是赢得大众尊重的基础，广博的科学文化知识和深厚的专业知识成为教师拥有精湛的教学艺术和育人技巧的基石。学校是生产知识的地方，教师作为知识的代表，应该对知识有独特的认识和理解，教师要具备广泛的知识背景，还应该关注最新的资讯发展动态，具有知识创新的意识和能力。不仅如此，教师是教育理想的象征，教师的形象是学生看待社会、了解社会的一个窗口，一个睿智、宽容、善良、负责、乐观、友善的老师，会对学生的身心健康产生积极的影响。教师是一种专门的人才，教师职业的社会地位取决于教师的专业化程度，在某一个时期，教师的社会地位极为低下，随着社会的进步，教师的重要性被广泛的宣传，其实无论世事变迁，教师都应该以从容、淡定、自然的态度对待，以教育追求为生命价值追求，以探索真理为人生之快乐，坚守高尚的情操，在教书育人的事业中历练、感悟和收获，以实现生命理想。当然，社会是教师生存的场所，教师作为社会的个体，应该有社会的担当，当前的学校教育是社会广泛关注的热点，学生教育的变革成为牵动社会的重要因素，教师应该运用自己的专业才干，认识改革的意义，积极投身教育改革的浪潮，为建立一个美好的社会教育图景而贡献智慧。

（二）教师具有高尚的德性

"教师是太阳底下最光辉的职业"，"教师是人类灵魂的工程师"，"世界上最美好的职业就是做一个人民教师"。教师的身份之所以无上荣光，不仅因为教师拥有知识，更因为教师有高尚的品性。陶行知先生说"学高为师，身正为范"，启功先生语"学为人师，行为世范"，他们的话不仅对教师的德行进行总结，也是对教师职业精神的警示。一个教师如果无才，学生尚可自学成才，一个教师如果无德，那往往会导致整个社会道德风气恶劣，这个社会必定遭殃。教育部的《小学教师教师专业标准》提出"学生为本、师德为先、能力为重"的基本理念。[①] 指出了教师道德的基本要求：关爱中学生，尊重中学生人格，富有爱心、责任心、耐心和细心；为人师表，教书育人，自尊自律，以人格魅力和学识魅力教育感染中学生，做中学生健康成长的指导者和引路人[②]。

从这个意义上看，爱能给人带来无限的喜悦，有爱的教师是乐观向上的，因此，教师高尚的德行还表现在教师是乐观主义者和理想主义者，乐观的精神能感染学生，让学生对世界充满希望，让学生有拥抱美好生活的激情，让学生有面对困难生活的勇气。高尚的德性还表现在对职业的奉献精神，人是天地间最美好的东西，是谓"三才者，天地人"（《三字经》），人和天地的和谐交融使得这个世界充满了盎然生机，才有了天人合一的优美意象，教育是塑造人和培养人的。

教师高尚的德行表现在教师对学生的仁爱。教育是一项以生命唤醒生命的事业，教师热爱学生是一种本能，这种本能表现为教师以宽容、仁慈、智慧的爱去哺育学生，呵护、关心和尊重正在成长的学生。学生

---

① 教育部：《小学教师专业发展标准》，2017 年 7 月 6 日，https://wenku. baidu. com/view/3eb227d028ea81c758f57839. html? from = search。

② 教育部：《小学教师专业发展标准》，2017 年 7 月 6 日，https://wenku. baidu. com/view/3eb227d028ea81c758f57839. html? from = search。

是灵动的、朝气蓬勃的、可爱的、发展过程中的人，具有发展的无限可能性，所以教育是一种爱的艺术，因为爱，教师会欣赏学生的优点，鼓励学生超越自己；因为爱，教师会等待，等待学生慢慢认识自己，改进不足，领悟生命的真谛。如朱光潜先生所说：因为有爱，只因为有爱，生命才能支撑住，才能进行①。教师的爱是大爱，大爱是一种修炼，教师要在长期从事工作过程中慢慢地感悟、历练；大爱是一种境界，教师要有一种处于纷繁复杂的利益社会中坚守内心淡泊与宁静的境界。爱是人类最高的情感，马斯洛将爱称为"高峰体验"，指出高峰体验是一种"存在价值的欢悦，是一个自我肯定、自我确证的时刻，高峰体验会引发一种感恩的情感，一种拥抱一切的对于每个人和万事万物的爱"。②

高尚的德性还表现在对职业的奉献精神上。教师的服务对象是人，为了让学生成长，为了让这个世界变得美好，教师在教书育人的岗位上奉献智慧和心力。教师的工作是伟大的，把一批又一批的学生培养成才，自己却淡泊名利，独守清贫和寂寞。"春蚕到死丝方尽，蜡炬成灰泪始干"，"捧着一颗心来，不带半棵草去"，教师的人格魅力正是这种自我牺牲的精神，成就他人而隐忍自我。教师是学生成长过程中的重要他人，学生的人生常常会因为遇到不同的教师而发生改变，所以教育是崇高的事业，这项崇高的事业值得教师为之奉献终生。

（三）教师工作具有创造性

创造是人类用自己的智慧和能力去思考、探索和改造世界的方式，人类在参与实践过程中进行着社会创造活动，只是刚开始的创造活动是为了满足生存的需要，比如人为了生活创造了工具，在经过漫长的生活实践中，"当人类从所创造的对象世界中直观自身而感到喜悦的时候，

---

① 朱光潜：《文艺心理学》，《朱光潜美学文集》（第一卷），人民文学出版社 1982 年版，第 233 页。

② ［美］马斯洛：《自我实现的人》，许金声等译，三联书店 1987 年版，第 320 页。

特别是在形式美获得相当独立的意义的时候"①，这种创造便具有了审美的意味，是一种自由自觉的创造活动了。创造是人对生活质量追求的表现，是对生命形式的超越。人往往能从生命的创造活动中获得愉悦和精神上的满足，而这种审美的体验，又能激发人更好地创造生活。哈尔曼说"创造是一种含义深刻的享受"②，所以说，创造不仅满足了主体的需要，又可提升生命的价值，让个体认识到生命的意义。教师的工作是一种创造性的工作，因为教师的工作不是日复一日简单的重复，而是充满挑战和创新的。教师的创造性体现在育人智慧的灵活施行和教学艺术的娴熟运用上。

教师的创造性第一体现在其育人艺术上。教师的工作对象是学生，而学生是具有独立自主精神的人，所以教育要顺应学生独立自由的天性，尊重学生，为学生个体生命潜能的发挥提供机遇，以激发学生积极主动地探索知识，生成智慧；学生是精神丰富的个体，教育应该是一种愉悦的旅程，是一次美的享受，而不是机械的填鸭和恶劣的批评。教师的创造性还体现在其教学机智的成熟运用上，成功的教学离不开教师的创造，教师的教学是启发，是点燃，是启发学生尽最大的可能去探索未知的知识世界，是点燃学生学习的激情，让学生在知识的王国里忘我地求知和体悟；教学的艺术仅仅依靠日积月累的经验堆积是不够的，教师要有一种对生命质量追求的自觉意识，也就是追求一种具有审美的人生。古人云"生生不息"，生就是新，新就是创造，生生不息就是不断创造的人生，"创造的人生，才是有意义有价值的人生，创造的人生，才是审美的人生，人在审美活动中总是充满生命的活力和创造的追求"③。教师和学生是创造的共同体，他们相互欣赏、相互鼓励，教师的睿智与教学的艺术是学生心灵的明灯，指明学生前进的道路，学生的

---

① 杨辛等：《美学原理纲要》，北京大学出版社 1989 年版，第 426 页。
② ［德］海纳特：《创造力》，陈钢林译，工人出版社 1986 年版，第 66 页。
③ 叶朗：《美学理论》，北京大学出版社 2009 年版，第 446 页。

坚实进步与愉快的成长是教师对自我的肯定，是教师人生意义的最大满足。创造是教师能力的体现，是教师职业尊严的象征，是教师人格自由的见证，是教师生命自主的标志。教师在创造学生的同时也在创造自我美好的人生。

教师的工作是一种创造性的工作，因为教师的工作不是日复一日简单的重复，而是充满挑战和创新的。李小林认为"教师的美学修养有以下四个方面：心灵美，具有高尚的道德情操；行为美，具有优美的体态语言；语言美，具有丰富深刻的内涵；培养认识发现美和鉴赏表达美的能力"①。韩烈文认为"美学修养是指人们对自己的审美能力和美的实践能力的培养，具体地说，就是要培养自己较为发达的审美感受能力和传达自己对客观世界的审美感受的表现能力和创造能力。而语文老师的美学修养应该包括几个方面：一是应当具有较为广泛的艺术爱好和审美趣味；二是应当懂得一些艺术规律；三是应当培养炽热的感情和丰富的想象力"。② 李其森认为"体育教师的美学修养所包含的内容，归纳起来，主要有健康、运动、行为、语言等方面，它的基础还在于永不知足地奋发学习。""体育老师便是在体育教学活动中让学生从认识美、欣赏美，进而创造美，最后使得人人都能得到美的引路人和身体力行者"。③ 王枬的《美丽教师——教师职业美的研究》是一本以美学为基础研究教师职业的书籍，书中指出了"教师职业美的本质在于他的自由创造"。④

美学是一门精神科学，以人的审美体验为核心，尊重人的情感和个性自由，对人生命的关怀和对生命存在意义的追求为课程研究注入了新

---

① 李小林：《论中学教师的美学修养》，《天府新论》2005 年第 5 期。
② 韩烈文：《试论语文教师的美学修养》，《四川师院学报》1985 年第 1 期。
③ 李其森：《试论体育教师的美学修养》，《萍乡高等专科学校学报（社会科学版）》1996 年第 4 期。
④ 王枬：《美丽教师——教师职业美的研究》，广西师范大学出版社 2002 年版，第 12 页。

的视角。其实，美学与教育学的交叉研究源远流长，美学与教育学、教师学、教学艺术等交叉研究的成果颇丰，这些为美学与课程研究的融合积累了有益的经验，并为课程与美学的视域融合积淀了厚实的研究基础。

第三节　课程美学探究的尝试

课程研究的美学转向不可否认已经是课程探究中的一种重要的话语，美学作为其中的一种颇具人文理解的话语，以独特的视角、坚实的理论基础为课程理解注入生命的活力和美的意义解读。在课程研究领域，前辈学者已经为此做出了诸多尝试，然而，作为一种新的课程理解话语，其发展历程具有戏剧般的美妙和曲折。

一、课程与美学探究的萌芽

有学者从维柯（Vico）的《新科学》（1725）一书中寻找课程美学探究的理论源头。《新科学》是一部阐述古代文化史、诗歌和美学的理论著作，书中阐述了人类如何从神的时代，经过英雄时代，进入人的时代，书中提出"诗性智慧"的概念，诗性智慧是原始人类"最初的智慧"，或称之为"感觉到的想象出的玄学"，是一种如同感觉力和想象力的诗性能力和心理功能，更是一种诗性创造。《新科学》第一次生动地说明了形象思维与艺术创造的真正关系，克罗齐在他的《美学史》里说过维柯的《新科学》实在就是美学。台湾学者吴靖国《诗性智慧与非理性哲学——对维柯〈新科学〉的教育学探究》中，引用了维柯提出的"诗性智慧"这一概念，并把它用在教育学研究中，预见性地指出这种智慧在推动当前学校教育改革的历程中具有的强大作用。他认为诗性智慧的想象特别着重洞见、可视化和想象，诗性智慧质疑人类的觉醒，对我是谁，我从哪里来，我为何到这里，为何这个就是世界，我为何来到世界等等做出了新的思考和回应，在追寻意义、安全感和幸福感中起到了重要的作用。同时诗性思维批评科学重视预测和控制，没有处理终极的意义。科学重视实践，但忽略了无限、永恒的问题，诗性智慧正是要探讨这些问题，以补充科学和批判理论的不足。诗性智慧对于课程而言，增加了更多理解和实际的活动：科学提供给我们技术和实用的控制，批判的反省提供解放的实践，诗性智能则提供美学、道德和形而上学。这三种方法形成更大的诠释学的循环，为自我反省提供工具性的实际、解放的政治实际和个人的觉醒和洞见，都增加了我们的理解，协助我们诠释课程情境的现实。

虽然《新科学》为人文学科的研究开辟了新的路径，但是对于教育学、课程理论的影响力却微乎其微。课程美学的开创者毫无疑问当属杜威（J. Dewey），他是真正推动课程美学探究的萌芽。杜威在 1934 年出版了《艺术即经验》一书，该书也被认为是 20 世纪最重要的美学著作之一，作为哲学家、美学家、教育家的杜威，其深邃的思想对当今的哲学、美学、教育学研究都产生了重要的影响。杜威用"经验"作为其哲学的出发点，同时也是其美学的基础，更是其教育思想的主要核心。杜威相继出版了《经验与自然》《经验与教育》《艺术即经验》，系统地阐述其基于"经验"系统构建哲学思想的立场，对传统的形而上学、知识论、方法论和美学提出了挑战，并最终以"审美的经验"达到对人的感化和教育，最终成为一个审美化的大同社会，以此完成自己企图以改造人达到改造社会的初衷。杜威对个体的经验进行了弘扬，指出"审美经验是想象性的"[①]，以此对传统哲学探讨永恒性的实在中忽略了人的经验提出挑战，他呼吁要对哲学进行改造，哲学应该立足于生活世界，解决社会生活的困境和问题。他认为，真正的教育都是由经验产生，因此课程内容的选择应该以经验为核心，但是仍然有些学生在学

---

① ［美］杜威：《艺术即经验》，高建平译，商务印书馆 2007 年版，第 272 页。

习中是顺利而愉快的，有些学生则相对痛苦而枯燥，这是因为经验个体差异的反应，所以，并非所有的经验都是有教育价值的，经验之间能够进行统整，前后的经验能够建立连结，对学生学习的效果是明显不同的。审美经验就是"一个经验"，能够有意识地将经验进行调适——前后连结，调适依靠的就是艺术想象力。杜威通过经验，展现了一个社会民主教育的典范，对后现代课程产生了积极的影响，使课程从预定的、封闭的系统，转向了动态开放的视野，课程开始重视学生个体、重视学生经验、重视学生生活。

20 世纪 60 年代，受美国课程改革运动的影响，在"回到基础"和"最低能力"口号的影响下，美国的课程改革折回到重视"读写算"能力和重视学生的学术性能力的培养上。基础性学科语文、数学、物理等学术性学科重新回归学校课程的核心地位，音乐、绘画等艺术性科目再次成为学校课程体系中的边缘学科。过于强调学术性课程，过于重视学生理性思维的提高，造成学生健全人格的缺失，使学生成为一个只会被动接受知识而缺乏情感体验的片面发展的人。针对这种现象，美国许多艺术教育的学者呼吁要重新认识艺术教育的重要地位，将艺术看作一种认知方式，将艺术想象与语言、思维、情感之间建立联系，以帮助学生积累美学经验，培养学生的艺术素养，并以此作为一名未来公民的社会基本素养。基于此，休伯纳提出了将美学语言作为替代泰勒学说的一种重要的课程语言，以此挑战当时占据课程研究领域主导地位的泰勒原理。休伯纳的这一呼吁，得到了许多课程学者的积极响应，学者们纷纷从"美学—艺术"的角度，对课程的理念、课程的价值、培养学生的美学认知能力等方面做了许多有益的尝试，使课程美学探究成为课程探究的一个极具影响的课程研究流派。

二、课程美学探究的发展

20 世纪 70 年代课程研究领域的多样化探究为课程美学探究提供了

重要的契机和动力。曼恩（Mann）于 20 世纪 70 年代中期发表《课程批评》（Curriculum Criticism）一文，所阐述的观点即属于美学的探究方式。玛扎（K. A. Mazza）对概念重建学派的论述，受到现象学、存在主义、新马克思主义思潮与精神分析学派的影响，他将概念重建学派的课程研究分为四种探究方式：美学的/哲学的（aesthetic/philosophic）、历史的（historic）、心理分析的（psycho－analytic）和社会的/政治的（social/political）。① 范兰斯（Vallance）（1991）曾指出，美学直观与理性逻辑对人类思维功能的发挥是相辅相成的。基于这样的理念，有众多学者，如曼恩（Mann）、艾斯纳（Eisner）、范兰斯（Vallance）、巴罗（Barone）等都在致力于课程美学探究取向的研究。拉格（H. Rugg）寻找对课程研究的启示，提出创造性自我表现之类的课程美学观点。②

美学与课程的联系何以成为可能？美学如何成为理解课程的基础？美国哥伦比亚大学教育哲学家格林首先注意到这个问题的重要性，同时也成就了她在此领域"开路先锋"的地位。她对艺术和美学的探究方式极有兴趣，并致力于将美学的思想与教育相联结，经常用文学作品中的人物、意念使文学与哲学联系起来，她的一系列著作不断确立并充实了她运用美学视角解读教育问题的意愿。如 1973 年出版的《教师即陌生人》，1978 年出版的《学习的全景》，以及 1995 年出版的《释放想象力：教育、艺术、社会变革文集》，充分地阐述了利用美学、艺术的观点，解决课程问题的立场。她认为生命或教育的意义，是在不断觉醒、批评和解放的过程中，了解自己生活世界的脉络，并在此脉络中找到意义。③ 其中，《教师即陌生人》是体现她教育哲学思想的重要书籍，也

---

① K. A. Mazza , Reconceptual I Inquiry as an Alternative Mode of Curriculum Theory and Practice: A Critical Study, *Journal of Curriculum Theorizing*, 1982(2) , pp. 5 – 89.

② 李雅婷：《H. Rugg 创造性自我表现之课程美学观点探究》，《课程与教学季刊》2007 年第 10 期。

③ 甄晓兰：《课程经典导读》，学富文化事业有限公司 2007 年版，第 346 页。

是探讨课程美学探究的重要理论书籍。格林在书中尖锐地指出：有些不确定性正困扰着美国的文化，现存的制度、古老权威、价值观等均存在危机，并且这种危机应该引发人们对人性、知识观、道德抉择和道德标准做出新的思考，特别是教师不能对这些危机视而不见。在书中，格林提出教师应该将自己变成"陌生人"，在一种安宁的环境中去发现其中不安的因素，以不确定的方式重新审视自己，提升自我意识。教师的艺术在于能正确面对自己，激发自我对于范式和意义的追求，从而开启一种超越日常生活的教学认识。①

《教师即陌生人》看似写一本与教师有关的书，其实是一本颇具哲学意味的教育书籍，全书体现了格林从哲学的高度，对人的意识开始审思，并将哲学、艺术、人文这几个要素整合来思考课程问题，以此来说明，"教育哲学乃是教育人员从事教育事业必备的素养，因为教师应该具有应对复杂教育事务的批评意识"。② 格林在书中从哲学的高度对人、知识、价值做了阐述。对于什么是人的问题，她认为，人已不再是一个抽象的概念，因为在历史的此刻，人的地位处境、尊严、本性都发生了变化，当科学家以数学符号描述人时，人却在依照自己的意志来界定他自己的本质。③ 因此，教师应该意识到人的这种存在的变化性，教学要依据情境而开展，教学没有固定的模式，也没有固定的答案，教学尽管是有目的的行为，但是教学的过程不可能是完全相同的，教学不可能完全依靠程序多次重复进行，而是应该在具体的情境开展，所以，每一次教学活动对于教师而言都是一次新的体验。学校是传递知识的地方，教师的任务就是教学，对于知识的概念，格林做了详细的论述，她认为，

---

① Maxine Greene, *Teacher as Stranger: Educational Philosophy for the Modern Age*, California: Wadsworth Publishing Company, 1973, Ⅱ.

② Greene, *Teacher as Stranger*, Beverly, MA: Wadsworth Publishing Company, 1973, p. 7.

③ Greene, *Teacher as Stranger*, Beverly, MA: Wadsworth Publishing Company, 1973, p. 78.

知识已不再是固有的概念，并指出"今日的知识已经呈现数学化的态势，而对于那些在数学中无法流畅表达的人而言，以数学方式描述仍是空洞、形式的"①，生物学家、化学家、社会学家，现在都已经习惯于用一种深奥的符号代替语言来解释现象甚至与人沟通，语言愈来愈被忽视了，文学、艺术也被忽视了，科学的辉煌反而引发了文化的危机，因此"教师必须迎接现代世界在科学所扮演的角色，以情意反对认知，教育应该视为一种气氛、自我实现和解放的历程，教师应该帮助学生学会思考、发现和探究"②。对知识论的探讨，是为了引发教师对知识、真理、意义与信念的思考，在通往真理与信念的路上，教师应该以"异乡人的身份，以陌生人的姿态"，来看待自己生活的世界。以陌生人的身份来审视世界，就是以探究和怀疑的眼光来看待自己习以为常的世界，这样，才不会被框定在一种固有的文化模式中，才能以一种清晰的思路重新阐释周遭的世界，才能及时捕捉到以往自己忽略的美好的东西，重新发现生活的意义。教师以这样一种身份进入课程，对于现实的诠释将永远清新，他也会比以前更加充满生命的活力。③ 格林以教师成为陌生人的观点来敦促教师提升自我意识、提升批判意识和反思能力，自觉排除已有的标准化的经验准则，不能闭锁在已有的文化定势中，被固有的教学规范和课程经验束缚。教师应该大胆地对现有的课程传统进行挑战，以积极和批判的态度进行思维，在真实的课程场景中探究课程实施的光明大道。

美国斯坦福大学范兰斯博士在一篇名为《美学探究：艺术批评》论文中指出，教育领域中严格的"科学化"的可重复性研究逐渐不被青

---

① Greene, *Teacher as Stranger*, Beverly, MA: Wadsworth Publishing Company, 1973, p. 105.

② Greene, *Teacher as Stranger*, Beverly, MA: Wadsworth Publishing Company, 1973, p. 115.

③ Greene, *Teacher as Stranger*, Beverly, MA: Wadsworth Publishing Company, 1973, p. 270.

睐，教育家们开始转向重视深入理解独特现象的价值，自然的、其他质性研究的方法，在理解学校教育的进程和影响方面，作为合理并有价值的途径，开始被广泛运用。① 美学探究与传统研究最主要的区别在于它们对手段与目的之间关系的思考。传统研究通常致力于研究的关系是可复现的、一般化的、可证实的。传统研究偏向于探寻原因与结果之间的关系，比如通过课程 X，在 Y 的影响下要产生 Z 的结果，并试图通过这种关系帮助人们理解、预测并最终掌控课程的过程。而美学探究则不然，它不去寻求概括化的规则，而是致力于帮助我们探寻课程问题中的特殊品质，这正是它对教育研究领域独特的贡献。范兰斯认为课程研究者的工作与艺术评论家的工作相似，艺术评论家在艺术作品与公众二者之间起到翻译或桥梁的作用，艺术评论家在评论艺术品时，指出其视觉形态、配色方案、技术等，对艺术作品做出自己的解读，这些信息提供给广大观众，帮助他们识别他或她可以理解的元素。课程美学探究也是一样，力图寻求课程的一个显著特征，将这些特征以一种易于理解的方式呈现给决策者。艺术的创造需要很多生活素材，课程也同样需要教师选择材料如课本、练习册、科学工具、艺术材料、杂志文章等。她主张将"艺术批评"的方法运用到课程决策中，即以批判、反思和想象力运用到课程决策中。范兰斯还将课程与手工艺品做了一个想象性的对比，她认为以下的几点，使课程具有与艺术的相似之处：②第一，课程和艺术都是人类教育的产物，他们是"人工制品"；第二，两者都是创造者（课程开发者或艺术家）与观众（学生或去博物馆参加的人）之间的交流手段；第三，两者都是把开发者的知识转换成读者可以感知的形式，而课程可以被看作是知识内容转化到孩子可以感知的形式；第

---

① Short, *Forms of Curriculum Inquiry*, New York: State University of New York Press, 1991, p. 155.

② Short, *Forms of Curriculum Inquiry*, New York: State University of New York Press, 1991, p. 163.

四，两者都是问题解决过程的产物；第五，两者都将他们的意义取决于观察的结果，两者都提供了情境，在此情境中被要求做出反应；第六，两者都对读者的经验提供了界限或框架：课程和艺术作品都在经验的完全领域提供选择，在一定程度定形从而建构观众的感知；第七，当它们成功吸引观众注意时，两者都能激发激烈的情感反应，而不能保持价值中立；第八，两者都能置身于历史和风格的传统：两者都是在一个正在进行的风格发展和一个传统的累积中的合作伙伴，任何一个课程或艺术作品都能被更现代、更创新的事物所取代；第九，两者都要求批评和评价。

1968 年克莱德·E. 柯伦发表《教学的美学》一文，认为"当创造使创造者的感情升华到完善的境界，当创造的成品的匀称美不仅给创造者而且也给观看这一成品的其他人带来了快乐的时候，这种创造便是艺术"。教师"能懂得塑造美、增进美的方法。他们能成为艺术家，人类关系的艺术家，成为人的问题这个艰难领域中的美的创造者"。他还认为教师通过观察艺术家、艺术品和艺术鉴赏家，并根据这些观察进而设计课堂教学的方法，就能使自己的工作更富创造性。他说："当教师更多地懂得了美的素质怎样深入人心的生活，当他们能有意识地来完善、扩展这种美的体验方法时，他们也就踏上了教学艺术之路。"①

人文学者哈艾特（Gilbert Hight）提到优秀教师的教学能力时曾说："无论是演讲或者演说，都必须建立一个组织完好的推理基础，在这个基层建筑上，演讲人还要加上别的力量——有变化的表达方式、值得记忆的美好措辞、突出的例证，以及演讲人和听众之间的个人关系。这一类讲演人并不单纯地揭露事实，给学生吸收，而使用某种方式去提示事实，使学生不由得不为之感动、鼓励、魅惑。"② 这种使学生觉得受"感动、鼓励和魅惑"的境界，即是一种美的创造和体现。此后，美学

① ［美］克莱德·E. 柯伦，《教学的美学》，周南照译，《教育研究》1985 年第 3 期。
② 林逢祺：《美感创造与教育艺术》，《教育研究集刊》1998 年第 1 期。

探究逐渐成为美国课程与教学研究的重要视角。

1978 年，美国学者马德琳·R. 格鲁梅特（Madeleine R. Grumet）指出："课程的美学功能取代了技术修正功能。"在奥尔斯坦（A. C. Ornstein）的《当代课程问题》一书中，格林写了"艺术与想象：如何克服严重的停滞"一文，认为"当前学校教育的不足，导致社会不公和年轻人道德标准缺失，而教室中的艺术能促使年轻人去想象、扩展和更新，从人类自由的意志中寻找学校的原动力，寻找意义"①。

美国斯坦福大学教授艾斯纳（Elliot W. Eisner）在其 1985 年出版的《教育想象》一书中认为，"教学可以运用自己的技巧和能力，使师生都能感受到一种美"，"一个富有美感的教师或一个普通教师，不管教任何科目，科学的或艺术的，都应该将教材作美感模式的认知（aesthetic modes of knowing）之教学，此举有异于仅将教材作科学求真的教学处理，因增加了教学方法与过程的美感处理，故学习兴趣盎然，教与学的效果当然较佳"②。艾斯纳在教学美学方面的贡献，得到了学术界的充分肯定。

艾斯纳还在《艺术与心智创造》中认为，艺术在意识转化中的教育角色，是一个学习如何创发自身的学习历程。艺术在精炼人们的感官系统与培养想象能力上扮演了重要的角色。艺术提供了接近质性环境的机会，以及在建构性的探索中激发想象的历程。想象力是一种激发意象的思维形式，同时，想象力能不断地透过心智之眼而将事情推论而出，提供了一个实验与演练的安全之网。至于可感性（sensibility）而言，艺术能激发人们注意声音、视觉、味觉与触觉的特质进而体验之，艺术促使人们具有感知能力而不是仅仅辨识，艺术允许人们慢慢地知觉、审慎地观看、细细地品尝在要求效率下几乎被忽略的特质。艾斯纳提出五

---

① ［美］奥尔斯坦：《当代课程问题》，余强译，浙江教育出版社 2004 年版，第 60 页。

② 黄光雄：《教学原理》，师大书苑有限公司 1995 年版，第 8 页。

点艺术教育原则：（1）艺术教育应赋予艺术自身独有的价值地位。（2）艺术教育计划需要培育艺术智能的成长。（3）艺术教育需要帮助学生学习如何创造和体验影像的美感特征，以及理解艺术与文化的关系。（4）艺术教育需要帮助学生认知他们的成果都是个人的、不同的和独特的。（5）艺术教育能让学生从每天的生活获得美感经验，而不仅是创造或观看博物馆或艺廊的物品。①

　　经历了课程概念重建运动以后，课程走向多重理解，课程纷纷借助其他学科的研究方法和视角对自身的局限和问题进行剖析，呈现出了诸如现象学课程研究、神学课程研究、历史学课程研究、美学课程研究等多元话语。课程研究的美学转向在国外课程研究领域前赴后继地进行并得到了发展，那个时期课程美学探究的成果主要体现在理论建构上，取得了可喜的成果，特别是提出了课程的美学转向实质是课程意识的觉醒，是一种方法论的转向，认为课程是教师文化的觉醒，强调反思课程价值和追求，改变了以往课程研究死气沉沉的局面，为课程研究注入了新的元素。

三、课程美学探究的繁荣

　　20 世纪末以来，课程美学探究取得了长足的发展，愈来愈多的课程学者从美学认知、艺术和社会的关系、戏剧表演、身体感受等多种角度探讨课程的审美趣味和美的形式，使课程美学探究呈现出多极而繁荣发展的局面。

　　引领课程美学走向繁荣的当属曾经同范兰斯一起在斯坦福大学学习的艾斯纳教授，他也一直致力于将艺术与教育问题相联系，正是他主张把美学探究发展为理解课程问题的常规工具。② 他积极运用艺术鉴赏理

---

① E. W. Eisner, *The Arts and the Creation of Mind*, New Haven: Yale University, 2002, p. 135.

② ［美］派纳：《课程理解》，张华译，教育科学出版社 2003 年版，第 595 页。

论对当前的学校课程做出批评，其观点见于著作《美学与心智的创造》《教育的艺术视野》《认知与课程》《教育想象——学校课程设计与评价》等。他指出，在美国教育改革发展历程中，由于受"回到基础"和"最低能力标准"运动的影响，学术性学科受到了重视，而艺术课程被推到边缘的状态。① 他对这种基本认识论的观点提出了批评，指出艺术活动对于人的发展有重要意义，"美术为人类服务不仅在于把难以言传和幻想的东西形象化，它还是调动我们感性的手段；美术提供能够训练人类潜能的题材"。② 在提升人的素质教育中，课程应该扩充学生的认知方式，尤其是"美感表达的认知技能，比如文学、历史、诗歌、戏剧等"，这些有助于促进学生的多元化发展，也使对学生的智力评估更加公正、平等。③ 他反复重申艺术积累对学生的美感经验和发展学生的创造性具有不可替代的作用，但是至今人们仍然没有将艺术智慧作为社会思维的常规工具。艾斯纳最大的贡献可以说是将艺术批评和鉴赏的思想引入课程研究。他批评当前学校中仍采用写作的形式作为评价的方式，这种对语言和文字的强调不利于那些对非文字领域富于兴趣和才能的人，这种靠着正式测验来收集大部分材料的系统不能有效地显示学生在课堂外的兴趣和态度。④ 他主张，批评需要更多的宽容、完善以及相对而言的均衡，而不是以单一的文本和工具衡量个人的表现。⑤ 评价应该尽可能多的让学生展示自己学到的知识，评价应该考虑学生在日常生

① E. W. Eisner, Humanistic Trends and the Curriculum Field, *Journal of Curriculum Studies*, 1978(10)，pp. 197 – 204.

② ［美］艾斯纳：《儿童的知觉与视觉发展》，孙宏译，湖南美术出版社 1996 年版，第 12 页。

③ E. W. Eisner, Curriculum Development in Stanford University's Kettering Project: Recollections and Ruminations, *Journal of Curriculum Studies*, 1975(7)，pp. 26 – 41.

④ ［美］艾斯纳：《儿童的知觉与视觉发展》，孙宏译，湖南美术出版社 1996 年版，第 250 页。

⑤ E. W. Eisner, Reshaping Assessment in Education: Some Criteria in Search of Practice, *Journal of Curriculum Studies*, 1993(3)，pp. 219—233.

活中可能遇到的挑战，评价应该兼顾学生解题的过程而不是只关注解题的结果。在他看来，课程评价就是一种鉴赏，教师作为一个专业的人员对学生的情况做出描述、解释和评价，鉴赏是一种专注的看，课程评价就是用"专注的、敏感的和有意识的方式关注教育生活中发生的一切"①。

艾斯纳在课程美学探究领域的地位非常突出，他提出要从美学、艺术的相关概念中，为课程改革和教学改革提供合理化工具，尤其是提出了将艺术批评的方法运用于课程评价。他认为应把教学看作一门艺术：第一，课程是一种美学的经历；第二，教师与画家、舞蹈家一样，在教学过程中对作品做出判断，学生的反应会影响教师的教学流程；第三，教学的艺术对教师的技能有一定的要求；第四，教学和艺术一样，结果会难以预料，所以教师与艺术家一样充满智慧和挑战，教学不是一种机械的和常规化的行为。② 艾斯纳最有影响的成就是将美学的概念运用到教育评价中。他认为，对事物的评价应该以体验为基础，理解它们的相关资料，并对它们的价值做出判断。③ 他认为以鉴赏的态度面对教育评价，就会使人更加精确地"看见"——具有发现意味的看，能更加深入地理解事物的整体，为评价的描述、解释、判断夯实基础。

罗赛欧（Jose Rosario）、巴罗（Thomas Barone）侧重于探索审美的认知方式、知识获得的途径、思维的方式与学校课程的关系。罗赛欧认为，学生的美学认知方式和美学经验不仅仅是通过艺术和人文学科获得，在所有学科的知识学习中，在运用想象力参与到知识的探索中，学生都能体会到愉快、兴奋的情感，这些都说明美感经验存在于学生的学

---

① ［美］派纳：《课程理解》，张华译，教育科学出版社 2003 年版，第 604 页。

② E. W. Eisner, *The Art of Educational Evaluation: A Personal View*, England: Flamer, 1985, p. 163.

③ E. W. Eisner, *The Enlightened Eye: Qualitative Inquiry and the Enhancement of Educational Practice*, New York: Macmillan, 1991, p. 69.

习中，美学时刻伴随学生的探究过程。

巴耶尔（Landon Beyer）侧重于从社会、政治、艺术的角度阐述学校课程内容的选择，颇有艺术社会学的意味。他从马克思美学思想中，找到批评社会艺术现状的理论工具，他批评从社会、政治事件中获得的美学经验，是贫乏的和具有阶级特征的，它会导致艺术风格的迟钝麻木。因此，他呼吁将美学经验赋予在普遍的大众艺术中，打破高雅艺术和生活艺术的隔阂。学生必须学会解释体现艺术对象中的种族、阶级和性别问题，艺术和课程只有通过学习历史和社会、经济、文化和知识的联系才能被更好的理解。①

哈格森（Haggerson）、弗雷内（Freinet）、费金斯（Figgins）等以"神话—诗歌"作为课程理解的立场，通过对教育、学校、学生、教师与课程这个"神话"的破除和解释，通过诠释性的想象创造新的课程。在他们看来，诗歌是认识自我和世界的重要方式，诗歌体现了内心独白和逻辑论证，诗歌借助把特殊与一般相结合，比其他的话语模式保留了更多的自我与世界。② 诗歌作为一种精炼的语言进入到教学和课程中，其实是对学科逻辑的一种挑战，体现了对学生表白内心世界的赞许，是对学生赋权的表现，是对学生进行文学语言创造的鼓励，也是对课堂中不确定性所释放出来的新意义的欣赏。尤值一提的是费金斯将诗歌作为教学存在的美学形式，她认为个体的主观性和想象力不断地被大众传媒技术所破坏，在一篇题为《走向尽情诉说的话语：把电子会议看作创造的手段，把对课堂的反思看成文本》一文中，记录了她在课堂上通过借用网络电子技术让学生以虚构身份的方式进行交流，结果发现学生充满想象力、诚实的与他人交谈，这个过程，他们共同创造了一个文本，并在其中挖掘其美学的性质。这种对话使学生敞开心扉、积极对话，是一

---

① L. Beyer, Art and Society, In W. Pinar (Ed.), *Contemporary Curriculum Discourses*, Scottsdale, AZ: Gorsuch Scarisbrick, 1988, p.395.

② ［美］派纳：《课程理解》，张华译，教育科学出版社 2003 年版，第 611 页。

个发现自我和产生新意的过程，使教学充满了愉悦。在这个交流过程中，还鼓励学生创造戏剧脚本，学生感受到快乐和愉悦并且参与了艺术创作，体验到精神的享受。费金斯在文学的戏剧性和教育性中寻找出促进课堂教学师生沟通交流的契机，使教学变得充满艺术化和想象力。格鲁美特（Grumet）把课程与戏剧交织在一起。她认为学生在学校的表现不一定是真实的，而是象戏剧中的面具一般，带有一定的欺骗性和伪装性。要改变这种状况，必须将"学生带回到对他们自己身体、情感、思维和语言的有意识的感觉中去，这样，演员和学生就是被自己的的意向性所指引，意识到自己行动的具体环境"①。这样可以使学生扩大对自己行动和自由的洞察力，体现学生的自主意识。她指出教学方法与技术和演练是一种毫无希望的假设，因为它们缺乏时空的确切性。② 课程通过戏剧中角色的体验，学生通过表演能呈现自身，使主体得以自主，明确自己的意向。格鲁美特关注的是学生存在的状况，他的课程美学思想是以"存在体验课程"为宗旨的。

安德森（Anderson）提出了"为生活而艺术"的理念。强调一切事物都具有美学的意味，非常注重美学阐释和艺术文化的社会意义。他致力于将艺术教育建立在未来生活的意义上，指出艺术不仅仅是一件工艺作品和表演，而且具有深刻的文化内涵，艺术是一种理解世界的工具。他认为艺术作为一种智慧的沟通形式，不仅需要艺术作品的关于美学特点和本质的数据，而且还需要作品的社会作用和影响。③ 此外还有一些学者从舞蹈、肢体动作、直接体验等角度对课程加以理解，颇有后现代美学的意味，这些研究进一步拓展了美学与课程交叉研究的空间，对重新审视和理解课程提供了更多元的话语，为丰富"课程作为一个美学文本"的内涵做出了许多有意义解读，也在课程实践方面做了许多积极的

① ［美］派纳：《课程理解》，张华译，教育科学出版社 2003 年版，第 612 页。
② ［美］派纳：《课程理解》，张华译，教育科学出版社 2003 年版，第 613 页。
③ ［美］安德森：《为生活而艺术》，马菁汝等译，湖南美术出版社 2009 年版，绪言。

努力和贡献。

西方课程美学探究的思潮逐渐影响到东方，台湾学者也纷纷加入这一研究浪潮中。李雅婷指出当学生有机会从事有意义的意象创造时，会发生许多复杂和微妙形式的思考，不论视觉的、舞艺上的、音乐的、文学的或是诗性的。为了能够创造一种称作美学的经验形式，即需要一种心智能够驱动我们想象力与提升吾人承受情绪高涨的经验。换言之，知觉是一种认知，观看不仅是撷取世界的一种功能，更是一种创造世界的功能。艺术有其独特的贡献，例如，艺术形式脉络中可发展思维技巧；艺术具有独特意义的表现与沟通形式，艺术性工艺形式所能传达的意义；艺术有移动与触摸的经验、圆满经验，以及内在价值所隐含的经验。当人们以美感作为参与世界的参照架构，与多种形式互动，这些经验便了有可能性。艺术同时亦可为教育带来启发。例如，视教学即一种艺术性事业，视学习具有美感特征，视设计教育环境为一种艺术任务。①

周淑卿认为教学过程如艺术创作，虽有方向却没有固定的目标，教师必须有敏锐的觉知能力，去察觉学习者与环境的特质；必须有纯熟的技巧，不断去回应教室活动中的偶发性，掌握活动节奏，让自己和学生在教学过程中获得满足感。这样的教学，教师必须走出确定性的框架，向不可预测性开放；没有固定明确的具体目标、预定的教材和程序化的活动，而是欢迎学生的探索与质疑，随着情境中各种特质的改变而调整下一步的行动。② 另外，周淑卿还提出美感认知是发生在个体与群体之间真挚、平等、和谐的情境中的，这个情境没有强制性，是在一种愉快过程中的学习，更容易使人积极参与和交流，内心获得满足感，从而自

---

① 李雅婷：《美学取向课程与教学》，《读书会论文集》2009 年，第 1 页。
② 周淑卿：《艺术取径的教师发展——寻索 Eisner 的路径》，《美学取向课程与教学理论建构与应用学术论文集》，台北大学出版社 2009 年版，第 51 - 57 页。

觉地产生探究的愿望。①

林逢祺提出在教学里，老师们要是能够了解教师、学生、进度、成绩、学科、当下、品行、答案、言说、教室、思考等等元素，都只是部分而非整体，教学就有弹性、多元、智慧且柔美的可能性。②

洪咏善提出美感经验观点的教学：教师与学习者不再只是知识与技术的传授关系，更应该扮演知识的创造者与欣赏者，教师是将学生看得永远比教材重要的关怀者。教学成了生命存在的关照，教师是唤醒自我与社会的意识，教学是师生对情境感知后的交流经验，教学是一个完整的经验，从开始到结束，从过去、现在到未来，一个连续、互动的美感经验。洪氏沿用了杜威的"经验即一个完整的经验"的观点。把教学的美感经验看做是一个完整经验，是教师与学生、课程与教学、师生与教材之间交互往返的感知、理解、诠释、判断与行动的经验，在此经验历程中无法将实用的、情感的、知识的经验切割，因为在情感阶段这些都将整合为整体，美感经验的形式是整体的，此经验节奏存在于乐句之间，一句准备结束另一句已经准备开始，换言之，即完整经验。

陈伯璋、张盈堃提出课程美学所要彰显的是教师和学生都能够投入学习活动中，如此的课程才是活的课程，在此课程中，学生能找到意义，能透过美感感悟的相互引导，获得全面觉醒的自主性。师生主体经验在课程实践中，相互交错编织着新的意义。

吴远山认为，教师主体信念的觉知，能驱动师生共创故事，探寻未知的生命。教师应透过课程实践反思"教科书幽灵"。教师应敏察课程危机，并进行主体性的策略反思。教师应对学生渴望传达艺术创作美感的文化意义，予以理解与诠释。教师应理解与诠释学生再现的叙事美

---

① 周淑卿：《无教学不足以成课程：美感认知理论的观点》，《西南大学学报》2009 年第 11 期。

② 林逢祺：《教学的部分与整体》，《美学取向课程与教学理论建构与应用学术论文集》，台北大学出版社 2009 年版，第 11－25 页。

感。教师应揭露并诠释学生叙说美感经验的样貌。教师应反思并诠释教师课程实践的缄默知识。教师应反思叙事课程实务的问题，营造师生共创叙事经验的班级气氛。视觉艺术教师应省思并转化技术性指导为一种心灵对话。①

刘育忠提出艺术之所以可以成为教育实施很重要的部分，就是再现，铭刻、编辑、沟通与发现得以发生，所以艺术可以促成转化。艺术的认知功能可以提升对世界的觉察，通过艺术让我们关注到原先没有关注到的东西，艺术可以帮助我们想象，去探索新的可能性，平时在生活中被摆在抽屉里的东西。他提到通过艺术有助于特定秉性的发展：容许暧昧，生命有很多事情是很暧昧，很难弄清楚的；探索模糊，他希望在模糊中继续产生一种可能的面容，有一个不断在运作的面容。艺术在帮助我们转化意识，意识与经验会交杂在一起，在发展上经验是很重要的，教育不可能单从意识去做，要让孩子有不同的经验，产生不同的意识，艺术精炼感官、促进想象能力。②

在美学与学生学习方式结合的研究方面，曾昱豪提出课程美学应该用美学的观点找出多元化的面貌，课程评鉴也是要用描述性评鉴找出主题。教育美学是一种解放的观念，让学生拥有多元和超然的观点，从压迫中解放。让老师成为陌生人，诚心面对自己，不用谨言慎行，亦即不在压迫之中体验课程美学，其情境是自由的，并将概念重建，必须将旧有概念先搁置一旁。③

林千枫指出美感认知旨在探究世界的多元理解，它是一种探寻意义的认知过程。美感认知将知识视为艺术品，知识是个人感官系统透过与

① 吴远山：《视觉艺术教师叙事课程实践之研究》，台北教育大学 1998 年版，第 34 页。
② 刘育忠：《美学取向课程与教学理论建构与应用》，《课程美学学术论文集》1998 年第 2 期。
③ 曾昱豪：《美学取向课程与教学理论建构与应用》，《课程美学学术论文集》1998 年第 2 期。

环境的互动所产生的经验，认知的过程如同艺术家创造艺术作品一般，都是在过程中形塑认知的视域，并超越原有的概念界线，因此认知过程中所获得的知识乃是自我主动建构而来。认知主体透过感官系统对周遭环境产生"直觉""感知"与"想象"，并透过这些要素可获致理解世界的主观与客观知识以及美感本身的知识。①

美学与课程的跨界研究在北美的课程研究领域已有不少学者做了尝试并形成了多种流派。② 有的学者从艺术、艺术批评、美育的角度来探索课程的美学意义；有的学者主张探究艺术对整个课程体系的重要性，试图确立艺术在课程中的核心位置；有的学者通过阐明知识获得与思维的美学理念建立一种理解课程的新框架，这种框架与主流社会行为科学的框架形成对照，其研究的核心问题是审美认知与探究；有的学者致力于将 20 世纪的艺术家们所阐明的艺术理念与课程理念联系起来，以促进课程理解；有的学者探索艺术与社会的联系，为艺术课程内容的确定提供基础，同时也阐明艺术政治学的内涵；有的学者把与艺术相联系的理念用作理解课程与教学的概念工具；有的学者则主要研究戏剧与课程的关系。此外，还有不少港台的课程研究学者从美感认知的角度，借用教育批判的理论来审视课程设计与教学，并将这些研究理论运用到课程实践中，积累了不少课程美学探究的实践经验。从以上课程美学探究的成果看，以美学为理论基础研究课程问题是课程研究的一种认识论和方法论，它具有意识觉醒、社会转型的意味，促使课程对自身的价值做了重新的认识，既是对课程理论变革趋势的回应，同时也是对课程理论变革的有力促进。

---

① 林千枫：《E. Eisner "美感认知" 观对台湾课程研究之启示》，硕士学位论文，台北教育大学 1998 年，第 23 页。
② 张华：《走向课程理解：西方课程理论新进展》，《全球教育展望》2001 年第 7 期。

第四节　课程美学探究的理路

通过梳理课程美学探究的发展历程，前期的研究对"课程与美学的关联""美学课程探究"的意义、课程美学中的教师诉求，教学方法改革等做了许多有价值的开拓性研究，其中涉及了艺术认知、课程概念、课程设计、教材、美感经验、教学智慧、学生学习、师生互动等内容。然而我们也看到，课程美学探究目前仍然属于西方话语体系，对课程美学意义的说明总体上显得比较抽象，很多的界定还比较模糊。美学与课程的跨学科研究在西方课程研究领域已经蔚然成风，然而中国对于课程美学鲜有研究，在教育国际化的进程中，课程研究领域在许多问题上具有相通性，加强对课程美学的探究，构建课程美学探究的本土话语，对于促进我国课程的理论研究有着积极的作用。

一、目前的困境

纵观国内外关于课程美学相关领域的研究现状，可以看出美学与教育的关联越来越密切，也已经取得了丰硕的研究成果，展现出很好的发展前景，但是也还存在着明显的局限，归纳起来主要集中在以下四个方面：

第一，课程美学的理论基础问题。就目前的资料来看，用美的方法来解决课程实施问题的研究为数不少，但是，对于理论基础嫁接的可能性问题研究比较少，也就是说，哪一种美学理论最适合于解释课程本质，美学中哪些理论能为课程所用，哪些理论能够适切地解决当前的课程实践问题，对这些问题的研究还比较少。因此，为了更好地说明课程美学的合理存在，为了更有效地诠释课程美学的本质与价值意义，有必要深入探讨课程美学的理论基础。

第二，课程美学的合理建构问题。美学与课程的交叉研究，取得了一定的成功，但是，在一些问题的阐述上总给人生硬搭配、貌合神离的感觉，局限于从概念上谈美与课程的融合，对教师落后的教学观念做批评，而对教师如何加强美学素养，如何在课程运行中以审美的角度解读课程、实施课程则鲜有研究。还有些研究者常常将教学美与教学艺术相混淆，甚至等同起来，在课程美的题目下做教学艺术的文章。这些都与课程美研究的缺乏系统性和规约性有关。作为一种跨学科的研究，美学为课程设计提供了高品位的学术追求，这种美好的课程愿景在实践中是一种什么样的形态，包括其目标如何定位，课程理念如何解释，课程中的教师观、教学观、学习观如何构建，这些问题都缺乏系统的解释。可见，课程美学的合理建构无疑是需要进一步明晰的重要内容。

第三，课程美学的实践问题。美学取向的课程探究是多元探究范式下的一种价值选择，也是课程研究范式转向和理论变革之使然。但从国内外研究现状看，学术界对于课程美是什么、为什么要追求课程美、怎样追求课程美等基本问题没有澄清，大多数停留于概念讨论层面，比如派纳等学者认为"理解课程为美学文本是把每一次看到的颜色都当作第一次，将颜色理解为动词而不是名词，教师的任务也是动词而不是名词，……将课程理解为美学文本，质疑日常的，传统的东西，要求我们从多元的观点审视知识、教学和学习，从深陷的知觉中爬出来，像第一次一样看它。"① 有些研究者不能很好地把握课程美的本质，在实践中依旧用一种普遍性和固化呆板的操作流程来进行课程实施。课程美的研究中存在的这些问题，只有在今后的研究中得到研究者们的高度重视和有效解决，才能促使课程美的研究向更高、更广和更深的方向发展。

第四，课程美学的教师角色问题。课程理论必须关照课程实践，一种好的课程理想，必须通过优秀的教师队伍才能落实，当前的问题是，要么是从职业美的层面来对教师提出职业道德标准和理想人格境界；要

---

① W. F. Pinar, *Curriculum Theorizing – the Reconceptualists*, Berkeley: Mc Cutchan, 1975, p. 43.

么是从教师的审美能力和审美素养来探讨教师教育教学实践能力问题；要么是从教师自身的职业概念出发，来探讨教师自身的伦理问题，忽视了对教师审美能力的培养和美的实践能力的挖掘，对教师职业的审美感受能力和教师对客观世界的审美感受的表现能力和创造能力关注不够，这就造成了教师美学理论及策略的一些缺憾。因此，如何定位和诠释课程美学中的教师角色是一个不容忽视的研究主题。

二、未来的出路

课程是复杂而且变幻不定的，如多元的课程理论体系、复杂的课程组织环节、不受人为控制的课程实施过程、对课程实施效果的判断，以及对学生的成长做出客观公正的评价等。面对这样纷繁复杂的场景和现象，我们需要一种"本质还原"的精神，通过"还原"，回归到事物的本身，以发现一种推进课程不断重新生成的组织能力。课程美学探究的方法强调人文取向的定性研究，关注教育实践现场，关照课程中的现象，关注个体的体验在课程中的价值和意义，并以此对课程的理念、教师观、学习观、知识观、评价方法做出新的解释，为解决复杂的课程实践问题提供新的思路和方法。

课程美学探究已然成为课程理论研究的一个新课题，如何建构一套合理的理论体系和方法论研究视角，如何使研究既有丰厚的理论体系，又使这样研究能服务于课程实践，不是一件容易的事情。本书拟在探寻中外教育发展进程中关于"美与人性教育"的基础上，运用经验美学、生命美学、现象学美学的理论和方法，探寻美学中对教育、对课程有启发性关联的思想观点，从理论到实践进行建构，尤其对课程目标、课程内容、课程中的师生、课程评价做新的思考和解读。基本研究思路如下图所示：

美学 —— 人 —— 课程

经验　生命　现象

意义 —— 方法论 价值论

理论

体验、和谐、自由、创造

想象 惊奇 理解

多元认知 美感体验 审美

建构 —— 理念 目标 知识观 内容观

实施 —— 教师观 学生观

理解、鉴赏

评价

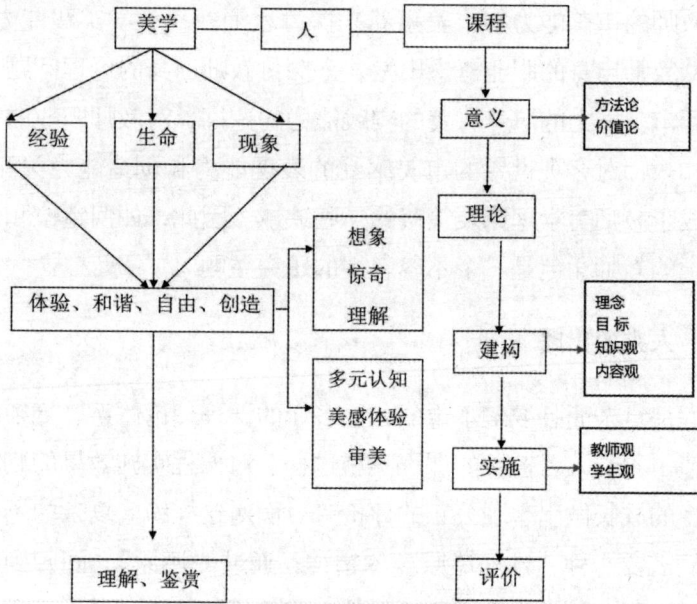

图 2.1　研究思路

第三章

课程美学的哲学审思

关于教育与美学的关系、教学与美学的关系、教师与美学的关系的研究成果和研究基础，为课程与美学的跨界提供了可能和研究的基础。对于课程研究领域来说，学者们认识到课程研究目前的困境及未来发展的重要使命，意识到目前课程的理论研究与课程实践研究与大众的期待相去甚远，课程研究的成果不足以为解决课程现实问题提供足够的支撑。课程美学探究试图借助美学理论的价值论与方法论，从美的角度，对课程进行重新认识与意义解读。

第一节　课程美学探究的方法论

方法论是人们认识世界、改造世界的一般方法，是人们用什么样的方式、方法来观察事物和处理问题。概括地说，世界观主要解决世界"是什么"的问题，方法论主要解决"怎么办"的问题。[①] 方法论以人类认识活动中不同层次的对象与方法的关系为研究对象，着重揭示已有方法体系的理论基础、核心构成与研究对象性质的矛盾，以构建解决这一矛盾的新理论基础与核心为直接任务，[②] 方法论研究具有鲜明的反思性与批判性，是人类群体自我意识在科学研究领域的突出表现，属元研究。

---

① 《方法论》，2017 年 6 月 19 日，https://wenku, baidu, com/view/41f441e33 - 1b765ce0408147a, html?from = search。

② 叶澜：《教育研究方法论初探》，上海教育出版社 1999 年版，第 14、17 页。

一、课程研究的方法论转向

美学是讨论形而上学问题的科学，作为一门人文科学，它以关注生命体验、生命实践、价值、现象为研究目的，这些为课程研究的方法论转向扩展了视野。美学作为研究课程的方法论基础，以其独特的视角审视和解析课程，使课程探究别具特色，纵观课程研究方法论的历程，不难发现西方课程研究美学转向的足迹。

范兰斯在对教学美学进行探索之后告诉我们，是艾斯纳把美学探究发展"为理解课程问题的常规工具"，她注意到，几乎没有研究者采用"美学探究"（aesthetic inquiry）这一术语，但大家"至少都默指了研究者对事件的美学反映"。其后她在肖特（E. Short）主编的《课程探究的形式》一书中发表了"美学探究：艺术批评"一文，系统阐述了美学探究作为一种定性研究方法的意义和价值，指出美学探究作为认识教育现象的一种手段，利用教育者或者其他人不自觉运用的各种感觉和问题，介入到课程研究中，"美学探究的方式应该作为学校教育研究课程问题的一种指导方法，作为对教育问题解释的一种补充方法"①。美学探究在课程研究中的身份逐渐被确立，国内外很多学者都支持这一观点，并对其进行了进一步的阐述。如派纳在《理解课程》中提到将课程看作一个美学文本，派纳则引用了大量的文献来说明各个学派的美学探究方向，包括探讨艺术对学校课程的意义、讨论美学概念与课程概念的关系、从艺术政治学的角度讨论课程理论、借用艺术的观念探讨课程与教学的艺术性、阐释戏剧与课程的关系等。②靳玉乐、黄清在《课程研究方法论》以及靳玉乐、于泽元在《后现代主义课程》一书中，都

① E. C. Short, *Forms of Curriculum Inquiry*, State University of New York, 1991, pp. 17 – 19.
② ［美］威廉·F. 派纳等：《理解课程》（下），张华等译，教育科学出版社 2003 年版，第 603 页。

对课程研究的美学——人文探究模式做了论述。张韵在《课程美学探究取向发展述评》一文中对课程美学探究取向的缘起、课程美学探究的多元范式、课程美学探究取向的发展脉络、课程美学探究取向的未来发展前景作了论述。①课程美学探究是课程研究范式转向的产物，是对课程多元理解的一种方式，课程与美学的交叉研究是两者对人性解放的追求，美学的思维方式、美感认知方式是目前教师在课程实施中缺少的素质，课程研究的美学转向就是建议教师要利用审美中的惊喜、想象、灵性对课程进行全面解读。② 可见，课程美学探究已成为课程探究的一种方法论转向。

（一）强调课程研究的人文性

在教育研究中，定量研究和定性研究代表着不同的研究取向。定量研究根植于实证主义范式，是由假设、概念和建议组成的模型，借助数据、量表、模型等分析工具开展研究和估量，侧重于结论性结果分析和评价。定性研究属于理解—解释的范式，强调在自然的情境中开展研究，研究所获得的意义也只适用于特定的情境和条件，关注研究对象的个体特点，同时也取决于研究者的文化素养和解释取向，通常借助叙事、观察、描述、记录等方法开展研究，侧重于解释性的过程分析。在研究目的上，定量研究旨在确定关系、影响和原因。定性研究旨在理解学校教育的现象和事件。在研究取向上，定量研究将事实和价值相剥离，事实不反映价值观念，以图探寻最接近科学的数据，掌握科学的真相。定性研究认为事实和价值无法分离，坚持将研究对象的行为置于周围自然和社会环境中，注重研究的整体性关联。在研究特点上，定量研究通常以理论为基础，所以通常被运用于"理论—检验"的研究情境，也就是说，在定量研究中，有明确的理论前设，尽管有时研究不一定是验证理论，但是理论总是在影响研究的假设。定性研究并不强调预设的

---

①　张韵：《课程美学探究取向发展述评》，《重庆文理学院学报》2007 年第 1 期。
②　何茜：《西方课程研究的美学转向》，《比较教育研究》2010 年第 11 期。

理论基础。理论可以在研究的过程中形成，伴随着研究的开展，理论会被改变、失效或被提升。如果理论是基于数据而形成的，我们便有了一个"实在的理论"的概念，也就是理论是基于数据而不是基于一些已经形成的观点、想法或系统；如果没有理论出现，这个研究将是非理论的，但将获得描述性价值。① 定性研究强调整体的作用，认为事实和价值具有因果关联，注重将研究对象情感和经历作为研究分析的重要因素。在研究主体上，定量研究的研究者不需要深入介入研究现场，更多的研究工作是对数据采集后的统计性分析。定性研究的研究者被要求深入到研究现场，观察和参与研究对象的生活世界和工作场景，参与研究的全过程，记录本身也是研究，研究结论更多是描述性分析。定量研究通常以实验研究、调查研究为主。定性研究通常是历史研究、人种志研究、田野研究。

传统的定量研究，主要是以科学测量的方法，以事实的确切认识和理论体系的逻辑构建为取向，依靠搜集数据、分析事实和检验假设等方法，检验事实和因素间的因果关系。科学方法是一组有效认识事物状态的理性工具。② 科学方法为课程研究提供了一种基于事实判断，通过逻辑推理展示课程开展的规律和经验。其科学精神和科学态度是保证课程研究的科学严谨和规范的有力武器。科学方法适用于认识教育活动中相对简单、局部和已经固化的事实。它通过对已知变量的控制，对预知情况和结果的因果关系做出判断，从而能掌握一种整体的、全面的情况。然而，它的不足在于，它缺乏认识事物内部复杂关系和关注事物动态变化的能力，对于课程而言，课程离不开教育现场，离不开人的心灵成长和思想变化，这些都是无法用数据表述的，所以，对于课程研究来说，不能盲目迷信和简单搬用传统的研究方法。

---

① ［美］维尔斯曼：《教育研究方法导论》，袁振国译，教育科学出版社 1997 年版，第 15 页。

② 叶澜：《教育研究方法论初探》，上海教育出版社 2001 年版，第 326 页。

　　课程是一种复杂的社会人文现象，课程与人是无法分离的，如果没有人，课程就不存在了。课程研究涉及人，人是复杂的，要开展课程研究，需要依据整体、综合的方法来系统、全面的地审视问题，以人为核心，从过去的关注课程的外部变化转化到关注人的变化中来，关注人在课程中的主动地位，关注人在课程中的意义构建。课程美学探究在研究方式上，侧重于人文取向的质性研究。首先，课程探究的目的是人，课程探究的目标不仅仅是为了揭示课程内在的真相和规律，课程更有"成人之美"的使命，研究课程的目的在于使课程更好地促进人的发展。其次，课程探究的方式是理解、诠释人在课程中的意义；课程探究不是对测量的结果做出简单回应，而是通过进入现场，与研究对象展开对话，通过长期的亲身体验，对其行为活动、内心世界、情感思想做出解释。此外，课程探究的价值追求不是为了揭示普适性的课程规律，而是描述课程现象与环境的关系，关注人和环境互动过程的经验积累，人是复杂的也是多样的，如果课程探究仅仅追求寻找客观事实的话，必然会忽略个体个性化经验积累的过程，忽略丰富的课程事件。迪尔凯姆（E. Durkeim）认为，许多社会现象之所以具有一种规律的性质，实际上是强制的结果，而不是普遍性的结果。[①] 因此，课程美学探究不是为了单纯追求所谓的课程运行的客观规律，而是面向人本身，关注人与课程互动中的具体事件，从中寻找事实背后的价值和意义。

　　人文总是离不开艺术的，课程美学探究主张以艺术的方法来彰显课程的人文性，以艺术的美感和手段来思考课程的意义。如杜威在谈到艺术的本质时提到，艺术是一个生动而又实在的例子证明人能有意识、有意义地再现感觉、需求和活动的统一；并指出意识介入思想这种思想便是人类历史上最伟大的知识成就。[②] 在杜威看来，艺术是一种生命活力的

---

① ［法］迪尔凯姆：《社会学研究方法论》，胡伟译，华夏出版社 1988 年版，第 5 页。
② ［美］艾斯纳：《儿童的知觉与视觉的发展》，孙宏译，湖南美术出版社 1994 年版，第 6 页。

体现，他非常珍惜人的意识、情感和体验，认为那是人可贵的生命体现。

艺术方法作为课程研究中的方法，有着特殊的价值：一是课程活动是一种交往活动，交往是人与人的交流与互动。在课程活动中，这种互动表现在情境与人的相互作用、师生间的互动、教师间的互动、学生间的互动、学习主体的经验与教材文本知识的互动，这样的互动是复杂的，仅仅依靠科学研究的客观式检验、判断无法真实理解人的体验、感悟和精神觉醒。二是艺术方法是一种强调参与性研究的方法，以渗透的方式与研究对象交流、会谈，观察其行为，理解和欣赏研究对象的处境、背景、经历和成功。艺术方法不是指创作艺术作品的方法，即简单的把教育研究当作艺术品那样去创作，而是指在研究微观层次的教育活动时，研究者把对象的具体行为与态度、具体的情景状态当作艺术作品那样去感受、体验，运用自己的成长经验和在生活中形成的直觉智慧，做出即时的判断和理解。① 课程研究，需要研究者对理论的理解和把握，需要研究者生活经验的积累和对人的生命过程的理解，这正是艺术方法所主张的，艺术方法以最深沉的人文精神，运用自己的生命体验、领悟、反思研究的意义与内涵，了解课程运行中多样的状态、活跃的事件，掌握事实并探寻其规律。

艺术方法是将文学艺术（诗歌、散文、小说等）、视觉艺术（绘画、摄影、雕塑等）、表演艺术（戏剧、舞蹈、宗教仪式等）等多种艺术形式引入教育研究领域，使研究媒介和材料的呈现方式超越传统的文本，扩大研究的场域。② 伴随着艺术研究方法与课程研究领域的融合，其本身的研究形式也在拓展，艺术方法已经从过去以文学艺术、视觉艺术、表演艺术为主要等形式，发展到如今以诗歌、绘画、摄影、多媒体、戏剧、音乐、舞蹈等多种艺术形式与课程相结合的多样探究方式。

---

① 叶澜：《教育研究方法论初探》，上海教育出版社 2001 年版，第 330 页。
② W. E. Eisner, M. D. Day, *Handbook of Research and Policy in Art Education*, Mahwah: Lawrence Erlbaum Associates, 2004, p. 8.

艺术方法跨越了艺术、教育与科学研究的边界，使课程研究的视域由传统的关注技术理性转向人文关怀。

（二）注重课程研究的扎根性

教育是一项实践活动，是一项有生命参与的特殊活动。课程不是一张图纸，课程实施也不是按照图纸施工，教师更不是生产线上的工人，依据图纸的要求，按照操作工序和步骤完成生产任务，学生更不是产品，按照模具就能塑造出来。教育具有生成的意味，要求教师真情投入和创造性的参与，"成功教师的实践经验和其中包含的对教育的理解与创造，是教育理论的重要资源"。[①] 课程美学探究尊重人类发展的历史经验，关注个体的生命体验，侧重于关注课程的微观现象、课程实践，以及经验的变化和生长。

经验是人们的人生经历，是身处教学中的教师领悟出来的各种意义，是教师对他们的生活世界的个人化理解。[②] 经验是课程的中心，也是教师开展研究的原材料，教师的个体经验极为丰富而多彩，既然课程是一个人的生命活动过程，那么课程研究同样也可以作为研究者生命活动的历程，这样，课程研究就因有了生命的力量而丰富并充满生机。但是经验很难通过标准化的观察表或者行为测量技术进行评估，当经验进入课程研究范畴，以"叙事"的方式通过描述、访谈、记录来开展课程探究课程无疑是可能而且适宜的。

叙事是这样一种研究，它让人们不断地讲述和复述他们的生活故事，既描绘过去，又创设未来的目的，通过这种方式来研究如何使经验有意义。[③] 以个体经验叙事作为一种课程研究范式，其研究成果是丰硕

---

① 叶澜：《教育研究方法论初探》，上海教育出版社 2001 年版，第 330 页，第 335 页。
② ［加］F. M. 康纳利：《教师成为课程研究者——经验叙事》，刘良华译，浙江教育出版社 2004 年版，前言。
③ ［加］F. M. 康纳利：《教师成为课程研究者——经验叙事》，刘良华译，浙江教育出版社 2004 年版，第 26 页。

的。派纳对于以自传和传记叙事的研究方式是很重视的，他批评课程领域尽管一直在强调个体，但实际情况却是忽视实实在在的个体，只专注于公众世界、可见世界、知识传授、效果评价、资源开发，而很少关注个体对这些材料的体验，导致了个体在公共世界和他人世界中迷失，因此，他提出要寻找一种方法，以更好的理解课程对于人生存过程的作用，解读人与环境作用过程中的经验，从而理解个体世界的原因和价值，这种方法就是"传记"。派纳提出了自传书写的四个环节：回归、进步、分析和综合。① 回归就是对经验的回顾和提炼，派纳用"数据源"比喻一个人生活的全部体验，这个数据源是丰富、杂乱的，我们要对众多的生活事件进行梳理，以生成有效记录经验的"数据"，这些"数据"便是有益的课程经验，它让我们回忆过去，同时又启发我们想象未来。

传记书写适合不同的个体，儿童、成人、学生、教师。尤其是对教师传记的研究，越来越成为当前研究的热点。第一，教师传记通过对教师在生活情境、教学实践中的经历，记录教师是如何思考、如何行动、如何改进的，为研究教师专业发展、教师课程参与的程度、教师个体知识形成等提供文本依据，让我们更好地了解和分享教师对课程的体验和经验。第二，个人实践知识是构成一个人存在的所有经验的知识。② 叙述是经验的展示和再构，故事是隐喻的，故事作为教师教育经验记录的载体，帮助我们了解教师的世界、经验的形成，同时也是教师个体知识形成的过程。康纳利说过，认识就是去感受，去赋予价值，去以审美的方式对事物做出回应。③ 研究课程最好的方法就是研究教师，研究教师对课程的领悟、对学生的领悟、对自我的领悟，这种隐含在教育真实情

---

① ［美］派纳：《课程理解》，张华译，教育科学出版社2003年版，第542页。

② ［美］派纳：《课程理解》，张华译，教育科学出版社2003年版，第580页。

③ ［加］F. M. 康纳利：《教师成为课程研究者——经验叙事》，刘良华译，浙江教育出版社2004年版，第27页。

境中的经验是一种个人实践的知识，它是教师道德的、情感的、审美的生活的体现，是帮助我们理解教师教育生命意义的关键。

自传/传记是一种以个体的观察、体验、记录过程的质性研究方法，它向我们展现了一个不同于演绎、实验验证量化研究的方法视角。在叙事的文本中，个体的社会性、存在价值、历史与未来都是真实的反映，这些宝贵的个体经验是真实而独特的，不会重复也难以复制，叙事是生命体自由的体现，只有在心灵自由的时候，才能敞开心扉，真实地诉说自我的经历和感受。经验叙事体现了对个体的尊重，也使得研究者的触觉能触摸到个体内心，能倾听、分享和欣赏他人的经历。基于经验的叙事为课程研究提供了一个教育情境，研究者在此情境中阅读和反思，为课程研究领域带来了一种文化思想的冲击，是一种开展课程研究的新视野和新方法。

二、追求课程研究的审美性

课程研究是基于一种理论视角，对课程问题进行思考、诊断，并提出相应的解决方案或者提供技术手段，这些都体现了课程研究的工具性价值。随着课程研究视野的拓展，尤其是将其他学科的研究成果引入课程研究，使课程与文化学、符号学、解释学、现象学、美学进行了跨学科对话，从而使课程研究领域出现了课程研究现象/解释、历史/自传、批判/审美等范式，课程研究的人文价值也日益显现，使对课程研究的理解也从理性思辨走向了艺术审美。

审美是人的一种本能，人会被一首歌曲吸引，会在一幅油画前停留，会回忆一个生活的画面，这些能引起人的情感共鸣，说明人有审美的需求，审美能给人带来愉悦，能使人精神松弛，放松的心情能给人带来许多灵感，而灵感恰是从事研究的重要因素。一直以来，课程研究被冠以科学的名义，以目标、演绎、数据、统计、验证为关键词，导致课程研究被一种冰冷、僵化的氛围包围，且不说这种技术路线带来的数据是否真实反映客观事实，至少数字本身是肤浅和有限的。这种研究范式，导致课程研究忽略了研究者个体情感的参与，更忽略了对研究对象的尊重、理解和关爱。课程美学探究以对课程探究的热爱、富于想象的思维和鉴赏的态度，为课程研究输入了一股清新的审美气息。

（一）研究是基于对真理的热爱

爱是人类最高尚的情感，"哲学"希腊文的意思是"爱智慧"，意指爱智慧、追求智慧、追求真理，哲学的产生源于人类对于真理澄明的执着追问，哲学是对智慧的向往和追求。追求真理的人也就是追求智慧的人，所以有亚里士多德"吾爱吾师，吾更爱真理"的豪言。对于真理的追求，满足了人类探究未知世界的好奇，同时也是推动人类社会发展的基础动力，没有对真理探寻的热爱，人类社会将遭遇灾难性的停滞。热爱是美学探究最基本的要素，它包括对生活的热爱、对他人的热爱、对自由的热爱等。热爱是一份真挚的情感，热爱使万物有了生的灵气，使人的交流变成一种温暖，使世界充满光明和美好。

课程研究也需要这种爱的情感。首先，课程研究要有对人的热爱，课程研究的目的和对象是人，只有真正热爱学生、尊重学生的人才会关注学生的发展、关注学生学校的生存状态，才会为了学生更好的发展呕心沥血。只有热爱学生，才可能以平等的心态对待学生，善于观察和倾听学生，寻找课程研究最有价值的问题。热爱学生，才会善于与学生交流思想，和学生分享经验和信息。其次，课程研究者要有对知识的热爱。研究者要有对知识的兴趣和热情，丰富的知识是研究者的基本素养，热爱知识是热爱真理的一种表现，"教师对知识的热爱和追求是不断自我重建的过程"[①]，一个知识结构丰富的教师往往能给学生正面的影响。再者，课程研究者要有对学科的热爱。永远无法找到一种放之四海而皆准的"恒久的课程"，只有符合学生心理规律的、适宜学生发展

————————————

① ［美］辛普森：《杜威与教学的艺术》，耿益群译，中国轻工业出版社2009年版，第31页。

的"当下的课程",所以课程总是在变化和发展的,研究者要有一种对课程探究的热爱,有对这门学科发展的使命感,有一种思索和探究的习惯,有一种对真理永不止步的追求,积极投入到课程研究和改革的实践中,以保持学术生命的敏锐与活力。

(二)课程研究需要想象的精神

想象是对记忆中的表象进行改造的过程,是对过去经验进行重新结合的过程。想象是审美活动的重要能力,它以表象为基本材料,基于人的感性认识,通过分析综合作用,经过思维的加工改造,对事物产生新的认识,所以说想象是理性认识的产物。黑格尔说过:真正的创造就是艺术想象的活动,艺术家的想象是一个伟大心灵和伟大胸襟的想象,它用图画般的明确的感性表象去了解和创造观念和形象,显示出人类的最深刻最普遍的旨趣。[①] 艺术作品的产生源于自然物,是自然物经过艺术思维加工的结果,所以艺术作品以感性特征为表现形式,同时也是心灵旨趣的表现。可以说,艺术作品是感性事物心灵化的结果。艺术作品通过想象创造出新的形象,表现思维创新的过程,表达心灵的图像,反映了创作者思维创新的品质,体现了创作者对生活经验重组的能力。

课程研究与艺术创作一样,其过程融合了思维参与和情感参与,如果没有对课程的热爱和责任意识,就没有对课程研究和课程改革的使命感,也没有对课程实践情境的关照;只有深入课程实践场域,才能积累课程实施的感性经验,只有对课程的感性认识才有对课程原理进行的深入的反思、质疑和创新。想象是课程研究不可或缺的能力,课程理论研究者应该具备对课程问题的敏感、机智,思考课程研究的未来发展路向和可能性,课程实践者同样需要充分发挥想象力和主动性,创造性地实施课程方案,任何课程思想要从"文本"走向"实践",必须通过教师的想象和创造。没有教师的想象,课程实施将是沉静的,只有教师充满

---

① [德] 黑格尔:《美学》,朱光潜译,商务印书馆2008年版,第50页。

想象地参与课程，课程才能被唤醒，才能表达出多样的声音，呈现活跃灵动的样式。想象使静默状态的课程走向真实的教育场景，也使教师对教育真实事件的敏锐感知经由经验重组和理性思考转化成教师追求的教育意象。

（三）课程研究是审美体验的过程

首先，审美是一种认识活动，是一种直观的形象感受和充满情感体验的审美认识活动，是鉴赏者通过感性的形式和形象来理解和把握真理，而不是通过抽象的概念和范畴。① 在对艺术作品的审美过程中，欣赏着参与到艺术作品的情感迁移、经验重组和意义创造中，不断地丰富作品、创造作品和完善作品，如果不具备一种敏锐的感知觉和对自身经验的积极组织以及想象力的积极参与，是无法将作品构架在艺术图景中的。审美的过程是精神飞跃和自我价值实现的过程，也是经验提升和认知结构完善的过程。其次，审美是一种创造性的活动。审美活动是人们对艺术形象进行感受、理解和评价的过程，这个过程是一种直接的、不间断的交流和对话，并由此不断产生出新的美感形象和经验。但凡艺术品，只有经过接受主体的审美再创造，才能真正实现他的社会意义和美学价值。如果没有接受主体的阅读和创造，艺术品的艺术就没有生命，只是苍白无力的图纸和文字。英国柯林伍德说过，"我们所倾听的音乐并不是听到的声音，而是由听者的想象力用各种方式加以修补过的那种声音，其他艺术也是如此"②。根据接受美学的观点，作者创作的作品是"第一文本"，经过读者的阅读与艺术鉴赏后，也就是审美再造后，才有了"第二文本"，第二文本是读者运用审美想象参与艺术创作的结果。这种创造和对话，是一种动态演进的过程，这个过程生成的艺术作品具有多重意义，因此，具有开放和流动特征的艺术作品就会产生多个

---

① 于永顺：《艺术审美鉴赏论》，吉林人民出版社 2006 年版，第 3 页。
② ［英］柯林伍德：《艺术原理》，王志元译，中国社会科学出版社 1985 年版，第 147 页。

第二文本。此外，审美是一种价值判断。审美的过程是一个区分、判断的过程，艺术的鉴赏以欣赏者个体经验出发，运用敏锐的艺术感知和艺术判断，通过对艺术作品的理解和分析，感受、体验艺术作品彰显的美。欣赏者为了更好地理解作品，会暂时抛却已有的认知图像，试图以他者的经验进入作品的意境。在这种自由自觉的实践活动中，主体摆脱了自身知识框架的束缚，摆脱了内在价值形式的约束，主体的意识从伦理价值层面走向无功利的审美价值层面，进入真正自由审美的创造境界，这是精神境界提升的体现，也是人类认知活动、伦理活动、审美活动整合的体现。

课程美学的方法论把课程研究看作一个认知过程和思维创造过程，同样也是一个获得审美体验的过程。首先，课程研究需要一种知觉能力。课程是一个精妙、复杂和充满挑战的过程，它需要研究人员通过多种感知来体验、感受、领悟课程中的问题，需要对实践现场的问题进行审视、洞察和欣赏，这是一种课程研究者的素养要求。具有一种对课程关注的敏感感知，才能始终把握课程发展的命脉，才能使课程充满革新的精神和活力。其次，课程研究需要一种批判的精神。课程研究需要一种质疑的思辨精神，在课程理论与课程实践、课程预设与课程实施、理想课程与实际课程之间存在思想的张力。这个张力使课程研究总是存在一种难以调和的矛盾，课程就是在矛盾的调试中变革并得以发展的，且日益趋向于理想的图景。在矛盾调试中，始终保持一种批判反思的态度是明智的，它能提醒研究者保持开放和多元的思维模式对待课程的理论革新和实践变革，不至于在众多的理论流派中迷失，也不会对复杂的实践问题视而不见。再者，课程研究需要一种赏识的态度。人的思维方式是多样的：有些人擅长理性的逻辑思维、有些人长于感性的形象思维；人的表达方式也是多元的：有些人擅长叙事，有些人长于艺术，表达的方式不同，构成了不同的世界。每个个体都有一套适合于自己认识世界的符号系统，课程研究应该提供多元的认知途径，为感知世界和理解世界提供多元的机会。课程应该发现人的差异性，理解并欣赏这种差异，为学习者提供足够的机会，打破传统的思维框架，允许学习者质疑并主动构建知识，鼓励学习者参与对世界的对话和阐释，从而构建一个由自主的看、想象、判断、理解而构成的真实而充满意义的世界。

第二节　课程美学探究的价值论

哲学上的"价值"是揭示外部客观世界对于满足人的需要的意义关系的范畴，是指具有特定属性的客体对于主体需要的意义。① 价值论是哲学意义上的一般价值概念，即从各门具体学科抽象出价值的本质特征而形成人们对价值的普遍认识，或通过研究人类社会生活中的价值现象而形成的理论体系，习惯上称"价值论"。价值论是从主体的需要和客体能否满足及如何满足主体需要的角度，考察和评价各种物质的、精神的本质、现象及人们的行为对个人、阶级、社会的意义，它关注的是客观世界各种事物对于人类的生存与发展的意义的认识。②

价值哲学是马克思主义哲学中一个部分，是讨论人的主观需要的哲学。哲学体系是由本体论、认识论、价值论构成的，而在以往的哲学研究中，过于看重本体论和认识论而忽略了价值论。在工业社会发展的高峰期，高速发展的技术和工具造成了人的异化，带来了人性分裂，导致人与自然关系紧张对抗，引起了哲学家们对人的价值的深沉反思。人的情感、意志、价值、尊严重新回归并成为哲学思辨的焦点。

以往的课程研究侧重于对课程概念、课程知识、课程基本要素的客

---

① 《中西方哲学价值论》，2017 年 6 月 19 日，https://wenku, baidu, com/view/83d9c21252d380eb62946db6, html。

② 《价值论》，2017 年 5 月 31 日，http://baike, baidu, com/link? url＝2yWDmk_Cg6LmkcF0cQ83RKcaMWm0vVlPygtTprgr_ gkOYdZC－32MfKgLsU6OmLDMufL9－Oup0sP2Y_ Crin2Fq7plgMRpuvEgC79rftMQuA47o2Tc_ igjg99OwRTiaRiY2。

观定义，是对课程本质、特点和规律的认识，属于课程本体探寻的认识论范畴。在寻找课程发展规律的时候，却忽略了对课程价值论问题的思考，这就导致了课程研究在目标设计、课程实施、课程评价等方面只考虑了既定的层面，考虑更多的是对学生的培养规格和预期达到的要求和规定，忽略了对学生的需要、情绪、情感、意志的考量，忽略了主体性、多样性、相对性、动态性、不确定性等价值问题的思量。

课程美学的价值论，就是借用美学科学的人文精神关注学校课程的情境，运用审美和鉴赏的精神理解丰富的课程现象和问题，解释课程主体在课程活动中应有的存在意义。课程美学的价值论建立在对科学取向课程批评的基础之上，以充满人文关怀的精神对课程做出新的解释，它有利于丰富课程研究的认知论系统，更有利于弥补"科学取向"研究带来的忽视研究者和研究对象精神世界和个性自由的弊端。

一、唤醒自我的意识

在近代课程研究中，课程被理解为一个"文本"或者"计划"，导致课程研究出现了"见物不见人"的现象，课程仅仅是一个"文本"的讨论和书写，大多数课程研究也仅仅局限于设计一个完整的课程计划，完全忽略了人作为课程主体的重要意义，导致课程停留在"文本课程（理想课程）层面"。在传统的课程思想中，人与课程是二元对立的关系，人作为目的，课程作为形式，形式为目的服务，于是课程成为人成长的手段和材料，这种二元对立的立场，使人与课程对立起来。这种思想，使课程成为人研究的对立面，课程与人截然分离。在课程研究中，依靠科学和科学方法，对研究对象进行观察、测量、统计和结果检验。对于研究者而言，研究者与研究对象也是对立关系，因为对于研究对象的选择多以随机或者分层抽样的方法，研究者与研究对象没有任何关系或者说在研究结束后关系就中断了。研究者关注的不是研究对象的生活世界和教育故事，研究者将重点放在对研究过程科学性的控制上，他们往往关注如何获取数据、控制变量，使研究数据更加准确、客观以及更加接近研究预期。研究结果通常以数据形式表现课程实施的实验效果，对于复杂的课程实施过程没有任何的记录和描述，这个结果的意义对于研究者而言具有一种"结论性成果"的意义，对于研究对象而言则是无意义的，因为研究对象本身没有主动参与研究过程，其在课程实施中应有的地位被数字简单定格，自身真实、复杂、丰富的情感体验和心理感受没有得到相应的重视。

传统以学术性方法解决课程问题的思路，致使课程在追求科学和理性的过程中，忽略了人的精神需求，导致课程忽略了学科内容中的艺术、人文、社会的丰富内涵。以关注生命的视角开展课程研究，就是关注儿童的需要、儿童的自我认同、个体学习的自由和价值实现。如此一来，课程的目的不仅仅是学科知识目的的达成，更包括学生人文素养的培养、学生良好社会道德行为的规范和个性品质的养成。课程结构的构成不再是以往的数理化等学术性科目，更包括音乐、艺术、文学、健康、社会实践活动等人文性科目的有益补充。课程不仅仅简单地追求效率，更加强调个体在参与知识探索过程中，形成自我概念，形成良好的思维品质，强调对生命的关爱，保护个体的认知、情感和精神自由，使课程研究从"文本"走向"人本"。

很多情形说明，"科学取向"课程导致人与课程的关系对立，课程研究将鲜活的课程实施真实、丰富的故事在学校情景中无情地剥离出来，代之以干瘪的价值空壳来反映课程实施过程主体的心灵世界，这就如同将"新鲜李子变成李子干"。课程美学呼吁通过课程加强对自我的理解，由个体对课程的主动建构使个体走向自我意识觉醒和生活世界的重建。课程不能通过外加的压力加以实施，而人与课程是一个整体，人在课程中成长，课程在人的建构中不断丰富，抽象的课程概念由于有了人的参与，而变得真实、丰富和充满生机。人与课程是相互依存的关系，脱离了人，课程就不存在，脱离了课程，人的发展就没有保证。重新认识到课程与人的关系，才能重新定位课程研究的意义与价值，重新确立研究主体和研究对象，才能在研究方法和模式上开展探索，这样才能促使课程文化变革的核心由"工具理性"走向"人文立场"。

派纳将课程比喻为导游和游客的关系，将课程看作欣赏风景的旅程，学生在旅程中的认知、情感、内心经验的积累构成了课程本身。学生以看山看水的心情，悠然自得，主动探索，积极将已有的个体经验与新的经验在与外界环境相互作用中进行整合和改造，以此来发现新知，充实意义。学生成为意义的负载者，内心总是向往着下一个充满希望和惊奇的风景，课程成了对意义和价值创造的历程。课程看作一次发现之旅，是师生发现真实世界的机会，也是师生发现自我的途径，这是一种课程意识的提升，正如格林在《课程与意识》中提到：用学生的想象力来打破超越日常生活中被认为是真理性的至上，以寻求其真正的意义。①

二、体验生命的成长

体验是生命存在的象征，体验的课程应该关注学生的经验。杜威的经验概念特指"一个经验"，即完整的经验整体。"不完整的经验不具有累积性，不给人以深刻印象，时过境迁，我们可能很快就会将它忘记了"②，"人有完成一个经验的兴趣"③，"经验本身具有令人满意的情感性质，因为它拥有内在的、通过有规则和有组织的运动而实现的完整性和完满性"④。因此，杜威认为经验具有审美性，而人们往往有一种将新旧经验进行联系的兴趣，这种联系的过程就是美感的体验过程。"经验"不仅是美的核心，同时也是课程的核心。课程的出发点是经验，所

① M. Greene, Curriculum and Consciousness, *Teachers College Record*, 1971（3）, pp. 66 – 71.
② ［美］杜威：《艺术即经验》，高建平译，商务印书馆2007年版，第13页。
③ ［美］杜威：《艺术即经验》，高建平译，商务印书馆2007年版，第4页。
④ ［美］杜威：《艺术即经验》，高建平译，商务印书馆2007年版，第41页。

有一切人类的教育活动都源于人的经验，学术性的学科和学校的课程都是从直接经验中衍生而来的；课程的目的也是经验，课程就是要帮助人接受经验、改造经验和统整经验。具有美感的课程应该是那种真正尊重学生的经验，善待每一个学生具有差异的个性和经历，能为每一位学生的成长提供适合于他自身发展机会的课程，并且让学生在课程学习过程中感受美和体验美，从而体验到生命的意义与价值。

对于教师而言，体验也有着独特的意味。在教师的生活中，教育经验是非常重要的经验，教师对课程的建构是教师生命存在的体现。课程对于教师来说是一个完整的生命经验，从开始到结束，从过去到未来，课程呈现了一个连续性和互动的美感经验。在课程中，教师参与课程建设、改造和实施，与学生、教材之间产生关联，开展对话，不断融入自身的感知、理解、解释、判断，在这个经验的经历中，教师的整体经验系统参与其中，构起一个完整、立体、延续的经验体系，这个经验体系是教师教育智慧产生的源泉。教师的美感经验体系使教师能全面体会教育美丽、丰富和多彩的生活形态，形成教师开放和包容的心态，能客观面对学生的多样性发展需求，能使教师重新认识自身，产生对于历史、生命、自我的全新理解，能自觉帮助学生建构丰富的学习经验。

课程研究的意义不仅仅是为了探讨课程的内在发展规律，也不仅仅是检验课程实施的效果，课程研究紧紧围绕人的整体发展。强调体验体现了课程关注人的独特性、人的意义、人的情感体验和人的生存价值的内涵，课程的价值在于成人之美，课程就是为了丰富人的生活经历、精神世界，以实现人的个性和自由发展，丰富人的美感体验。当教师的体验和学生的体验相互交织的时候，才能打破传统的授—受的教学模式，教学变成了师生生命建构的过程，教师才能通过对话、分享，唤醒学生对世界的感知。

三、关注意义生成的向度

课程美学探究关注课程的价值问题，它充分尊重课程现象及现象背后丰富的内涵，力图使事实研究与价值研究结合起来，在研究中，"将体验、想象、创造、审美、价值、自我实现"① 等术语运用其中，在探寻课程事实规律的同时，更加强调课程研究对于人发展的价值与意义。比如在"人与知识"的关系上，课程美学探究的立场坚持人不是知识的接受体，知识并非先于人而存在的，而是与人同在，知识于人而言是一种价值的存在。任何知识都由主体的经历构建而来，人在对知识探索的过程中，精神世界发生改变，人的经历得以丰富，自我价值得以实现，知识在探索和应用过程中得以活化和生长，知识与人构成了意义共同体。在这个意义共同体中，人面对的是一个生动的意义世界，科学事实和规律不是凌驾于人之上的，人对于真理的掌握来自于自身对于真理的理解。在个性化的理解过程中，人交流的意愿得以实现、人加强了与他人的对话、人的情感得以尊重，人的价值观得到启示和提升。课程的意义世界是一个充满人文关怀的世界，人成为意义的构建主体，人在探究意义价值的同时认识自我、发展自我、丰富自我。

课程应该以追求生命的美感为目的，生命美的最高标准是精神自由。富有美感的人生首先应该具有自由的精神，自由作为生命体文化生活的基础和内涵，是人的终极追求。美学取向的课程是引导人走向自由的阶梯，它通过具有美感的课程，向教育对象传递知识，解放人的思想，引导人不断跨越现状去追求新的自由，如课程学者格林所言"课程应提供机会，帮助人们在今天这个日益开放的世界里获取意义"②。自由是意义的核心，只有心灵自由的时候才能更好地体会到生命的意义。教师和学生作为课程的主体，其关系是自由和平等的，应该共同将个人的经验和情感投入到课程设计、课程实施、课程评价等过程。作为自由

①　黄清：《质的课程研究：原理、方法与应用》，广州高等教育出版社 2006 年版，第 71 页。

②　M. Green, The Artistic - Aesthetic and Curriculum, *Curriculum Inquiry*, 1977(6), pp. 283 - 284.

主体的教师应该树立自己的教育信条，善于独立思考，为学生的发展提供广阔的空间，让学生能自由地呼吸，自主地选择，勇敢地尝试、探索和超越，从而体验探索过程中的快乐和困惑，积累超越自我和他人的信心和勇气，感受生命过程的美学光芒。课程不仅是给学生传授知识、技能和谋生的手段，更应该让学生懂得如何生活得更好，课程的价值在于帮助学生理解生活的意义，将人的生命价值作为课程的价值追求。

课程美学是以人的价值特性为立场，借助美学对人生存意义和生命价值的关怀的理论构想，以学校课程中生命生存的质量为核心，探寻课程对于生命发展的意义与价值的转向。课程美学探究是非功利的，不以课程目标的达成为判断的唯一标准，强调课程的过程性和意义生成。关注处于真实情境中的课程，不仅关注课程稳定的基本特性，发挥课程的计划性作用，同时也更加关注课程的相对性、动态生成性和不确定性。为教师积极参与课程设计开拓路径，强调教师对课程的审美感知，鼓励教师以想象力创造性地参与课程，帮助教师教育智慧的发挥和生成，使教师在课程中的生命意义得以体现。课程研究尊重学生的经验，通过课程丰富学生的情感，完善学生的意志品质，丰富学生的审美旨趣。人生活在一个充满意义的世界中，对课程意义的探索是主体生存的状态，是主体生命价值提升的途径。

课程美学探究关注课程领域中的生命意义，将课程贯穿于生命的过程中，教师与学生构建课程的过程同时也是生命成长和意义生成的过程。课程从关注内容编制、关注知识的传递、关注目标制订、关注结果、关注效率转向关注个体、关注实践、关注现象、关注课程与人的关系。

四、追寻诗意想象的空间

"诗无疑不是科学，但它是科学的准备；诗也肯定是科学：一种理论的真理总有他的优美之处。"①

　　课程美学无疑对我们所熟知的课程提出了一种思维的挑战。过去的课程都是可控的、可预知的、确定的。而美学视角下的课程是一种"游移"、是不确定的、无序的。也就是说，课程是无所不在的，生活各处美不胜收，生活中都是美学，美是生活的组成，也是生活的追求。课程也是如此，生活为课程提供无限的素材，课程对于生活素材的选炼，是为创造美好生活提供契机和路径。美，是艺术具体化的过程，它来源于生活而高于生活，来源于人的经验又创造新的体验；而课程也是如此，课程内容的选择来自于生活，课程是为了丰富人的生活经验，同时又为人创造美好的新生活提供能量。课程与美是紧密相通的，课程中蕴含着丰富的美，有待于教师去发现和挖掘；美又是课程的追求，真善美的统一是人生的追求，也是课程的愿景。课程就是一项生命的运动，是在生活中前行、在生命中领悟、在生成中发展的事业。从美的世界中探究课程，用美作为理解课程问题的常规工具，可以用启发代替技术修正，并发现课程多元化的意味和旨趣。

　　课程美学强调课程的不可预测性，课程不是一个预设的文本，不是完全可以被预期的，具有诸多的随机性、变化性、不可预判性。这是一种开放系统的课程理论，与现在主流的封闭系统的课程论述迥然不同。封闭系统强调课程是由目标、内容、过程、产品等独立的元素组成的，它们形成线性的、因果的关系，课程系统要将各种不同的输入转变为稳定的输出，以维持系统的平衡（homeostasis），也就是使组织体在安定的状态中有维生的能力。

　　课程的存在是一种意象的存在。课程是一个开放的概念，课程如同艺术创作活动，是一个明确的意向，但是不能局限于一个固定的目标。课程不是确定性的，具有很多的偶发性和衍生性，为了完成预设的教育

―――――――――
① ［法］杜夫海纳：《美学与哲学》，孙菲译，中国社会科学出版社 1985 年版，第 5 页。

目标而一味按照预定的跑道进行教学的教师越来越难以适应这个时代学生对探索新知识的要求。课程应该以开放的姿态积极面向学生、面对课堂教学中的偶发事件，以敏锐的知觉观察学生在课堂中的表现和情绪，欢迎学生质疑，鼓励学生自由地探索和认知，允许学生以多种方式进行探索和尝试，包容学生在探索过程中的错误和失败，使学生在活动过程中感知世界、生发意义、大胆创新。诗意的课程来自于一种交流，交流是心态开放的体现，课堂的生命力就出现在"我交流我存在"的意境中，交流可以使教师了解更多的信息，拓展视野，也使教师得以从他人的经验中反观自己，以挑战既有的认识和价值，重新理解教育的意义和哲学信仰，以促进教师的觉醒和自我发展。

课程的诗意依赖教师的诗性智慧。诗性智慧是人类本来就具有的想象力、创造力、记忆力、洞察力和好奇心等特质，先民在充满着不确定、不可预测、多元、多变和复杂的混沌社会中，利用这些特质创造出有活力、有创意、统整的生活。[1]

课程的诗意体现在对课程的重新认识上。以美的视角审视课程，课程就不能局限于一本书、一门学科，而是要扩宽课程的疆域，把课程置于社会生活的空间中，构建一个宽广的课程概念，学校生活中的一切文化、人际交往、环境等与教育有关的因素都可以理解为课程，所以学校建筑、周围环境、校园文化、人际关系等都应该向着课程而存在。

把课程看作一种诗意的存在，就必须认真的思考"如何将科技的求知，对确定性和理性的追求，和感觉者的主体结合起来，也就是要将科学的严谨性，故事的想象力，灵性的活力和创意等结合起来，以开创教育和课程的新面貌"[2]。课程美学，以美为课程的衡量准则，把学校课程看成一种审美活动，使课程体现审美和立美的统一，使课程的目标、课程的内容、活动形式、课程评价、课程主体等等都体现美的形式和审

① 欧用生：《诗性智慧及其对课程研究的启示》，《课程与教学季刊》2007 年第 3 期。
② 欧用生：《诗性智慧及其对课程研究的启示》，《课程与教学季刊》2007 年第 3 期。

美价值。

五、扎根实践而面向远方

实践对于现代美学研究来说，具有积极的意义。车尔尼雪夫斯基以"美是生活"开启了实践美学研究新篇，他坦言，美是生活；任何事物，凡是我们在那里面看得见依照我们的理解应当如此的生活，那就是美的；任何东西，凡是显示出生活或使我们想起生活的，那就是美的。① 车氏将美的判断和认识落实到生活中，也就是将美的研究扎根于人的生活实践。马克思也是从实践的角度审视美的重要人物之一，他指出"劳动生产了美"，肯定了劳动是美的根源之一，美是劳动生产的结果。"动物只是按照它所属的那个种的尺度和需要来建造，而人却懂得按照任何一个种的尺度来进行生产，并且懂得处处都把内在的尺度运用于对象；因此，人也按照美的规律来构造"②，他把文艺创作看作一种生产劳动，在劳动中，人类不断的按照人的需要改变自然，从而发展了自己的各种感官，同时发展和形成了审美意识。

李泽厚从实践认识论、实践本体论（人类学历史本体论）、实践生存论的视角建构独具一格的实践美学研究视角。他所关注的对象，从美感及美感与美的关系，转换到人类整体生存的基础即人类生存所必需的物质生产活动，最后走向探讨人的生存方式、生存境界和生存意义。③ 他从实践审思美学，从实践的理性和社会性双重特性研究对美的本体价值进行剖析，回归到人、人的生存以及世界的大视野中建构新的美学思潮，体现了对美的活动价值和审美主体的关注。朱光潜在对马克思世界美学观研究的基础上，提出了精神实践论美学的观点，指出"劳动生产

---

① 朱光潜：《西方美学史》，人民文学出版社 2007 年版，第 563 页。
② 马克思：《1844 年经济学哲学手稿》，人民出版社 2000 年版，第 58 页。
③ 朱志荣：《论实践美学发展的必然性》，《湖北大学学报》2008 年第 3 期。

是人对世界的实践精神的掌握，同时也就是人对世界的艺术的掌握"①。不仅支持了美是客观性与主观性、自然性与社会性的统一，同时又强调主体的精神实践在美感经验形成过程中的中心地位，提出了精神实践论美学，开启了我国精神实践论美学研究的新篇。在以往的审美研究中，审美活动被看成一种建立在主客二分基础上的主体征服客体的认识活动，美成了一种抽象的、概念性的研究对象。关注实践使对美的研究从静态分析转向了动态探索，使美的研究从客观概念走向了主体实践，实践成为认识美的科学依据，这不仅拓宽了美学研究的视角，也从根本上改变了探讨美的思维方式。

　　在课程研究领域，理论与实践的矛盾也是激烈的。第一，理论和实践相脱节。理论是指该领域最高深和正确的知识，理论能够帮助本领域的人分享和综合资料，形成概念和原则，提出新的想法和参考意见，甚至还能预测未来。② 在课程研究中不乏许多好的课程理论，然而，课程实践中的问题依然层出不穷，课程理论难以解决课程实践中存在的问题，这更说明了课程实践的一个更加复杂的系统，牵涉了更加繁杂的问题，或者比建构一个新的课程理论更加不易。课程实践是丰富的，同时又是复杂的，设想通过设计一条严格规范的、简明的计划来指导实践的想法是幼稚的，任何完美的理论都无法把实践中的问题都考虑到，因此，课程研究不能只停留在理论探讨层面，必须转向实践、立足实践。诚然，课程理论与课程实践中需要一种转化，理想的课程理论要想真正对课程设计、课程实施、课程评价等课程实践产生效果，必须寻找一个理论与实践结合的恰当中介，加强课程督学和课程实践者、课程专家与教师的对话与合作无疑是有意义的。第二，忽视课程实践研究。长期以来，一种不良的观念根深蒂固影响着学术界，认为理论才是研究的范

① 朱光潜：《朱光潜全集（第十卷）》，安徽教育出版社1989年版，第195页。
② ［美］艾伦·奥恩斯坦：《课程：基础、原理和问题》，柯森译，江苏教育出版社2002年版，第23页。

畴，实践不属于研究。在课程研究领域，理论研究者的声音占据了课程领域的大半江山，学者们更加热衷于课程新观念、课程新理论的探讨，能真正面向实践问题、扎根实践的研究为数不多。黑格尔对于实践在认识论中的地位是很明确的，认为实践不是高于认识的，而是理论认识通往真理的一个环节，也就是说，实践是理论的一个部分，它能丰富理论，使理论对世界的认识更加完整。实践是理论的沃土，可以使我们能更理性自觉地发现、品味、欣赏和发展平面维度的人文价值，使自我价值丰富起来，使自己的精神生命丰满起来。真实的学校教育事件和课堂情境，是理论运用的场所，课程研究，只有从书本研究走向实践场域，由抽象定律走向具体情境，由复杂概念装化为通俗的用语，这样的课程研究才具有价值。

　　课程的美体现在丰富的教育现场中。胡塞尔以"意向性理论"作为现象学美学的理论基石，以"现象还原"方法，对事物本质属性进行认识。胡塞尔认为：一切实在都是通过"意义给予"而存在的，[①] 为了真正客观地认识世界，掌握科学规律，胡塞尔提出了"回到事物本身"的哲学畅想，并明确指出"对认识论基本问题的解决必须靠认识论的还原来做保障"[②]。复杂的科学理论把课程视为一个混沌体的隐喻，课程是复杂而且变幻不定的，如多元的课程理论体系、复杂的课程组织环节、无法控制的课程实施过程、对课程实施效果和学生成长做出客观公正的评价等。面对这样纷繁复杂的场景和现象，我们需要一种"本质还原"的精神，通过"还原"，回归到事物的本身，进入真实的课程世界，了解课程的本真面貌。课程的实践现场是活跃的，也是复杂的，因此只有进入现场，才能还原事件的本质样态。课程课程强调个体在课程过程中的体验和建构，如果不进入现场，一切都是镜花水月。进入现

---

① ［德］胡塞尔：《纯粹现象学通论》，李幼蒸译，商务印书馆1996年版，第148页。
② 张云鹏、胡艺珊：《现象学方法与美学——从胡塞尔到杜夫海纳》，浙江大学出版社2007年版，第67页。

场，加强课程专家和教师的对话，加强教师与学生的对话，改变传统课程在研究的主体和对象的二元对立关系，使主客体成为意义的共同体，以交互主体的关系共同成为课程意义的创生者和体验者。

美学是认识论、存在论，美学作为一种哲学的科学和智慧的科学，是人类文明进步的终极目标，也是一种价值判断的标准。美学不仅仅是一种鉴赏，事实上美学也是一种认识世界的方式。在美学的教育中，让学生自己感受到主体性，透过美的过程达到自我实现，这就是对人存在的一种提升。所以，利用美学来研究课程，不仅是可能的也是可行的，这种跨学科的研究对于课程而言意义深远。课程研究的现代性危机，要求课程必须走出自身学科桎梏的藩篱，整合其他学科的研究成果，从中寻找解决课程研究困境的出路，为生成新的课程意义寻找路径。

第四章

课程美学的理论基础

美学作为一门精神科学，其思想核心是关注人的精神价值和心灵世界，现代社会科学高速发展导致工具理性思维在人们意识中蔓延，美学担当了对这种"现代"反思和批判的角色。从某种意义上说，美学不但是一门学科、一种知识，也是一种关于社会、文化、历史和人生的哲学思考，是一种生存的智慧。① 在纷繁的美学流派中，经验美学理论、生命美学理论、现象学美学理论作为课程美学探究的理论基础最为合适。因为经验美学和生命美学都是以人为中心，坚持弘扬人性自由为研究立场，它们与课程研究的结合是最为直接和紧密的；而现象学美学则为课程研究提供了方法论上的支撑。

第一节　经验主义美学理论

经验主义美学也称为英国经验主义美学，17—18 世纪诞生于英国，以培根、霍布斯、洛克、休谟、博克等为代表。经验主义美学强调感性经验的重要性，把感性经验事实作为研究美学问题的出发点，把感性经验作为知识的基础，把美学由玄学思辨转向实践经验领域。② 经验主义美学第一次把人和人的审美意识作为美的主体看待，强调了人的主观生理、心理活动特征与结构可以作为研究美的重要对象，把想象、情感和美感看作重要的审美活动过程和结果，进一步强调感觉器官是客观事物的现象和外部联系的重要通道。经验主义美学开启了美学研究的新时

① 周宪：《美学是什么》，北京大学出版社 2002 年版，第 21 页。
② 冯契等：《哲学大辞典》，上海辞书出版社 2007 年版，第 700 页。

代，促使美学从"形而上学"的道路上另辟蹊径开辟了多条通往"罗马"的道路，美学由纯粹而抽象的理性思辨转向了关注感性和心性的个体体验。

一、经验美学的思想渊源

经验主义美学的诞生和发展与经验主义哲学直接相关。在远古时候，由于当时生产力低下的原因，人们缺乏自我保护的工具和力量，生活生产长期依赖自然的恩赐，于是对自然产生了敬畏与神化，认为周围的环境中隐藏一种超自然的力量，这种力量能主宰生命，拥有对日月星辰和四季更迭运行秩序的安排，于是人类借助一些巫术、祭祀等宗教活动通过与神"交流"和祭拜，获得神的庇护，祛除病痛，获得丰收，得到温饱。在那个时期，神学占据了人们的精神世界，成为人的精神主宰，同时也控制了人们的哲学思维，神的意志高于一切。然而，随着生产和生活活动范围的扩大，人们的见识愈发丰富，依赖祈祷并不能改变生活现状也不能规避风险，饥饿、寒冷、危险依旧困扰人们。在自然威胁面前，人们通过行动来改变世界，通过回应而获得安全。在长期与自然的斗争中，人们学会了观察自然、了解自然规律、学会制造工具、狩猎和农耕技术，逐渐积累了对自然的经验，同时也产生了对神学的质疑。

伴随人类对抗自然的力量的增强，人们的一些常识性的经验积累起来了，逐渐学会观察和解释自然的现象，并逐渐形成了对于日常知识的概念。人类前赴后继对环境的探索和回应，形成了对自然固有的认识，催生了实践的艺术和技术，从而构筑了人类关于对世界的认识的知识体系，最后促进了科学文明的诞生。到了17、18世纪，自然科学取代宗教成了思想生活的中心，哥白尼、开普勒、伽利略和牛顿开启了科学革命的大幕，他们在天文学和物理学上的新学说和成果，颠覆了人类长期以来对于地心说、银河系的认识，纠正了人类对自身在宇宙间地位的固有观念。牛顿三大定律思想引发人们对万物运动规律的思考，即事物如果不被外界力量阻碍，会永远运动下去，永不停止，任何事物都能产生力，力的作用是相互的，这就是物质的基本特性，而不是受神的支配。科学成果带来的影响就是改变了人们长期以来封闭、懦弱的个性，带来了一种全新的科学认知，人们敢于以一个颠覆性的视野重新审视这个世界，科学文明的进步开启了近代哲学变革的开端。

当科学的机械论笼罩了人类的认知世界，便出现了以人的认知主体与认知对象之间的二元对立关系。一种科学至上、知识至上的论调充斥着研究的话语体系。在科学探寻普遍的、绝对的和客观真理的进路上，一种通过理性、教条、神话、传统禁锢人的思维，剥离了人的自然权利，致使人的欲望无限膨胀以至于完全忽略了人对生命本体意义的追寻。此时，西方美学深受康德的二元论、形式主义和黑格尔的唯心主义思想的影响，对学术分科和将艺术孤立地加以分析。杜威将"经验"作为哲学认识论和美学思想的核心，在一个追求效率的科技时代中呼唤对人的经验的重视，是哲学发展史上一座重要的里程碑。

伴随着英国资产阶级革命，革命派与传统皇权的斗争中，"天赋人权"的价值观日渐高涨，人的精神力量在社会变革中的作用逐渐凸显。这种革命蔓延至社会、文化、政治等领域，随着自然科学的进步，一场反对经验哲学的思想斗争展开了，并逐渐形成了一股对抗传统理性主义的经验主义，两种主义在科学认识方法和研究方法上分歧明显。在研究立场上，一种强调理性认识的可靠性和严谨性，另一种强调感性认识的重要性和实在性；在研究方法上，一种强调理性演绎、逻辑推理，另一种强调观察、实验和经验归纳。经历了一个世纪（17—18世纪）的发展，经验主义美学逐渐走向成熟，形成了许多重要的流派和思想。经验主义美学的代表人物包括培根、霍布斯、洛克、艾迪生、舍夫茨别利、哈奇生、巴克莱、霍姆、荷加斯、休谟、雷诺兹、博克。但是很多的经验主义学者由于对经验的来源和产生有诸多不同的立场，也形成了唯物主义经验论、唯心主义经验论，有的是可知论者，有的是不可知论者，有的保持较纯粹的经验主义形态，有点混杂有较多的理性主义成分。①

在这里，需要特别指出的是美学哲学家杜威，他是哲学家、美学家、教育家，一生著述丰富，涉猎领域广泛，涵括了哲学、教育学、心理学、逻辑学等领域，罗蒂（R. Rorty）曾将杜威、维特根斯坦（L. Wittgenstein）和海德格尔列为"20世纪最重要的哲学家"。② 杜威的哲学思想深受皮尔士（C. Sanders Peirce）和詹姆斯（W. James）实用主义思想的影响，并在此基础上构建了一个完整的实用主义理论大厦。杜威以"经验"为核心阐述其哲学立场，他试图通过教育达到改造社会、改造人、使世界成为一个美的世界的目的。出于这个动机，他在晚年的时候，潜心研究美学，并于1934年出版《艺术即经验》一书，该书也被认为是20世纪最重要的美学著作之一。杜威以"经验"为核心，构建其美学思想，完成了他改造哲学、改造教育、改造社会和改造人的哲学理路，美学使杜威哲学思想得以成为一个完整的整体。虽然各种关于"哲学史""美学史"专著的流派归类，并没有把杜威划分为经验主义流派的，而是一般把他归为实用主义哲学家，但是杜威对于经验的论述是极为全面而独到的，并且坚持将"经验"作为他哲学的研究基础和核心，所以在此把杜威归为经验主义美学家的行列。另外由于杜威的研究很多涉及教育学，对教育学的影响非常深刻，为本书的研究提供了丰富的理论基础，因研究的需要，也将他的思想划分到经验主义流派，作为本书研究的理论基础。

二、经验主义美学的思想内涵

（一）经验是人类认识世界的基础

传统哲学认为，真理是客观存在的，是永恒的，并先于人的认识而

① 彭立勋等：《西方美学史》，中国社会科学出版社2005年版，第262页。
② ［美］罗蒂：《哲学与自然之境》，李幼蒸译，三联书店1987年版，第3页。

存在，人类的认知是理性思辨的结果，而经验带有欺骗性和模糊性，是一种零碎的感受，通过经验无法获得稳定而正确的知识，只能获得一些粗陋而片面的知识。经验主义者对这一论断提出了反驳，指出"理性是一种与物质世界毫无关系的抽象能力，只能提供最琐碎的知识"①，同时提出了经验是知识的源泉的观点，人是凭借经验使思维和世界建立联系。

洛克认为"我们的一切知识都是建立在经验上面的，知识归根到底都是导源于经验的"②。洛克对经验主义的认识论做了系统而深入的研究，并以"经验"为核心论证了人类认识发生的过程是基于经验开始的。洛克把知识分为三个等级：直觉、辩证、感觉。直觉知识是最为确定的知识，辩证知识既有确定性也有必然性，而感觉知识则不具有确定性，是最不可靠和最不确定的知识。概而论之，洛克认为人的认识能力和认识范围是有限的，这样的观点使一些美学研究者给他扣上了唯心主义经验论的帽子。其实现在看来，如果我们从更加开放和具有前瞻性的研究视角看，人类对于世界的认识是发展的，随着环境和时代的改变，经验也会发生变化，经验也会对周围环境产生适应性的改变，从而使人类的认识发生改变。

杜威在接受黑格尔哲学思想和达尔文自然思想的同时，建立了一个完整的以"经验"为核心的一元论哲学分析体系，不过他的经验与英国的经验主义不尽相同。杜威的经验是对传统哲学思维方式的一种挑战，颠覆了亚里士多德以来以二元论认识世界的传统。长期以来，哲学被看成是建立在日常生活事件之上的一种冷静、谨慎、独立的思考，是高于日常世界的科学实践活动，是对超验不变的终极真理的追求，因此，哲学真理的存在不受时间与空间的限制。然而，杜威坚决反对这种孤立对待事物的看法，他珍视人与周围环境的联系，将哲学视为一种回

①　［美］罗伯特：《杜威》，彭国华译，中华书局2002年版，第38页。
②　［英］洛克：《人类理解论》（上册），关文运译，商务印书馆1983年版，第1页。

应，是一种对生命本体在环境中或者环境交互中相互调适的回应。他认为"正是稳定性与不确定性所构成的无法分离的混合体这一困境导致了哲学的产生，它反映在所有循环再现的问题和事件中"①。杜威呼吁哲学必须恢复它的社会使命，应该关注世界，恰当分析文化与科学的关系，这是对传统哲学立场的一次挑战，是对传统哲学的一种精神改造，成为社会批判的推动社会革新的一种方式。杜威建立了一种一元认知的哲学思维方式，是一次针对传统哲学二元认知思维方式的变革。

杜威指出"经验乃是被理智地用来作为揭露自然的真实面目的手段"②。他认为，是经验将人与自然联系起来，正是人对自然经验的不断积累，使人指向对不可知的自然的探索。他批评传统哲学偏向于统一、永恒、普遍而轻视多数、变易、特殊的因素，"用以某些功能相似而反复方式为特征的'质的事情'（qualitative events）去代替'固有的实质'这个古老的概念"③。而真实的自然是由许多事情构成而不是由许多实质构成，具有连续性的变化，是一种历史过程，这个过程呈现着不稳定和动荡的因素，而结果也不可确定和变化无常。人们对于自然的认识始于探究，而探究中人的意识、观念、印象是无法回避的。他指出"经验乃是达到自然、揭露自然秘密的一种而且是唯一的一种方法"④，也就是说，经验是一切科学探究的出发点，理论也是来源于经验材料的，他还将理论比喻成一个悬空的藤蔓，而两端却紧紧依附在被观察到的材料上。杜威以"经验"为基础，强调行动的作用，反对理智主义，协调科学与价值的关系，以达到改造哲学的目的。他坚持通过人的思维和实践的真实过程来建构一套协调的哲学术语和标准命题。在他看来，

---

① Dewey, *Experience and Nature*, New York: Dover Publishing Publications, Inc, 1958, P. 46.
② ［美］杜威：《经验与自然》，傅统先译，中国人民大学出版社 2012 年版，序 2。
③ ［美］杜威：《经验与自然》，傅统先译，中国人民大学出版社 2012 年版，序 3。
④ ［美］杜威：《经验与自然》，傅统先译，中国人民大学出版社 2012 年版，序 2。

哲学的产生不是来自孤独冷静的思考，而是一种生命对环境的回应，杜威的哲学信仰引领了传统哲学研究方法论的转向，同时为后现代思潮的启幕做了积极的准备。

根据杜威的理解，"经验可以理解为自然世界和文化意义的大量共存"[①]。人通过生产生活活动，认识和理解了世界，并且赋予了世界文化的意义和价值。人的经验中，往往渗透了人的情感、价值观念，承载着意义，是人对世界最原初的感受，是人与环境互动过程的印记，这种对事物具有整体体认的感受是认识事物的基础。杜威以"经验"为哲学基础，对传统哲学的二元思想提出了挑战，认为"经验是有机体与周围环境的相互作用的结果、符号和回报"[②]。经验不仅仅是生物作用于环境的结果，同时也是生物适应环境的结果，也就是说，经验既非纯粹主观，也非纯粹客观，是伴随生物与周遭环境相遇而产生的。无论是人或者一般动物，都拥有积累经验的本能，所不同的是，动物没有保存过去经验的能力，而人不但学会积累经验，更重要的是人能改造经验。人，通过改造经验认识进而改造这个世界。在杜威那里，经验是其哲学思想的起点，也是其归宿。经验是第一性的，是人思考世界的基础，在这个基础上，才衍生出人类关于"自我"和"对象"的认知。也就是说，经验是人的一切认识的唯一来源，人们在同客观事物直接接触的过程中，通过眼、耳、鼻、舌、手等感觉器官获得的感觉经验，是客观事物的现象和人的观感发生联系的结果。理性是感觉经验抽象、概括的结果，离开了感觉经验，理性就是空中楼阁，对实践毫无意义。

毋庸置疑，经验主义美学重在强调并突出经验是认知的出发点和归宿，并以经验为认知基础，修正了传统哲学二元对立的思维方式，把主观与客观、身体与心灵、思维与物质、理性与感性、实体与现象联系起

---

① ［美］托马斯：《杜威的艺术、经验、自然理论》，谷红岩译，北京大学出版社2010年版，第312页。

② ［美］杜威：《艺术即经验》，高建平译，商务印书馆2007年版，第22页。

来，成为一个整体。杜威认为：凡是有经验的地方，就有生物。凡是有生命的地方，就与环境保持双重的联系，经验不仅仅是认知的基础，同时也把人与自然联系为一个整体。① "经验既是关于自然的，也是发生在自然之内的。被经验到的并不是经验而是自然——岩石、树木、动物、疾病、健康、温度、电力等等。在一定方式之下相互作用的许多事物就是经验，它们就是被经验的东西。当它们以另一些方式和另一种自然对象——人的机体——相联系时。"② 经验把人、自然、社会联系起来，人成为生活世界的核心，成为一个整体的、活的生物，具有情感、价值、态度的感受性和倾向性。

舍夫茨别利提出"内在感官"这个概念，所谓内在感官，就是指人天生就有的审辨善恶和美丑的能力，它既指审辨善恶的道德感，也指审辨美丑的审美感，这两者根本上是相通的、一致的。③ 他认为，对善恶美丑的价值判断，不是依靠普通的五官，而是依靠这个"内在感官"。其实他说的这个"内在感官"，是一种价值判断的能力，是深层次的思维能力。哈奇生继承了这个"内在感官"说，指出了人有两种感官：一种是接受简单的观念，比如对自己身体厉害关系的外在感官，有听、看、闻、触、味等；另一种是接受复杂的感官、感知事物的美丑善恶，这种是内在感官。"内在感官"所得到的快感并不起于对有关对象的原则、原因或效用的知识，而是立刻就在我们心中唤起美的观念。④ 其实是一种高级的知觉能力，带有分析成分的对事物的审美判断，通过这个感官，人不仅可以认识和感知世界，还具有分析和判断美好丑陋的能力。

---

① ［美］涂纪亮：《杜威文选》，社会科学文献出版社 2006 年版，第 65 页。
② ［美］杜威：《经验与自然》，傅统先译，中国人民大学出版社 2012 年版，第 3 页。
③ 彭立勋等：《西方美学史》，中国社会科学出版社 2005 年版，第 323 页。
④ 哈奇生：《论美和德行两种观念的根源》，载《西方美学家论美和美感》，商务印书馆 1980 年版，第 99 页。

（二）经验是存在的艺术

艺术与审美是杜威哲学的重要部分，艺术是杜威解决"固执的二元论"的缩影，艺术是"自然界的最高峰"，艺术是"人类历史上最伟大的智力成就"。杜威说过，无论什么哲学，要检验该哲学主义对于经验的理解，最重要的就是看它的美学。① 杜威还认为美感经验和道德经验也和理性经验一样，真正揭示真实事物的特性，所以说诗和科学一样可以具有一种形而上学的意义。② 因此，美学研究在杜威的哲学体系中的地位非常显著。

杜威从人与环境相互关系来探讨审美的根源，提出艺术的源泉就存在于人的经验之中，强调艺术、审美与经验的连续性即不可分割性，的确具有新意。艺术品与人的生活和经验是密不可分的，任何一件艺术品，只有成为人的经验的时候，才具有审美的意义。比如远古时候人们在战争、祭祀、集会等等活动遗存下来的纹身、羽毛、帐篷、锅碗瓢盆、毛皮挂件等等，在当时只是应对生活的必需品，如今我们看到它们的时候，都是在博物馆的陈列柜里，成为了具有审美价值的物品。这些物品作为当时人们生活的反映，记录了人们日常生活的经验，凝聚了当时人们杰出的智慧和才能，是人类历史进程的生动体现。它们通过色彩、造型、功能体现出了人类精神层面的勇敢、优雅、尊贵，向后人传递出了愉悦、胜利、满足的情绪，这些物品不仅愉悦了欣赏者的情绪，也记录了创造者内心的感受，正是这种生活情感和思想的完美结合，使生活经验充满了艺术气质。故言之，艺术与人的日常经验息息相关，经验不仅仅是艺术的源泉，更是艺术创作的基础。

但是在以往的认识中，艺术与人的生活隔离开了，将审美与人类的经验分离开来，形成了二元对立的关系，艺术品往往被看作存在于人的

---

① ［美］托马斯：《杜威的艺术、经验、自然理论》，谷红岩译，北京大学出版社2010年版，第2页。

② ［美］杜威：《经验与自然》，傅统先译，中国人民大学出版社2012年版，第17页。

经验之外的作品，比如将建筑、文学作品、绘画、雕像等称之为"艺术"。其实，当艺术物品与产生时的条件与欣赏者的经验完全脱离以后，艺术品的价值和意义就几乎不能理解了。杜威用山峰来比喻艺术，指出"山峰不能没有支撑而浮在空中"①，旨在强调艺术与人类活动的日常事件和活动甚至苦难之间存在不可回避的连续性。紧接着，杜威指出"山峰也非只是安放在地上，山峰就是大地"②，杜威不把审美看作孤立的心灵现象，而是从经验整体的眼光去看艺术，以此来进一步说明，艺术欣赏者与艺术创作者不是二元对立的关系，欣赏者必须回到创作者的精神世界中，才能体味作品所彰显的意图，理解作品的内涵。

艺术是经验最为生动和最有意义的表现，杜威认为"艺术是人类社会交互作用以及人类与自然交互作用的一项活动"③，"文化教给我们以多种方式看世界、回应世界，艺术是这一过程的强化"④，艺术是人类对于意义世界富有意味的探索，是对人类生活可能性的阐述。在人类对世界的认识中，艺术表现是最具冲击力的，艺术形式包含了人类的活动，蕴含了人类丰富的情感与想象，表现了艺术理想与现实之间的和谐或者冲突，所以艺术具有一种形式上的张力，经历"抗拒与紧张"以达到对审美失衡与秩序的重组，以达到一种"幸福与快乐"的情感宣泄。艺术作品所有可能性如有意味的探索，人类创造艺术融汇在自身生产生活的过程中，艺术既是劳动的产物，也是人类生活文化的实践需要。在杜威看来，审美是无所不在的，任何活在当下的生物都具有审美的机能，狗、小鸟等凭借它们机警的嗅觉和机敏的眼睛，组织全身所有感官应对一切外界做出的反应，恰好说明了审美的普遍性。这种审美的

---

① ［美］杜威：《艺术即经验》，高建平译，商务印书馆 2007 年版，第 2 页。
② ［美］杜威：《艺术即经验》，高建平译，商务印书馆 2007 年版，第 2 页。
③ ［美］托马斯：《杜威的艺术、经验、自然理论》，谷红岩译，北京大学出版社 2010 年版，第 190 页。
④ ［美］托马斯：《杜威的艺术、经验、自然理论》，谷红岩译，北京大学出版社 2010 年版，第 189 页。

普遍性来自生物体对经验统整的作用，而生物体对经验统整协调的过程，是生命意义的探索过程，是自我参悟的过程，也是生命体成长和自我完善的过程。

（三）经验具有完整性

经验是流动性的，即不可复制性。艺术与日常生活并不是截然分开的而是紧密联系的，而生活本身是生长的，所以由于生物与环境的相互作用从来没有间断，经验就永不停歇地出现。每一个经验都有其自身的开端和结束，按照一种独特的韵律进行运动，正如一段楼梯一样，是由每一个阶梯组成的，它们彼此联系，共同构成了一个整体的楼梯。经验也是如此，由各个独立的"小节点"构成，前一个"小节点"会相继流动到后面的部分，对其产生影响。每一个"小节点"都会保留自身的独特性，但是同时也对后面一部分产生影响。所以说，经验是流动而非静止的，每一个时间段的经验可以相对独立，但是绝对不是孤立的，经验之间的这种相互关联、相互融合，使经验始终处于永不停歇的运动状态。

经验的本质是审美的。当一个经验成为一个完整的经验时，就具有了审美的特性。经验具有趋向完美的特性，在杜威的定义中，经验有着特殊的规定，杜威将它定义为"一个经验"（an experience）。"在所经验到的物质走完其历程而达到完满时，就拥有了一个经验"[1]，它有开端起步，按照一定的韵律运动，最终走向终点，形成一个完整的事件，尽管这一整体可能是由若干个单个经验构成的，但是它最终组合成了一个完整的经验。比如一个问题得到解决，一个游戏结束，一件作品以令人满意的方式完成，写一本书，吃一顿饭，下一盘棋，和某人的一次亲切的谈话等，该事件以一个高潮完满结束，而不是中断，这就是杜威定义的一个经验。"这样的经验，每个相继的经验都自由的流动到后续的

---

[1]　［美］杜威：《艺术即经验》，高建平译，商务印书馆 2007 年版，第 35 页。

部分，其间没有缝隙，没有未填的空白"①。这种经验是往往能给人留下深刻记忆的，或者是非常美好的，能给人们留下长久的回忆；或者是痛楚的，能给人以印记并且成为永远的警醒，"它是一个整体，其中带着其自身的个性化的性质以及自我满足，这就是一个经验"②。一个经验是一个有机整体，其中有理智的、情感的和实践的部分，不能被单独区分开来，它们完美地融为一体。所以，为了使经验成为一个完整的经验，个体就会不断的创造和积累自身的经验，这样经验才会不断变得丰富而走向圆满。经验是动态生长的，有开端、发展和结果。正如一部小说、一出话剧、一件艺术品，创造者首先基于自身的经验经过理性的思考，构建了一个框架，然后不断地将经验反复组合，加入自己强烈的情感投入，经过鲜活的思想冲突，不断创造和凝练新的经验，最后调动全部的感知觉，使经验成为"一个经验"，即完整的经验，使小说有了一个完满的结果，使话剧有了一个结尾，使艺术作品最终成型，让观众看到了一个生机勃勃的完整而连贯的经验。

经验是理智与实践的完美结合，经验是理性活动的结果，它反映了经验所具有的意义。在一个理智的活动中，它可以以一个公式的形式表达真理，很多深邃的哲学与科学探索，经过层层推论，最后可以用一个精辟的方程式表达出它与其他各个部分和环节之间的关系，这与艺术创作是相同的，所不同的是，艺术的表现方式是艺术作品，而这里是一个结构严密的方程式。方程式表达的各个部分之间相互关联，它们通过各自的经验联系起来，最后走向完满，从而形成一个经验，当这个经验走向完整的时候，它就具有了审美的性质。同时，经验又是实践活动的结果。经验总是在与周围环境相互作用和协同的过程中持续不断出现的，经验又在与周围环境的相互作用而不断改造和丰富，所以说经验是参与社会实践活动的一种行为结果，这种行为结果是人不仅仅是一个能思考

---

① ［美］杜威：《艺术即经验》，高建平译，商务印书馆 2007 年版，第 38 页。
② ［美］杜威：《艺术即经验》，高建平译，商务印书馆 2007 年版，第 35 页。

的人，还是一个会行动的人，即一个完整的人。

三、经验美学理论对课程美学探究的启示

（一）以整体协同作为课程研究的立场

传统的二元论的哲学认为人与世界的关系是主客体的关系，人的精神是主体，物质世界作为认识的对象是客体。二元论哲学把主客体看作二元对立的关系，把认知看作是在超验的、不变的领域中寻求已有的真理，这种寻找过程脱离现实世界，脱离日常生活世界。受这种哲学思想的影响，课程中的二元对立现象突出：课程研究范式中实证主义与人文主义对立；课程内容中知识和经验对立；课程实施中预设和生成对立；课程关系中教与学关系对立。造成这种对立的原因是因为用简单的思维来看待复杂的课程研究，把复杂的课程运行过程看作一个非此即彼的有序过程。课程实践说明，课程中的各种现象都是复杂的、非线性的、多元的，不是简单的、线性的、二元的。多尔也提到：今日主导教育领域线性的、序列性的、易于量化的程序——将让位于更为复杂的、多元的、不可预测的系统或网络，像生活本身一样，永远处于转化和变换之中，处于过程中之中的网络是一种转变性的网络，不断地发生变化，——超越稳定性以激发内在于不稳定性之中的创造性潜能。[1] 杜威以"经验"为哲学立场，为课程研究从二元论的研究思路转向建立一元论的课程研究视野。

杜威认为"经验"是认知的基础，以此将儿童、社会和学科知识进行整合。儿童的认知基于"经验"，学科知识的学习必须建立在儿童经验的基础之上，而社会则是儿童学习的情境和知识运用的场所。课程开发就是在一个真实的社会情境中，从儿童身上的心理经验出发，通过经营的不断改造，最终达到学科所蕴含的逻辑经验的高度。[2] 杜威以经

---

[1]　[美] 多尔：《后现代课程观》，王红宇译，教育科学出版社2000年版，第51页。
[2]　张华：《经验课程论》，上海教育出版社2001年版，第116页。

验消除了传统课程领域"学科中心""社会中心""儿童中心"的对立关系，把儿童、学科、社会统一起来，建立一个"一元论"的课程研究思路。

　　课程研究必须整体推进，课程是一个复杂的系统，只有把课程当成一个系统工程，只有从国家规划的顶层设计，学校全面推进课程改革，教师素质全面提升，课程内容多元整合，课程评价方式逐步修正等等整体改进，才能在全社会建立起一种良好的课程文化。课程是一个系统工程，课程中宏观和微观问题的研究都要同步启动，建立整体的课程研究视角，就要跳出课程固有的思维意识，回归到课程的"原点"思考问题。正如中国古代哲学的：道生一，一生二，二生三，三生万物的思维逻辑，回归到课程的"原道"，以一种真实、纯粹的态度还原课程丰富的色彩，回归到寻找课程本体意义，也就是把课程研究看作一个"元系统"。元系统是一个比系统在证明手段上更加有力，在内容上更为丰富的形式系统，它代表着一个认识对象的更广阔的视界。① 以整体的视野审视课程，就是以一种开放、动态的态度看待课程中的多样性与统一性，使整体与部分联系，使无序性和有序性得以和谐，在复杂、动态的课程运行中遵循课程本身自行完善的规律运转。

　　一元论课程研究视野，对人与世界的关系有了新的认识：世界不再是给定的事实，世界是人和环境共同构成的；主客观不是相对立的，而是相互依存的；知识的源泉不是理性，而是个体的经验。课程不再是固定的跑道，而是奔跑本身，课程中的人与知识不是对立的认知关系，而是建构关系，课程内容不是将先在的知识组织起来，而是将人在环境中的经验的重新加以组织。知识并不能先于或者外在于学习者而孤立地存在，学习者的经验过程与知识探究是相互联系的。课程作为一个动词，而不是一个名词成为学生的经历、体验的见证，课程是学生成长的过程

---

① 陈一壮：《埃德加·莫兰的"复杂方法"思想及其在教育领域内的体现》，《教育科学》2004 年第 4 期。

也是学生创造个体意义的过程，课程因为有了学生的亲自参与而充满灵动的生命力。

（二）以经验为课程的逻辑起点

从经验的审美属性来看，现代课程存在诸多问题，正如杜威所总结的，现代课程的理论与实践过分重视技术与智力的开发，忽略了对于个体、个体情感的反映，而审美教育可以把个体感官训练成为有用的，审美因素可以把个体表现和欣赏中的自由与它所表现的规则和秩序结合在一起。① 他批评当时教育中出现的种种问题，并指出其原因来自工业社会对科技的盲目教育将智力分析和技术性训练作为目标，把抽象当成现象，满足于科技带来的舒适，忽略了人的创造性。而艺术活动，始终以手工创作为手段，保持着新奇的想象和创造的冲动。现代教育正是缺少了这种审美欣赏，才陷入了技术的陷阱，使人成为工具的牺牲品。所以，教育要重新回归到艺术审美中，回归到真实的生活中。教育的全部意义就在于，我们可以从生活中发现艺术、具有审美经验。艺术不仅具有教育价值，艺术本身就是一种教育。② 在杜威的眼中，艺术就是教育，教育就是艺术，是强调教学、质疑、指导、思维、讲授的艺术。教师应当成为艺术家，教学方法是一种艺术的方法，教育就是一种艺术活动。③

杜威认为经验具有一种连续性，经验是活的，经验是一种生命现象，经验具有了审美的特性，他用"一个经验"使"日常经验"与"审美经验"联系起来了。"日常经验"获得圆满的发展，就会形成具有审美性质的"一个经验"。这样，杜威为我们提供了一把理解"审美经验"的钥匙，"审美经验"不再是一种神秘的体验，审美经验与日常

① Dewey, *The Aesthetic Element in Education*, Illinois: Southern Illinois University Press, 1972, p. 202.
② ［美］杜威：《艺术即经验》，高建平译，商务印书馆2007年版，第385页。
③ 庞飞：《教育即审美——杜威的美育思想新论》，《美育学刊》2013年第4期。

生活之间具有一种连续性。杜威将美从理性的神坛中移出，将美看成生活的一个部分，并试图通过教育来改造世界、改造人，从而达到一个美的世界。美学是杜威关于哲学改造的一部分，同时也是他关于社会改造和人的改造的一部分，① 具有一种对社会高度责任感的杜威，试图通过改造人达到改造社会的目的，他所说的社会就是一种民主、自由的美好社会。

教育的美体现在以经验作为课程的出发点和归宿，以经验为核心，就能解放学生的感觉器官，让学生在动手中体验和学习，课程就能回归到学生真实的生活世界，以经验作为课程设计的逻辑起点，同时又为创造新经验提供途径。这样课程就能"把各门学科的教材或知识各部分恢复到它所被抽象出来的原来的经验。依照儿童经验生长的实际情况，还原为直接的和个人的经验"②，课程为儿童在已有的经验和未来的经验之间架设桥梁，使"儿童已有的经验来解释未知的经验，让儿童的本性实现自己的使命"③，如此一来，经验就有了连续性，连续性是经验走向艺术的一个重要特征，课程在不断促进儿童经验完整的同时，也在促进学生身心和谐发展。以经验为核心的课程把学科知识和儿童心理逻辑统一于经验，按照学生的经验组织课程，有效解决了学科知识与儿童心理之间的矛盾关系，化解了儿童与课程之间的对立与分离，把学习的起点和结果统一起来，体现了对个体能动性的充分尊重，使课程围绕儿童的兴趣、爱好、天性，视个体价值高于社会价值，把个体发展视为课程的最高目标，这样的课程始终洋溢着人文情怀。

---

① 高建平：《从自然王国走向艺术王国——读杜威美学》，《中国社会科学院研究生院学报》2006 年第 5 期。

② Dewey, *The Child and the Curriculum*, Chicago: The University Of Chicago Press, 1956, p. 11.

③ Dewey, *The Child and the Curriculum*, Chicago: The University Of Chicago Press, 1956, p. 31.

（三）以经验提升为课程的追求

普通的经验存在一定的偶然性和主观性，所以，为了使经验以一种有意义的经历成为认知的基础，必须对经验进行改造。杜威也深知经验要成为理性认知的有力武器，必须经过改造，而改造的最好途径就是通过教育。"教育就是经验的改造或改组，这种改造或改组，既能增加经验的意义，又能提高指导后来经验进程的能力。"① 一切教育的理想都是通过课程实现的，因此课程自然就承担了帮助学生扩展有益的经验，改造有害经验，从而促进儿童的生长的重任。

书本知识为学生提供的是一种间接的经验，而直接的经验对学生认知而言更加有价值，因为直接经验融合了学生体验、情感、兴趣等因素，获取直接经验虽然耗时长，但是对于学生后续的探索活动而言具有不可替代的前设作用。学生直接经验的获得必须依赖于学生的生活场景，因此课程必需基于学生的生活，围绕生活。在学生的生活世界里，充满了大量的"原初经验"，而这些原初的经验正是教育的起点，从这些原初经验具有的整合性中，学生可以认识到经验世界的整体性。② 生活为学生积累经验提供了广阔的基础，同时也为探究提供了许多有待解决的、充满探究的、不确定的问题情景，这些都是学生思维活动的开始，而思维又能进一步鼓励学生改造和拓展经验。所以课程应该回归生活，生活是学生经验改造的首要基础，没有生活经验的积累，就不会有思维的开始，也就不会有积极、持续的探究活动，经验的改造就无从谈起。

第二节 生命美学理论

随着1750年"美学"成为一门独立学科，美学研究的视域拓宽了，

---

① ［美］杜威：《经验与自然》，傅统先译，中国人民大学出版社2012年版，第87页。
② 马开剑：《杜威重建经验概念的课程价值》，《华东师范大学学报》2005年第3期。

从认识论、心理学、伦理学、社会学、符号学等视角探索美学问题的研究成果不断涌现。随着美学研究边界的不断扩大，美学对自身本体认识的内涵却模糊不清，甚至于把审美主体排斥在审美活动之外。美学研究陷入了借助概念、推理进行思考问题的思维模式，把美当成知识进入逻辑的分析框架中，使美出现主客体对立，美学成为一种零散的知识碎片的局面，极大地瓦解了美的诗意想象力，审美主体旁落，使美失却了对审美主体——个体生命的精神观照。20 世纪 80 年代，生命美学诞生了，生命美学以生命为研究立场和价值追求，把美的研究建立在以生命为核心的基础上，以生命言说美、审视美，呼唤还原审美本体，体现了对生命价值的张扬。

一、生命美学的思想渊源

传统的认识论并不能全面解释一个立体多义的世界，理性的认识是有限的，因而就没有唯一固定不变的真理，"现象背后有本质，表层背后有深层，非真实背后有真实"[1]，世界已成为一个多元的价值体。美学在讨论美、美感、审美主体和客体、审美对象的时候，应该同时思考生命的审美方式、审美发生、审美活动的意义。19 世纪末，西方的哲学家和美学家感知到理念的理性美学使美学陷入了抽象逻辑概念的泥潭，开始思考美学自身的学科价值，思考人的生命活动与美的关联：美应该是在有限生命的存在中追寻无限的意义。正是因为西方美学从原始美学进展到精神美学后陷入了著名的笛卡尔困境，无法解决内在之思言说美的合法性问题，正是超越这个困境的努力使得生命美学诞生了。[2]还有的学者将这个时期称为美学发展时期的"第二次启蒙"或者把看

---

[1] 潘知常：《生命美学论稿》，郑州大学出版社 2002 年版，第 90 页。
[2] 王晓华：《西方生命美学诞生的逻辑因缘与基本维度》，《深圳大学学报》2004年第 1 页。

作它与笛卡尔的"理性启蒙"相对的"感性启蒙"。① 到 20 世纪中期，在人本主义思潮影响下，美学完成了回归生命的转向，"生命美学也成为美学的本体论"②。生命美学以生命为核心构建美学研究的内涵，坚持以生命为核心阐释美的问题，促发了美学研究的转向。

生命是神圣的，人的出生就是一首诗的开始，人的成长就是作诗的过程，所以人生是思哲的诗，诗化的思。人对宇宙世界的惊奇、陌生、喜悦、悲痛等各种体验都是思考的过程、作诗的过程，人就是在生命的参与中认识世界、认识自我、寻找意义、追求无限。这个认识的过程是生命丰富的过程、找寻的过程、成就自我的过程，这个过程使生命得到真切的体验，是对美的探索，生命不息体验不止，美的探索就会持续不断。生命是美的开始，生命的丰盈和充实伴随着生命对美的感知和体验。

生命活动是审美活动的前提，审美活动是生命感性活动精神化的体现，它表达了人对生命理解的实践意义。关注生命是美学回归真实生命本体的体现，也是美学研究的重要转向。

生命美学经历了若干时期的发展，直到 19 世纪末 20 世纪初才成为显学。回顾生命美学发展的历程，可以追溯到康德、席勒、莫里兹、施莱格尔等人的努力。他们率先从感性的现实生命而不是从理性的抽象生命出发，去认识和解释世界。在此之后，很多的学者对生命哲学和美学进行了前赴后继的探索，建构了一个内涵丰富的生命哲学和美学理论体系。

狄尔泰作为生命哲学——美学的创始人。他认为我不是一个坐在这世界舞台前的看客，相反，我被卷入作用和反作用中。③ 人为何被"卷

---

① 刘成纪：《从实践、生命走向生态——新时期中国美学的理论进程》，《陕西师范大学学报》2001 年第 6 页。

② 雷体沛：《存在与超越：生命美学导论》序 2，广东人民出版社 2001 年版。

③ ［英］里克曼：《狄尔泰》，殷晓蓉译，中国社会科学出版社 1989 年版，第 212 页。

入"，他找到的理由是，人文学科的研究对象是人的生命，人的生命是文化和历史的，总是已经被卷入世界中并只能通过其在世界中的活动来理解。① 所以他说的这种"卷入"不是偶然的而是必然的，是一种生命的过程。狄尔泰将"我"视为世界的中心，"我"在世界的愉快、痛苦、恐惧、希望、喜悦都是对世界的体验，是对世界的感性认识，是一种活的力量，是一种真实存在，我与世界相互关联而非相互对立。

叔本华以生命意志的概念为美学研究的出发点，提出了世界是我的表象、世界是我的意志的命题。以主体的意志为标准研究壮美、优美，开创了以生存意志为依据建构美学思想。

尼采对于生命的关注表现得更为激进，他的观点也受了叔本华的"意志说"的影响，第一次把艺术作品作为人类的最高使命来对待，"希腊人深思熟虑，独能感受最细腻、最惨重的痛苦……艺术拯救他们，生命则通过艺术拯救他们而自救"②。尼采认为拯救生命的苦难，最有效的办法就是让生命自由去感受美，体悟到宇宙的真精神，从而实现对自我的超越，人拥有冲破一切束缚，摆脱外物忘却自我，创造全新生命的力量之美。尼采用酒神精神来阐述艺术的本质，酒神代表自由、豪放，代表强大的生命力量，在如梦如醉的状态中表现自我，体现生命本我，体现生命之本真，勇敢地"成为你自己"。尼采把人的这种纵欲狂欢的自然本能理解为艺术创造的动力因，他认为梦和醉是蕴藏于人自然力量中的艺术潜能，艺术的创造力实际上也就是生活中"幻觉强制力"和"狂欢强制力"的释放。③马克思对生命哲学也有很多独特的见解，他指出：全部人类历史的第一前提无疑是有生命的个人的存在。④ 他把

① 王晓华：《西方生命美学局限研究》，黑龙江人民出版社 2005 年版，第 15 页。
② ［德］尼采：《悲剧的诞生》，周国平译，译林出版社 2015 年版，第 112 页。
③ 罗坚：《存在之思与生命之美——尼采的生命美学思想管窥》，《学术论坛》2010 年第 12 期
④ ［德］《马克思、恩格斯选集》（第 42 卷），人民出版社 1979 年版，第 168 页。

人始终视为哲学的出发点和归宿。马克思美学的观点是一种生命实践观，他直言，人是肉体的，有生命的、现实的、感性的、对象性的存在物，这就等于说，人有现实的感性的对象作为自己的本质即自己生命表现的对象，或者说，人只有凭借现实的感性的对象才能表现自己的生命。①

帕格森认为"美就是精神性的生命冲动畅快无阻的表现"②。他从心理活动"绵延"的立场推断审美不仅是一种生命实践活动，更是一种生命的精神旅行。同时，帕格森认为，"生命是能动的"，"生命是一个炮弹，他炸成碎片，各碎片又是一些炮弹"，"生命是一个巨波，有一个中心起始向外铺展"，③ 显然，他运用极富想象力的语言表达了对生命诗意的关切。

海德格尔提出的存在主义观点，把对世界的认识从知识论转入了生存论，取消了人的认识活动在西方哲学史中两千年的统治地位，率先宣布了从主客关系出发的思路的终结，转而走上了从超主客关系出发的全新的思路。④意义，作为人类生命的根本需要也是人与动物区别的标志。从表面看，人的生命活动似乎与动物的生命活动相似，但实际并不相同。动物所追求的，只是物质本身，人却不但追求物质本身，而且要追求物质的意义。这意义借助物质呈现出来，但它本身并非其中某种物质成分，而是依附于其中的能对人发生作用的信息，用"此在"作为生命存在的证明，将生命的审美活动视为"存在"的方式，"存在"是海德格尔的哲学意义，"在"就此说明人不仅仅生活在物质世界，而且是生活在一个具有意义的世界中，这个意义是人对世界的思考和解读，解读世界的理想，解读在这个理想王国里的生活和人的存在意义。海德格

---

① ［德］《马克思、恩格斯选集》（第 42 卷），人民出版社 1979 年版，第 25 页。
② ［法］帕格森：《时间与自由意志》，吴士栋译，商务印书馆 1984 年版，第 8 页。
③ ［英］罗素：《西方哲学史》，马元德译，商务印书馆 2004 年版，第 350、356 页。
④ 潘知常：《生命美学：从本质到意义》，《贵州大学学报》2015 年第 1 期。

尔认为人无需进入先验自我，而是进入生活世界，在这当中万事万物自有意义，无需实践创造，也无需认识，而只需人去领悟。也因此，这意义居于实践活动之前，先于主客观，但却并不高于主客观，构成了一个我思维之前的世界，亦即我生活的世界。① "我思故我在"……当海氏把审美活动由本质转向意义的时候，审美成为一种能使对象产生价值与意义的活动，审美的过程也成为解读意义、发现意义、赋予意义的过程。在审美活动中，人与世界之间是一种意向关系，也就是意义关系，而不是实体的关系。在生命美学看来，审美活动是进入审美关系之际的人类生命活动，它是人类生命活动的根本需要，也是人类生命活动的根本需要的满足，同时它又是一种以审美愉悦为特征的特殊价值活动、意义活动，因此美学应当是研究进入审美关系的人类生命活动的意义与价值之学、研究人类审美活动的意义与价值之学。② 对于"意义"的追求，将有限的人的生命带入了无限中，意义，来自有限的人生与无限的对话，也来自人生的追求与终结的联系，使人感叹生命的强大，感叹生命的不及，感叹人生的意义也必定是在人生之外。

人成长在一个不完美的现实中，但是人从来没有停止过对于完美的追逐，人之所以有这样的果敢和勇气直面现实的残缺，是因为人构思了一个完美的理想，这个完美的理想如同人的精神家园，让人有归家的期盼，有返乡的冲动，这个家园书写着"美和自由"，为生命敞开。人在探索美的道路上以弘扬生命意义为使命，使美的探索与生命的价值和谐统一，即世界的认识与生命的阐释和谐统一。美学和生命是难以分割的，美学通过生命活动、生命的自由表现来揭示生命的价值、人的价值，人在探寻美的道路上寻找人生的必然、人生的意义、人生的有限与无限，找到生命的本真和精神的慰藉。

生命作为美学言说的对象，是美学研究的一个重要转向，它化解了

---

① 潘知常：《生命美学：从本质到意义》，《贵州大学学报》2015 年第 1 期。
② 潘知常：《生命美学：从本质到意义》，《贵州大学学报》2015 年第 1 期。

长期以来古希腊传统美学思想中以理性观点支配美学认知的局限，转向关注人在美学中的感受和经验，强调人的精神、人的身体、人的感性认识在审美感受中不可替代的地位，肯定了个体意志作为认知主体的主导地位，是美学研究视野的一个突破，同时也为人文学科的研究带来启示。

二、生命美学的思想内涵

生命美学以生命为价值对象展开审美讨论，以生命为言说对象探寻美的本质价值，是充满人文精神的美学思考。对人的生命关注是从叔本华（A. Schopenhauer）开始的，尼采（F. W. Nietzsche）紧随其后，高喊"我们不能靠真理生活"，"完善的真理使人痛苦"，[①] 可见，单纯而枯燥的学理探究会令美学窒息，以纯粹理性的方式解读美的本质，并不能寻找到美的本真。尼采于是高呼"上帝死了"，其实是对传统理性解体的欢呼。在生命美学建构的历程中，从狄尔泰开始，帕格森、尼采、叔本华、马克思等都是生命美学学派的代表人物，尽管他们关于生命美学的观点差异很大，但是他们以生命为基调言说美，关注主体的美学意义，为美学研究摆脱纯粹理性的思辨方法，融入生命元素做出了非常重要的贡献。

（一）生命是审美的主体

生命哲学的起源应该追溯到叔本华。叔本华以生命意志作为世界的本体，从而改变了传统哲学以理性分析的方式解读哲学的习惯，主张以"感性的人"作为出发点，以"生命"核心来建构哲学体系。他认为，"哪儿有意志，哪儿就会有生命，有世界，所以就生命意志来说，它确是拿稳了生命的；只要我们充满了生命意志，就无须为我们的生存而担

---

① 刘放桐：《现代西方哲学》，中国城市出版社 1998 年版，第 74 页。

心"①。叔本华用生命意志表现世界的本质，生命从本质上讲是一种强大的、不可遏止的生存冲动，是一种神秘的生命力，它既存在于盲目的自然力之中，也表现在人的自觉的行为之中，意志就是最大限度地延续生命的愿望。尼采作为美学的另一个创始人，他与叔本华是师徒关系，他在叔本华的基础上，主张将生命视为世界的本源动力，只是在如何处理意志这点上，他与叔本华的立场不同。尼采的美学立场主要是认为个体不是思想实体，而是生存实践的主体，个体是对世界怀有力量意志的身体，"我整个地是肉体，而不是其他什么；灵魂是肉体的某一部分的名称"。"创造性的肉体为自己创造了创造性的精神，作为它的意志之手"。② 身体是实践的，身体把世界人化了并在其中看见美，所以，人的感性生命活动就成了人直观言说美的根据。尼采还将艺术和真理区别开来，指出所谓的真实世界只是虚构的，现实世界是唯一的世界，真理不是最高的价值标准，艺术比真理更有价值。③ 从此，人成为美的尺度，一切反映他的形象的事物就是美，美是对生命的肯定，丑就是对生命的否定，此乃尼采美学最基本的原理。

生命美学主张以人的生命价值为审美的最高标尺，以生命作为审美意义的开始，认为只有从人开始才能找到美的本质和审美活动的意义。生命美学肯定了生命作为审美的最高准则，这与西方传统价值无涉精神是相对立的，西方价值认为知识是人的审美工具，也是审美价值的判断准则。生命美学挑战传统的审美价值，主张以生命为审美的主体，将生命作为审美的尺度与手段，使生命美学具有了鲜活的价值主体，因为生命体验作为人的一种精神性活动是主体人的体验。它消融了主客体的对立与距离，使主客体统一于审美活动中，使传统美学从概念、符号规定

① ［德］叔本华：《作为意志和表象的世界》，石冲白译，商务印书馆 1982 年版，第 377 页。
② ［德］尼采：《查拉斯图特拉如是说》，尹溟译，文艺出版社 1981 年版，第 43 页。
③ 刘放桐：《现代西方哲学》，中国城市出版社 1998 年版，第 96 页。

的认知世界中挣脱，使人成为审美活动的主体。

生命美学把人从认知活动的羁绊中拉出，人是世界的主体，是美的体验者和判断者，不再是审美价值无涉的中立者。人在审美活动中，个体是自由的，实现在有限中超越无限、在在场中超越不在场，体现了生命的尊严与高贵，从传统美学中被概念化、符号化的压抑中解放出来的人成了审美活动的主角。

（二）体验是生命的律动

体验与生命是共生的，体验与生命密不可分，体验是生命存在的一种方式。狄尔泰说，体验就是感性个体把自己的知识与自己的自我在与生活世界及其命运的遭遇中所发生的许多具体的事件结为一体。① 在生活中，生命体通过与周围环境的互动，慢慢寻找世界运行的规律，掌握人与世界的关系，了解生命的共同性和特殊性，获得人类与其他物种的区别及其特殊意义，从而了解生命的可贵，在这种生命的观察与认识关系中，人体味着、积累着、思考着，生命体逐渐成为一个有情感、会思考、掌握生存能力、精神丰富的个体。狄尔泰提出了用"体验"作为其哲学的核心概念，并以此彰显其弘扬个体生命价值的哲学立场。他在《精神科学导论》中写道："所有科学都是体验的科学，但是一切体验、体验的固有的组成部分和其有效性都只有在意识的条件下才能体现。"②

体验是认识的基础。狄尔泰的生命哲学强调生命体验是认识的基础。伽达默尔在《真理与方法》中指出，"对于狄尔泰来说，生命和认识的关系乃是一种原始的所与"③。狄尔泰从生命出发来认识精神科学，他认为，认识无可非议是与生命体验结合在一起，"不论在抽象思考方

---

① 刘小枫：《诗化哲学》，华东师范大学出版社 2007 年版，第 225 页。

② W. Dilthelm, *Introduction to the Human Science I*, Detroit: Wayne State University Press, 1988, p. 72.

③ ［德］伽达默尔：《真理与方法》，洪汉鼎译，上海译文出版社 2004 年版，第 305 页。

面还是在实际思考方面，都表现了同样的一种生命倾向，即对固定性的追求"①。狄尔泰的体验颇有一种意识觉醒的意味，体验不仅仅是认知摆脱权威的形式，而且会通过反思来获得有效知识。在他看来，反思性是生命所固有的，个体反思作为一种生命活动，起到领会实在、感受各种价值、实现各种目标的作用，它使个体通过在历史脉络中的生命体验去感知生命所具有的价值。把体验看作认知的基础，使认识贯穿于历史进程中自我思考的发展过程，是对传统认识论的颠覆，通过生命的普遍性体验、反思和怀疑，建立一种认知心理系统的新秩序，将认知看作生命内在固有的精神，具有一种意识启蒙的意义。

体验是艺术创作的途径。狄尔泰用体验代替了叔本华的意识，指出个体通过体验与外界交流，体验是生活的一个部分，通过体验与自然环境和人文社会环境形成一个关系的整体。在这个基础上，狄尔泰将体验与艺术联系在一起，他认为宗教、艺术和生命体验密切相关，宗教活动和艺术活动都是一种"活的体验"，这种活的体验是生命的一个部分，它作为一种现实直接表述自己，从而证实自己在现实中"真正的存在"，同时也是艺术创作的基础。他在《诗与体验》提到，诗的问题就是生命的问题，就是通过体验生活而获得生命价值超越的问题，诗歌不只是表达诗人自己的体验，而且诗同样是一个社会文化产物。② 诗和生命的关联是以艺术作品为媒介，艺术创作的感性材料来自于作家在现实生活中的体验记录，并以此为基础，经过艺术想象使审美情感激发创作而来，所以说，诗意的艺术创作是以体验为基础，通过想象来完成的。

体验是寻找意义的活动。在现实中，人生活得没有目标、很迷茫，这样的人活着，但是并没有真正意义上的生命体验。体验的生活是将生命以主动性的方式投入其中，建立生活中的各种关联，形成经验，在经

① ［德］伽达默尔：《真理与方法》，洪汉鼎译，上海译文出版社 2004 年版，第304 页。
② ［美］马克瑞尔：《狄尔泰传》，李超杰译，商务印书馆 2003 年版，第 81 页。

验的生发下，反思人生，感悟生命的存在和意义。人的思想是从体验中来的，体验是生命对自我经验的反思和总结，在这个过程中，人进行思考、追寻意义、创造生活、创造人生意义。没有体验的人是一个精神空虚的人，有了对生命的体验，才能体会到生命的千姿百态、苦难艰险，这种人生才是丰满的人生，这样的人生才能使生命在迷乱中向着光明祈望，才能使生命摆脱功利、空虚、冷漠的侵蚀，走向审美的自由世界。

（三）自由和创造是生命的追求

20 世纪法国著名哲学家、美学家帕格森，他生命哲学的发展做出了重要贡献。狄尔泰提出不能通过传统的理性分析方法来把握感性生命，主张通过体验的方式在主客体交互作用中去感悟和理解生命，是生命美学起始的标志性观点。到帕格森这里，生命哲学经历了一个很长的发展阶段，生命美学的本体论和认识论都已形成，帕格森的工作就是在继承前人成果的基础上，将本体论与认识论相结合，创建了生命哲学体系。他把狄尔泰的"体验"转化为"直觉"，将叔本华和尼采的"生命意志"发展为"生命冲动"，把"绵延"作为世界本体代表生生不息的运动。① 帕格森以"生命、艺术、直觉"为核心构建了生命美学理论体系，并以"绵延、直觉"两个理论中心演绎其美学观点。帕格森反对从抽象的概念出发去认识世界，他从个体生命出发推及整个宇宙，认为世界万物和人一样都是有生命的，自然不是人认识的对象，而是与之紧密联系的整体。他的哲学主张就是要打破形而上学强调的永恒不变的理念世界，将哲学思考回归变动不居的现实世界中，回到人类的生命世界中，即将传统美学的主客二分的思维模式转变成主客统一的思维方式。帕格森认为世界的本质不是客观的物质世界，也不是主观的意识世界，而是永恒不息运动的生命之流，他用"绵延"来表述生命流动的状态。"绵延"具有运动性和创造性，它使生命走向充满希望的未来。帕格森

---

① 江冬梅：《生命 艺术 直觉——帕格森与 20 世纪中国美学》，博士学位论文，西南大学 2011 年，第 14 页。

的生命哲学立场是积极向上的，他用"生命冲动"表达生命的生发和创造。生命是可贵的，充实而丰富，并且具有无限发展的可能性，只要努力，就能跨越困窘，获得生命的自由。"生命冲动"是宇宙万物发展进化的原动力，有两种不同的形式倾向：一是生命冲动冲破物质阻碍不断向上喷发，由此产生一切生命形式；一是某些物质不能跟随生命冲动一直向上，于是向下坠落产生一切无生命的无机物。帕格森采用了许多形象生动的比喻，譬如说生命就像一发炮弹，它不断地爆炸，然后炸成许多碎片，这些碎片又使一个个炮弹继续爆炸。生命就像一团焰火在向上喷发，灿烂盛开，不停向上喷发，永不停息就是生命的动力，饱含激情，不断喷薄。

生命的本质是"绵延"。"绵延"的生命体现为：连续性、运动性、自由不确定性。人的生命是一种意识，意识是不断流动的连贯的流，这种连续不断的意识活动过程就是绵延，同时这种意识过程是自由的，自由促使自我得以变化，这种自由的变化使生命得以真实展现，这种真实就是美的根源。美应该是运动变化的，运动变化使美得以自由生长，这种自由不受约束的生命才是具有美感的生命，所以说"绵延"使生命得以敞亮，使生命抛弃了停滞和固定的模样充满积极的活力和美感，使生命得以自由绽放，这种充满美感的生命必然是乐观坚定的。

创造是美的重要命题，具有创造能力的生命才是美的生命，而自由是创造的前提，没有自由，创造就无法实现，因此，自由是生命的追求。自从有了人类社会，就有了人类社会渴望自由、摆脱必然、有限、遮蔽的价值追求。席勒认为美是人的最高目标，[1] 美的自由显现作为其美学的重要内容，他说"美在自由之前先行，正是通过美，人才能走向自由"，[2] 可见，美是使人通向自由的道路，而自由则是伴随人走向完

---

① ［德］席勒：《审美教育书简》，冯至等译，北京大学出版社 1985 年版，第 155 页。
② 卢世林：《美与人性的教育——席勒美学思想研究》，人民出版社 2009 年版，第 173 页。

美人性的过程，自由是人要追求的目标，同时也是一种行为的状态。席勒说："艺术是人类理想的表现，它是由精神的必然而产生的，不是为了满足物质方面的需求。……人们只有通过美才能走向自由。"①海德格尔也提到"心境越是自由，越能得到美的享受"②，由此可见，自由作为生命体文化生活的基础和内涵，是美的体现，是生命的终极追求。生命美学认为可以通过审美超越来实现生命的自由，这种自由带有主观性、超越性和精神性。人类的斗争史就是追求自由的血泪史，政治的目的是为了自由，而审美活动的自由体现为人对自由的渴望和对有限的超越。这是人的自由本性的充分体现，是生命升华的现实渴望，这也正是生命美学的人学合理性所在。真正使生命价值主体在体验中自由，在体验中超越，从根本上揭示了审美活动是生命的自由表现，是对价值主体的回归。

三、生命美学理论对课程探究的启示

生命作为美学言说的对象，是美学研究的一个重要转向，它化解了长期以来古希腊传统美学思想中以理性观点支配美学认知的局限，转向了关注人在美学中的感受和经验，强调人的精神、人的身体、人的感性认识在审美感受中的不可替代的地位，肯定了个体意志作为认知主体的主导地位，是美学研究视野的一个突破，同时也为课程研究带来启示。

（一）突出课程的生命价值

纵观课程研究发展的历史轨迹，学科课程一直是学校课程的主体课程。学科课程将知识、技能看作课程的中心，课程的组织逻辑是按照学科知识秩序进行排列，课程的任务是完成知识的传授。中国学科课程发展可以追溯到孔子时期的"六艺""四书""五经"，还有古希腊时期的

---

① ［德］席勒：《审美教育书简》，冯至等译，北京大学出版社1985年版，第12页。
② 徐复观：《中国艺术精神》，春风文艺出版社1987年版，第53页。

"七艺"，都是古代最原初的学科群形成的依据。① 学科课程的快速发展是在 20 世纪中期，以布鲁纳（J. S. Bruner）、扎卡赖亚斯（J. R. Zacharias）、贝格尔（E. G. Begle）为代表。学科课程的目的是通过知识开发人的心智，促进人的智力发展，以培养具有卓越科学思维的学生。在这种思想指引下，学科课程对于知识的选择和组织很严格，因为必须以高结构化的课程内容来确保为学生提供学习内容有助于完善他们的知识结构，促进他们学习能力的提高，于是就有了强调学科基础概念和学科内容连续性的"螺旋式课程"。学科课程以智力开发为首要任务，围绕学科的基本概念和内容的学术性、专业性、结构化为核心，对课程内容进行量的压缩和质的精选，以保证课程内容的基础性和概念化。

学科课程运动致使课程研究以课程内容编制为研究对象，忽略了对课程本身价值的思考，更消解了对课程主体——生命本身的关照，人成了课程研究的附庸，人把自己变成了对象世界的工具，课程研究没有将"人—生命本体"置于研究的中心，而是将知识、内容、手段、方法作为课程研究对象去解读，在探寻课程的"客观规律""本质属性""必然与偶然"时，导致生命作为课程主体的体验者和创作者的意义与价值被彻底遗忘和遮蔽。在热烈讨论课程问题的时候，忘记了人作为世界主体的地位，忘却了在课程世界中生命的本义。这种功利性的课程研究，导致课程研究对象的偏移，把课程作为一个认识的对象进行思考，使课程主体与课程之间形成二元对立关系。课程被作为接受知识的工具，强化了其外在实效性，失却了对本体意义、存在意义和生命意义的关注。课程被异化为认识的工具，课程自身也被支离破碎地解读，失去了对课程研究的整体把握，造成了课程研究主体的失落和研究立场的偏颇。

课程中最重要的主体是教师与学生，离开教师与学生的生命言说，课程无疑是纸上谈兵，呆板而无意义，围绕教师与学生在课程中的主体

---

① 钟启泉：《现代课程论》，上海教育出版社 2006 年版，第 7 页。

地位，课程不仅有效促进学生生命活力的绽放，还应该观照教师生命价值的实现。因此，课程应该指向师生生命意义的实现。"在有限的生命中创造生命的意义是作为人应该思考的本源性问题"，① 可见，人与动物的区别在于人是意义的追寻者。人作为人的生活意义，主要不在于他的第一生命，而在于第二生命的创造活动，人不会满足于仅仅活着——像动物那样生存，而总是要把第一生命引向第二生命，通过第二生命的创造去实现第一生命的价值。② 对于学生而言，学习生涯属于第二生命，在学习生涯中让学生感受到生命的尊严和生命的自由尤为重要，学生感受到自我的兴趣、情感得到适当的宣泄和升华，感受到个体的自由、理想得到尊重和爱护，就能感受到生命的意义，就能以自觉的精神充实自我生存的技能，能品味生活的欢乐。对于教师而言，教学生涯是第二生命的表现，也就是说教学对于教师而言，是生命意义体现的方式。如此一来，教学就有了创造的意味，教学如果只是一成不变的模仿和重复，就意味着教师生命在重复中湮灭。对教师的生命意义的关怀，就是要让教师坚持一种恒久创新的职业态度以抵制教师的职业惰性，以积极的人生态度拥抱崇高的教育事业，在教育事业中，"教师不是求器，而是悟道，不仅是求真，而且是崇美"③。学生和教师的生命意义应该作为课程探究的重要使命，只有教师的生命意义得以实现，教师才能从容地阅读和理解学生的生命，师生生命意义的实现才能进一步充实课程探究的内涵。生命与课程交织是课程发展的一个趋势，课程是生命进步的载体，生命是课程的核心，教师与学生的生命都投入课程建设时，才能创造出具有人文情怀的生命课程，实现生命的理想。

（二）强调课程的生命本位

在课程发展的历程中，课程研究"见物不见人"的现象极为普遍。

---

① 杨晓奇：《生命美学观照下的教师专业成长》，《教师发展研究》2011 年第 24 期。
② 高清海：《"人"的双重生命观：种生命和类生命》，《江海学刊》2001 年第 1 期。
③ 杨晓奇：《生命美学观照下的教师专业成长》，《教师发展研究》2011 年第 24 期。

就课程的定义而言，传统课程观将课程理解为一个"文本"或者"计划"，课程仅仅是一个行动计划，是对课程系统运行的一个说明。这样，课程研究也仅仅局限于设计一个周详的课程计划，用线性的思维方式对课程运行过程按照预先顺序做好规划。课程成了一个对学校课程行为进行规范的文本，完全忽略了人作为课程主体的对课程构建的特殊意义。还有，把课程理解为学习的科目，就是一种以学术性方法解决课程问题的思路，把学术性的理论和知识视为课程。课程的任务就是将"特定学科或学科群的事实、概念和归纳性结果进行编制"①，过分地强调学科知识的系统性，课程编制观念落后，导致课程内容庞杂，课程容量过大，造成了学生学业负担过重，学习压力过大，导致学生的自由活动时间少，学生的兴趣、爱好得不到应有的发展，课程严重阻碍了学生自由个性的发展。再者，过分强调课程的科学性和学术性，致使学校教育中偏重科学课程和理化课程的现象严重，国内的"学好数理化、走遍天下都不怕"的传统思想和美国著名的"回归基础运动""八年研究"课程改革的方向无一不是频繁强调学生数理逻辑能力的培养，由于过分追求数理技能的训练，忽略了学生人文素养的提升，致使课程的文理结构失衡。这种文理学科对垒的境况，形成了人文文化和科学文化领域两队互不相通、互不影响、互不干涉的孤立化、封闭化、壁垒化的学术团体。② 对于生命而言，科学精神和人文素养的协同一致才能共同造就一个全面发展的人，过分强调逻辑推理和演算技能，而忽略艺术、人文、历史学科对于学生人文常识的培养，都不利于个体健全个性的发展，在技术化高速发展的时代，更应该加强学生人文素养教育，以防止单纯的技术运用造成人的精神世界的贫瘠。

生命美学将人的生命作为美学研究的中心，关注生命的觉醒和生存

---

① ［美］艾伦·奥恩斯坦：《课程：基础、原理和问题》，柯森译，江苏教育出版社 2002 年版，第 13 页。
② ［美］斯诺：《两种文化》，纪树立译，三联书店 1994 年版，第 2 页。

的价值，这对于课程探究有积极的启发作用，它修正了长期以来课程对于人性的忽视和压抑，呼喊重新回归课程本质价值的思考，建立新的课程信念和理想。首先，课程要以培养人的完整生命为目的，生命个体是一直充满发展能量的个体，包括人的精神需求和物质追求。课程应该顺应人的发展的本能，促进人的完整，而不是阻碍人的发展。课程应以体验的方式促进生命发展。生命具有理解、体验冲动。体验与直觉是生命的基本存在形式，生命是通过内心体验和直觉去把握世界的，也是通过体验和直觉去把握自己。直觉可获得理性之外的体验。直觉也是高于理性的，正如情意高于认知，因为直觉和体验能带来真切的对世界的感受，这是一切认知的基础。体验是人意识到自己存在的基本方法，同时也是对他人存在理解的基础。体验使生命之间得以交流，使课程以生命的活力展开。其次，要精选课程内容，世界、文化、历史、艺术都是人探索的结果，人类通过耕耘积累了丰富的古籍、文献、文化、习俗等。这些都是人类智慧的象征，是有益的课程内容，但是面对如此丰富的人类文明遗产，如何对课程内容进行筛选无疑是关键，内容过于繁多，不仅无益于学生的发展，而且还会造成学生超负荷的学业负担，使学生身心疲惫，无异于迫害学生的生命，更不可能造就具有自由理想、敏于创造的生命体。再者，课程以动态生成的方式适应生命发展的需要。生命是自身运动、生成发展的过程，生命是绵延、流淌的，人通过自己的活动过程而认识自己，这是生命活力的体现。如果课程是停滞的，就无法与人的生命探索同步，因此，生成性的课程才是具有生命活力的课程。

以关注生命的视角开展课程研究，就是要建立以尊重学生生命价值为立场的课程处理方式，要以学生诗意生存为愿景。首先，课程要关注儿童的需要、儿童的自我认同、个体学习的自由和价值实现。如此一来，课程的目的不仅仅是学科知识目的的达成，更包括学生人文素养的培养、学生良好社会道德行为的规范和个性品质的养成。其次，课程结构的构成不单考虑优化数理化等学术性科目，更应该包括音乐、艺术、文学、健康、社会实践活动等人文性科目的有益补充；课程应该减少学科课程的容量，增加综合性课程；课程不仅要确保学生的基础能力，对必修课程做准确定位，更应该加强对学生自由个性的倡扬，增加选修性学科的比重。再者，要加强课程编制的艺术性。课程的容量不能无限的增加，而是要适当的减少，以还原生命的轻松和惬意。课程不应简单追求效率，而应强调个体在参与知识探索过程中，形成自我概念，形成良好的思维品质，强调对生命的关爱，保护个体的认知、情感和精神自由，使课程研究从"文本"走向"人本"。

第三节　现象学美学理论

现象学哲学是 20 世纪最重要的哲学思潮之一。"现象"希腊文的原意是"出现在经验事物当中的"，现象学就是"讨论现象的学问"。最早用"现象学"一词的是德国哲学家蓝伯（Lambert），后来康德、黑格尔都使用过"现象学"，不过正式创立并完善现象学体系的是胡塞尔，是他使现象学成为 20 世纪西方哲学的重要思潮。胡塞尔的现象学影响了后来的萨特、梅洛·庞蒂、海德格尔、伽达默尔等哲学家，现象学的哲学理论对后来的存在主义、解释学、接受美学、审美现象学等产生了重要影响，可以说，这些哲学思想在某种程度上继承了现象学的衣钵。

现象学的出现，改变了传统哲学中主客二分的形而上学的思维方式，将现象与本质、感性和理性、具体与抽象、个别与一般严格区别开来，以关联性的视角进行认识和分析，以澄清"本质""实体""主体""对象"等的相互关系。

一、现象学美学的思想渊源

现象学方法、分析方法、辩证方法被称为 20 世纪三大哲学方法。

现象学不以宏大叙事的思辨方式来推演生活的逻辑，也不采用经验主义的归纳方法来解释生活，而是采用描述、本质直观等方法来还原生活世界的本真。在胡塞尔看来，"与人脱离的所谓的外部世界是否存在这个问题我们把它'存而不论'，现象学所要探讨的是呈现在意识中的世界即关于世界的现象学，在这种视域中，没有脱离主体的客体，也没有脱离客体的主体"①。也就是说，现象学的基本精神是"面向事情本身"，其研究方法是"本质直观"和"先验还原"，其研究对象是纯粹的意识。现象学带来的这种哲学思维方式的转向，深刻地影响了人文学科研究对象与研究方法的转向。从研究对象来看，现象学哲学关注的不再是脱离人的抽象的物质世界，也不再是脱离物质的抽象的精神世界，相反，生活世界成为其关注的理论重心；从研究方法上，现象学为我们提供了一种描述、本质直观等方法来还原生活世界的本相，不再以宏大叙事思辨体系来推演生活的逻辑，也不采用经验主义的归纳方法来解释生活。现象学美学作为运用现象学的方法和视角研究美学问题的一门交叉学科，其理论思想、研究方法是独具一格的。

现象学美学将胡塞尔的"意向性理论"作为理论基石。在胡塞尔看来：意向性是意识活动的根本特征，意识的根本特征在于它总是"对某物的意识"。也就是说意识必然指向某种对象。② 所以说意向行为包含三个环节：意向行为、意向内容（意义）、对象。比如人们的语言表达，表达的内容就是"意义"，表达的工具是字符和语言，人们将自己的意向行为通过语言赋予要表达的物质。在这里，个人的思想可看作意向，意向内容就是通过语言所表达的意义，语言中涉及的东西则是对象。当然，此处的对象可以是实在之物，也可以是观念对象和想象之物。胡塞尔提出意向性理论的目的，在于"认识如何能够确定它与被认

---

① 张永清：《现象学美学解读》，《山西师范大学学报》2003 年第 10 期。
② 苏宏斌：《现象学美学导论》，商务印书馆 2005 年版，第 82 页。

识的客体相一致，他如何能够超越自身去准确的切中他的客体?"①，其实质就是试图解决哲学上认识论的问题，即探讨人类对世界的认识之谜。

现象学提出了一种独特的研究方法——"现象还原"法，对事物本质属性进行认识。胡塞尔认为：一切实在都是通过"意义给予"而存在的，② 就是说，人们从"自然现实"中，从"可能经验的统一体中"推导出现实概念，并能得到大众的认同，但是这些"实在的现实"没有被重新解释，便成为约定俗成的概念，使得整个世界变成一种"主观的虚幻"。如果要真正客观地认识世界，掌握科学规律，胡塞尔提出了"回到事物本身"的哲学畅想，并指出"对认识论基本问题的解决必须靠认识论的还原来做保障"③。有的学者将这种认识论上的还原称为"先验还原"，在进行先验还原之前，任何学说，包括本质科学都还处在自然观点中，在先验还原完成之后，真正的哲学观点，即先验哲学的观点才得以出现。④ 也就是说，通过"还原"能使我们排除作为实体的人的意识及其态度，排除经验意识，中止判断，将问题悬置，尽量使自我回到纯粹意识观念进行思考。现象还原为科学研究提供了一个方法论上的意义，把美看作一种意义和价值，这与传统的将美看作一种实体的形而上学的思维针锋相对。

现象学独特的思维方式，是它为哲学研究带来的最大的贡献，将现象学的方法运用到美学领域，便有了现象学美学。现象学美学著名的代表人物有莫里茨·盖格尔、罗曼·茵加登、米·杜夫海纳、梅洛·庞蒂等，尽管他们的学说并非一脉相承，有些甚至相左或者相互超越，不过

---

① ［德］胡塞尔：《现象学的观念》，倪梁康译，上海出版社 1986 年版，第 22 页。
② ［德］胡塞尔：《现象学的观念》，倪梁康译，上海出版社 1986 年版，第 148 页。
③ 张云鹏、胡艺珊：《现象学方法与美学——从胡塞尔到杜夫海纳》，浙江大学出版社 2007 年版，第 67 页。
④ 张云鹏、胡艺珊：《现象学方法与美学——从胡塞尔到杜夫海纳》，浙江大学出版社 2007 年版，第 67 页。

他们都是积极地运用现象学的方法来思考美学中的问题，对传统的审美活动、审美价值、审美对象、审美知觉等做了全新的诠释。

盖格尔可以称为现象学美学的奠基人和创始人，是他首创并忠实地将胡塞尔的现象学方法运用到美学研究中。他指出了美学研究的方法首先要立足于现象，要研究现象；其次强调要通过对现象的领会过程探寻事物的本质，事物的基本特征可以从现象中探寻；最后指出探寻本质的方法是通过直观审查，不是通过演绎也非归纳来了解本质。现象学美学在取消主客对立的倾向上，呼吁"返回物本身"、恢复人的完整性，通过取消主客体对立来反对近代哲学的主客二分的思维方式，这种研究视角的转换使现象学美学成为美学领域一个举足轻重的学术流派。现象学美学在某种范围内使得西方 20 世纪美学方法，自觉地做出取消二元对立的思维模式的努力，而且也促使人们意识到这种努力本身所具有的美学意味，进一步导致打破诗与思、哲学与文学、存在与审美之间界限的总趋向。①

二、现象学美学的思想内涵

（一）美是一种真实的存在

对美的本质作出解释，是每一个美学流派必须的使命。传统的美学是从哲学中派生出来的，属于一门哲学学科，所以具有形而上的意味，美成了一个抽象的概念，美学的研究方法通常借鉴了哲学的思辨方式，这种哲学思辨方式从古希腊到德国古典哲学一以贯之。传统美学认为，美的本质是抽象的，是脱离了事实而存在的，是一种客观的概念，美脱离了主体而独立存在。这种方法造成了"主客体"二元论的关系，"本质与现象"对立的关系。传统美学认为"本质"隐藏在"现象"之后，从众多的现象中寻找一种规律，就能找到事物的"本质"，"本质"就

---

① 赵奎英：《论现象学美学方法的整体性》，《山东大学学报》1999 年第 4 期。

是现象中一种固定不变的具有共性的规律性反映。而现象学美学对这种思维提出了批评和纠正。现象学将本质与现象看作一元的，认为现象的背后还是现象，现象反映本质，本质就是现象。这正如胡塞尔所说，本质直观也是直观，正如概念对象也是对象一样。① 因此，现象学强调的是"回到事物本身"的研究方法，采取一种自下而上的研究视角，摆脱了传统主客体对立的研究思路，把一切高深的概念放归日常现象中进行重新思考，这样，美就不再是一个虚空的概念，它依附于一切现象中，因此盖格尔说，美是一种依赖主体的现象。美虽然不依赖于个别主体那偶然多变的本性，但是它却依赖于主体性本身，是一种超验的主体性。②

现象学美学对美的全新认识，也影响了其对艺术本质的解释，关于艺术作品的界定，现象学美学有自己独特的见解。一般而言，传统的美学认为，艺术是一个实体概念，一本小说、一首诗歌、一幅画、一场舞台剧，都可称为艺术作品，而现象学美学对此做了颠覆性的解释。现象学美学认为，艺术作品不是我们看见的一些物，墙上的画、广场的雕像、一本小说，并不能构成艺术作品。艺术作品应该是能被人感觉到或者能解读的，艺术作品应该能引起审美知觉。一首乐曲创作完成了，并不能成为一件艺术作品，因为对于不懂乐谱的人来说，那只是一些符号，因为无法将符号连接起来，因此也感知不到音乐所表达的意义。只有当有演奏者演奏这首音乐的时候，这个音乐才能成为艺术作品，或者说，音乐作为一件艺术作品才得以呈现。这时，音乐作品才有成为审美对象的可能，才能被倾听、欣赏和感知。另外，如同一尊雕像、一幅画、一个剧本，当被艺术家创造出来的时候，它只是一般的物，只是艺术作品在意识中的存在，只有当这个"物"或者"事件"被上演、被

---

① ［德］胡塞尔：《纯粹现象学和现象学哲学的观念》，倪梁康译，三联书店1997年版，第453页。

② ［德］盖格尔：《艺术的意味》，华夏出版社1999年版，第85页。

演奏、被歌唱、被静观的时候，它才能被称为艺术作品，才成为审美对象，才有了审美价值，才是真正的存在。如杜夫海纳所言，尽管创造行为赋予艺术作品的实在性是无可否认的，但它的存在，却仍然可能模糊不清，只有当它走向审美对象，成为审美对象时，它才能被观众接受，达到完全的存在。① 也即是说，即使艺术家进行了艺术创作活动，产生了一个作品，还不能成为一个艺术作品和审美对象，它们只是作为一个物而存在的，只有当它们进入读者的视野的时候，才能被人们感知、研究、批评和分析，这时，它们引起了读者的审美知觉，成为真正艺术作品的存在。

对艺术品的重新界定，同样致使审美主体和审美对象的关系必须重新确认。在传统美学中，艺术作品就是艺术家创造出来的一切作品，一幅画、一首诗歌、一尊雕像、一个剧本，这些就是艺术作品也就是审美对象，而欣赏者就是审美主体。这样，现象学提倡的"回到事物本身"，就是要"回到艺术作品本身"，来阅读作品、描述作品和理解作品。这种思路消除了横亘在主客体之间的一切障碍，使审美对象和审美主体完全交融，取消二元对立的传统美学思维模式，使艺术作品所固有的美学意味融入审美主体的意义世界，加强审美主体对审美对象的意义观照和视域融合，打破自在与存在、主体与对象、虚无和意义之间的界限。也就是说，艺术作品并不等于审美对象，艺术作品只是一般对象。只有当艺术作品有了审美知觉时才会出现审美对象。审美对象即被感知到的艺术作品。审美对象的产生来自于欣赏者的出现，艺术作品不是什么对象，只有欣赏者出现才能使审美对象出现。艺术不是单纯的静观，需要欣赏者积极参与，需要欣赏者对作品进行倾听、凝视、融入、理解。

---

① ［法］杜夫海纳：《审美经验现象学》，韩树站译，文化艺术出版社 1996 年版，第 29 页。

（二）审美活动具有主体间性

审美价值是在审美活动中我们所体验到的有精神意味的判断，它既不是人的存在，也不是世界的存在，它是一种个体能体验到的存在。[①]审美价值是主客观的整合。

首先，审美具有一定的客观性，它的客观性表现在其形式价值、模仿价值、内容价值上。形式价值是审美价值最基本的表现。形式是事物的外观，也是可见的事物的表现方式。在艺术中，这种形式价值表现为平衡、对称、比例、节奏、和谐等形式，或者是由这些形式组合出来的声音、线条、色彩等形象。形式价值是审美价值的首要因素，因为和谐的形式表现能给人带来良好的视觉冲击，使人愉快地接受艺术作品而不是排斥。模仿价值反映了审美价值的艺术特性。在艺术表现上，有时可以说艺术是现实的反映，艺术是现实的模仿。盖格尔将艺术作品比喻为"意象"，将现实比喻为"实在"。艺术家在观察"实在"的基础上，经过个人的艺术理解和艺术创作，创做出一个艺术的"意象"，模仿价值是客观世界的主观表达。模仿是一种艺术加工，经过艺术加工的作品能更好地把握住现实世界的核心特征，更能激发欣赏者对于艺术作品的情感共鸣的心灵震撼，模仿是对审美体验的一种强化，它不仅仅是为了再现而存在，还尽力反映存在的"本质"。现象学的目的就是客观反映本质，而本质存在于个别对象上，即"每一个个别的人、每一把个别的椅子或者工具都具有它自身的本质"。[②] 所以现象学美学关注个体，关注细节，力图从一个故事、一幅画面、一个旋律中寻找本质，寻找普遍性，从而揭示世界的本质。模仿价值在于通过艺术作品唤起人们的审美体验，通过艺术意象理解精神本质。模仿使艺术的形式和内容得到了结合，使个别物品具有的价值和普遍性的价值得以统一。内容价值是审美

---

① 张云鹏、胡艺珊：《现象学方法与美学——从胡塞尔到杜夫海纳》，浙江大学出版社 2007 年版，第 115 页。

② ［德］盖格尔：《艺术的意味》，华夏出版社 1999 年版，第 159 页。

中最为深层的价值。盖格尔把积极内容价值称为"生命成分和精神成分"。① 生命成分和精神成分都属于审美客体的本质，它们构成了这个审美世界的心脏。② 可见，积极内容价值是为客观对象服务的，它是艺术作品情感精神的反映。积极内容价值通过艺术的手法反映了作者对于世界的认识和理解，艺术作品表达了作者的困惑、快乐、痛苦的情感基调和精神世界，作者通过艺术作品反映艺术观念，反映丰富世界的多样色彩，阐释自己对世界的理解，并力图唤醒公众对世界的关注。艺术作品总是具有精神价值的，它隐含于艺术作品中，隐含于形式和内容中，它是客观世界通过艺术思维的主观表达。

内容价值最能表现艺术的审美价值，要真正体会到这种审美价值，不是依赖艺术品，而是个体的艺术体验，正如盖格尔所言"我们寻找艺术不是为了领会这些价值，而是为了得到比我们日常的体验更深刻的体验"③。艺术作品的审美价值一般包含了以上几个层次，形式价值是意象的外在表现特征，是一种自然的美；模仿价值是创作主体通过艺术形式对存有的艺术表达；积极内容价值是艺术作品所力图表达的精神内容。三者构成了艺术作品的审美价值，使审美成为一种独特的经历，使我们通过审美活动获得最为纯结的体验和感受。审美价值是艺术作品特有的价值表现，具有一定的客观性，同时它又具有一定的主观性。艺术作品的审美价值只有与主体相互作用的时候才得以存在，美存在于主体的感受和体验中，主体只有参与艺术审美活动才能使艺术品具有生命的意义。

审美具有一定的主观体验性。盖格尔认为，美学关注的既不是物理世界也不是心理世界，它关注的是价值世界，这一价值世界与人的存在

---

① 张云鹏、胡艺珊：《现象学方法与美学——从胡塞尔到杜夫海纳》，浙江大学出版社 2007 年版，第 121 页。

② ［德］盖格尔：《艺术的意味》，华夏出版社 1999 年版，第 169 页。

③ ［德］盖格尔：《艺术的意味》，华夏出版社 1999 年版，第 212 页。

意义密切相关，他指出美学是一门价值科学，是一门关于审美价值的形式和法则的科学，因此，它认为审美价值是它注意的焦点。① 也就是说，美的世界是一个"价值世界"，它与"事实世界"是相对的。事实世界面对的是既定的、自然的、事实的世界；价值世界是人真正面对的精神世界，是能动的意义世界。这种对世界的认识思路，影响了对知识类型的界定，知识可以分为事实知识和价值知识。事实知识是关于事实的知识，是对物质世界认识的概念性知识；价值知识则是关于意义的认识，是人在世界实践中构建的知识，这种知识具有思想性、想象性和个体实践性。这种观点对传统认识论提出了挑战，传统知识观认为，知识具有客观性，知识即事物的客观判断。胡塞尔反对这种看法，他没有客观存在的知识，只有对现象本身的真切观照，所以他提出"中止判断"，即把对世界及经验的自我是否存在的问题"悬置"起来，把对世界已有的知识都加以括号，剩下一个纯粹的"先验自我"，也就是纯粹意识主体，作为一切认识的绝对自明的起点。这种方法就是改变以往对于真理、知识认知的立场，从存在论、价值论范畴来探究审美对象、艺术作品，以此来证明人与对象之间的意义与价值关系。

也就是说，审美价值不仅具有客观性更具有主观体验性，美存在于主体的体验中，艺术作品是指向人的审美活动的，有了人才有了艺术的存在，艺术作品作为审美对象依赖于审美主体而出现。盖格尔认为，主体是复杂的，至少包括生命的自我、经验的自我、存在的自我三个层次。生命的自我是一个身体完整意义上的生命个体；经验的自我是一个日常生活中具有能动性的生命体，具有生理的和心理的完整性；存在的自我是一个具有思考能力的深层的自我。生命自我为审美体验提供了完整的感觉器官，为个体的经验组织提供了条件和可能。经验自我则是对所接触到的事物做出的内心的感受。存在自我能够对这样感受和体验做

---

① ［德］盖格尔：《艺术的意味》，艾彦译，华夏出版社1999年版，第78页。

出价值的判断。这种划分的标准与弗洛伊德提出的本我、自我、超我的三种人格理论具有相似性。

主体的知觉使主体与世界密切联系，然而，知觉的主体与世界并非二元的主客体关系。现象学用知觉与对象在世界中的"遭遇"，来代替世界作为人认知对象而形成的对立关系。世界不是我掌握其构成规律的客体，世界是自然环境，我的一切想象和我的一切鲜明知觉的场。① 主体与世界构成了一种意义关系，主体在感知世界中获得意义，世界在主体的发现中呈现出意义，知觉物与知觉形成了一种意义交织的关系。一件艺术作品可以说是艺术家眼里的独特世界，作品承载了一定的意义。杜夫海纳认为，美的形式是那种在任何话语之外说话的形式，是那种说出一个世界的形式，艺术的意义内在于形式，完全融进质料之中并与背景相结合。②

这样一来，审美对象和审美主体不是唯一固定的二元关系，审美对象的确立取决于审美主体的参与。只有审美主体感知到艺术作品时，审美对象才被确立。艺术作品是审美主体和审美对象的共同行为，是审美对象存在的基础，审美对象不是固定的而是明确的和自在的，在这里，没有审美主体也就没有所谓的审美对象。不过需要特别说明的是，审美对象也是纯粹的。比如对于戏剧艺术来说，戏剧本身的内容、结构、情节、人物特点是艺术作品的主体，是理所当然的审美对象，演奏厅里的灯光、场景、布置、演出中人们的评论和掌声等等，对于剧本本身而言是无关紧要的，它们与审美对象是无关的。正如杜夫海纳提醒的，不能把演出和审美对象等同起来，不能把一切可以伴随歌剧并为知觉歌剧创造良好气氛的东西都同歌剧本身混为一谈，能够让我们识别真正审美对

① 张云鹏、胡艺珊：《现象学方法与美学——从胡塞尔到杜夫海纳》，浙江大学出版社 2007 年版，第 209 页。
② ［法］杜夫海纳：《美学与哲学》，孙非译，中国社会科学出版社 1985 年版，第 128 页。

象的，仍然是知觉，局外的东西不能知觉。① 审美对象的存在也不是固定的，杜夫海纳就认为，审美对象构成一种独特的情况，因为它双重地与主观性相联系，一是与观众的主观性相联系，二是与创作者的主观性相联系。审美对象具有自为的效能，它是一个准主体。②

（三）审美态度是引发审美经验的关键

现象学美学反对传统美学研究中对艺术所做的一元论界定，认为艺术存在的形式和意义体现在对艺术作品的解释过程中——现象学美学用一种新的方式阐释艺术的意义。现象学美学把"存在"理解为当下的"在"，把"此在"理解为"在世界中的存在"，认为没有一个先在的世界，只有与此在同在的世界，这与康德的"世界在我，和我与世界同在"的观点颇有殊途同归的效果，现象学理论也就因此被看作是存在主义、解释学理论的基础。

现象学美学对艺术作品的存在与意义做出了新的阐释。在成为审美对象之前的艺术作品的存在是一种意义的存在，一个雕像被摆在广场上，一首乐谱被印刷出来放在书架上，一幅画完成以后在画室里。艺术家完成了作品的创造，这个作品在大家的意识中出现了，但是对于大多数人而言，它只是一些符号、一个标志，它只是在那里，对于我毫无意义。只有当我真正能够读懂这些符号，亦即通过这些符号的全部属性想到它们所要阐述的音响时，它们对我来说才有充实的意义。③

正是因为有了读者的出现才使艺术作品成为审美对象。读者不仅参与对艺术作品的欣赏，同时也参与了艺术作品的"二度创作"，这个过程既是审美的过程也是解释的过程，正是这个过程使艺术的意义得以呈

---

① ［法］杜夫海纳：《审美经验现象学》，韩树站译，文化艺术出版社 1996 年版，第 30 页。

② ［法］杜夫海纳：《美学与哲学》，孙菲译，中国社会科学出版社 1985 年版，第 57 页。

③ ［法］杜夫海纳：《审美经验现象学》，韩树站译，文化艺术出版社 1996 年版，第 30 页。

现。这样一来，一本已经完成的书，还不能以艺术作品的身份自居，它只是一本等待阅读的书，不能称其为艺术作品，其意义也就没有真正被确认。用杜夫海纳的话来说，"书本身只是一种无活力的、黑暗的存在，它们的意义仍然停留在潜在状态"①，而只有当书被读者阅读，当剧本被上演、当诗歌被朗读以后，它的艺术意义才得以实现。因此在艺术欣赏上也就有了"有一千个读者，就有一千个哈姆雷特"的俗语，说明艺术鉴赏的多元性和开放性。

现象学美学将艺术作品和审美对象的重新界定是对传统美学习惯性思维的一大冲击，是对审美主体的充分弘扬，对艺术作品具有主体意味的解读和阐释，把艺术审美活动看作一次具有存在意味的主体解释过程。艺术作品是审美主体与审美对象相互交融和相互阐释的结果，这不仅极大地抬升了主体的存在意义，同时把审美活动看作对存在意义唤醒的时刻。有了审美活动，才有审美主体和审美对象以及艺术作品，它们的出现和存在是相互作用的结果，具有互为主体的间性关系。这样，审美就是一种意义的存在，具有即时性和解释性。

如此强调审美的主体性，那审美的客观性还存在吗？换言之，在对艺术作品解释的过程中，如何保证审美的客观性呢？现象学美学强调以价值无涉的态度对待审美活动。莫里茨·盖格尔在关于审美态度的论述中提到"审美态度不是伦理态度、科学态度或者经济态度，它必须是一个审美态度，而不是一种审美之外的态度"②。现象学主张审美态度是一种纯粹的、自觉的态度，是非功利的，是"价值无涉"的，它不受其他价值的影响。比如面对一件艺术作品，不同的审美主体会有不同的关注，有些人会关注它的艺术技巧，有些人会关注它的经济价值，有些人会关注它的历史背景，有些人会关注它的主题内涵，在这些关注中，

① ［法］杜夫海纳:《美学与哲学》，孙菲译，中国社会科学出版社 1985 年版，第158 页。

② ［德］盖格尔:《艺术的意味》，艾彦译，华夏出版社 1999 年版，第 234 页。

融入了欣赏者的伦理态度、科学态度、经济态度等，可以说，他们对于艺术作品的审美态度不是纯粹的审美。伦理态度是从历史人文背景、社会关系等方面看待艺术作品的人文价值，科学态度是从理智的角度看待艺术作品的概念归属，经济态度是从题材、市场的角度看待艺术作品的经济价值。持这些态度看待艺术作品的时候，为艺术作品赋予了太多的功利色彩，这些都不是现象学美学所倡导的一种全然的审美态度。

审美态度同时也应该是专注的，在内在的专注中，人们从审美的角度享受他们自己的情感，并且因此而使自己陷入一种普通的崇高、热情、已经内在的激情的心情之中。① 审美态度是一种专注的态度，它会将审美注意力集中于作品，在面对艺术时，人的情感和体验得到激发和满足，而此时人不是欣赏的唯一主体，作品不再是审美对象而成了主体，成为给人带来快乐、痛苦、美妙、惬意的主体。这就是现象学中的"悬置"，人这个主体被"悬置"了，艺术作品转换成主体成为兴趣的中心。这种专注，是引发审美经验的关键，它使我们能在面对美的事物时，以纯洁的审美态度体验作品的艺术价值。

三、现象学美学理论对课程探究的启示

现象学美学从现象学出发，把现象作为认识的核心，关注显现活动本身和显现的事物，从根本上改变了传统美学研究主客体对立和单纯用认识模式研究审美的桎梏，将主体和客体统一在"纯粹意识的存在"框架下开展美学研究。课程学者派纳曾经归纳过现象学的几个特点：一是现象学侧重于研究经历过的生活经验，研究曾经被直接体验到的生活世界，而不是我们所谓的概念化的世界；二是现象学研究寻求经验的本质和事件的意义，倡导对世界的反思，反对"顺其自然"的世界观；三是现象学研究是智能的意识实践，现象学课程是智能的表现过程；四

---

① ［德］盖格尔：《艺术的意味》，艾彦译，华夏出版社 1999 年版，第 112 页。

是现象学研究并不是为了知识而生产知识，而是为了人类的意义而生产知识，重在思考每一个人在世界上生存的意义；五是现象学研究是一种"诗化运动"，总是力图体现诗的特征，像诗一样唤起人性的、原初的声音，呈现世界的原初的"演唱"。① 现象学倡导一种"回到事物本身"的研究方法，"悬置"一切前在的价值观念，以"价值中立"的态度开展一种无前提的研究，为课程研究提供了一个全新的认识论基础和方法论视野。

（一）对传统课程的认识论提出挑战

现代课程，一直被定义为跑道、目标、课程计划或者科目，教师则视课程方案、课程计划、教科书为"圣经"，忠实地依照其规定的技术路线实施课程，教师很少关注课程文本在真实课堂情境中的反应，很少以自己的思考对课程方案做出判断和选择，很少运用自己的智慧对课程加以解读。这样就导致学校课程实施的千校一面，同时也使课程方案难以适应学校不同水平、不同知识背景学生的发展需要。造成这种现象的根本原因是，把课程看作是理性的、普遍的，课程作为一个"真理"出现在教育中，对于编入课程的知识内容而言，更是具有绝对的权威性，教师的职责就是依照大纲的要求将知识传递给学生，但是这种具有普遍性的课程却因为没有关注到个体学生的经验与需要，效果大打折扣。课程也因此从教育生活中抽象出来，脱离了师生的生活世界和实际需要。威廉·M.雷诺兹说，课程研究并非是分析普遍和永恒的东西，而在于发现新东西可能产生的条件，寻求新东西是多航线和多样性研究的核心。②

现象学以关注现象而非已知的真理，从而改变了哲学研究的视角。现象学关注的不是脱离人的抽象的物质世界，也不是脱离物质的抽象的

---

① 袁桂林：《派纳论概念重构和理解课程》，《外国教育研究》2003 年第 1 期。
② ［美］威廉·M.雷诺兹：《课程理论新突破——课程研究航线的解构与重构》，浙江教育出版社 2008 年版，第 2 页。

精神世界，而是"实在"的人的生活世界。胡塞尔在创建现象学时，针对传统哲学概念的本质做了详尽的解释，认为"事实和本质具有不可分离性"，"世界是关于可能经验和经验型认识的对象的总和"。① 也就是说，世界不是客观地存在的，而是在我们的实践和认识中"形成的"，也就是说"世界是生成出来的"。传统认识论认为"世界是既定的"，"世界是一种本质的存在"，认识对象和认识主体是现成固定的，这样，世界、主体、客体具有先在性。现象学方法改变了传统的认识思维模式，认为世界不是先于认识存在，而是与认识同在，同时世界也不具有什么本质属性，世界是在认识行为中构成的，世界是"意向性活动的产物"。在意向性活动中生成了世界，也就生成了主体与客体，主客体都不是现成的，而是在认识行为过程中出现和生成的。换言之，一切都是在意向性活动中生成的。现象学强调意向性活动中的生成性，这种思想方法在美学中马上转化为审美活动中的生成性，文学活动中的生成性。② 这种先在性关系在审美活动表现在，艺术作品本身不具有先在性，创造者、欣赏者、审美主体、审美对象、艺术作品都是在审美活动中才生成出来的。艺术作品只有与人相遇的时候才成为艺术作品，创造者在"写作"中生成为作家，欣赏者在面对艺术作品时才生成审美对象。也就是说，意向性活动先于主体与客体，也就是说主体与客体生成于意向性活动，审美主体和审美客体生成于审美活动。按这个思路，审美主体和审美客体都是生成于审美活动中，生活世界转化为审美世界，也生成于审美活动中。

作为胡塞尔的学生，海德格尔对真理的判断颇具现象学的意味。在他看来，所谓的认识论是虚构的，根本不存在这样的真理。真理一词的本来意义是"本真"，是与存在的意义重合的。因此，与传统真理观不

---

① ［德］胡塞尔：《纯粹现象学通论》，李幼蒸译，商务印书馆1996年版，第49页。
② 刘旭光：《现象学的方法与当代文艺美学的新发展》，《文艺理论研究》2012年第3期。

同，海德格尔赋予真理三方面新的意义：其一，真理问题是一个存在论的问题，真理即存在；其二，在最本己的意义上真理乃是此在的展开状态；其三，此在同样原始地在真理和不真之中。这样一来，不论美学还是其他任何科学，都必须还原于人，还原为人——此在的存在才有意义。① 因此，把知识作为永恒的真理的观念应该改变，知识就是人的活动，是人对生活世界的意义探寻。"人不能两次踏入同一条河流"，这个命题的前在情境就是世界是流动的、变化的和不确定的。在知识探寻的过程中，不是靠诉诸认识对知识进行审视和把握。人生存于生命的河流中，知识不是固有的，是在人与世界的交互作用过程中产生的，人在对知识探寻的过程中，既是认识自然和追求真理的过程，也是认识自我、发现自我和提升自我的过程。知识认知的过程是意义领悟的过程，只有将人的生命活动与真理的追求结合起来，才能将人的生命意义同知识的探寻联系起来，人才能感受生命的意义与本真，真正感到自由和精神享受，这样的美与科学的结合是充满诗性智慧的意义构成。现象学美学以开放的精神重新解读艺术的定义，艺术不再是一个约定成俗的概念，而是每一个个体面对艺术时获得的审美经验，以之作为艺术的定义，这样将艺术置于个体的价值体系中，艺术便有了一种多元的表达和解释，用这种认识论重新思考课程，无疑颇有启发性。

既然世界是未知的、生成的，学生的发展也具有极大的不可确定性，从现象学美学的角度来重新观照课程，"悬置"以往的课程理论，"回归课程本身"反思课程，课程的定义便由"名词"转向了"动词"，由静态的概念转向了动态的生命情境，这样课程研究就有了一种诗意的追求。课程不再是固定的跑道，而是奔跑的过程，奔跑者在奔跑路途中观看到的风景和积累的体验将成为个体构建课程的前提。课程不再是一个文本，而是充满生命情境的活动。课程不再是一本教科书，而是每一

① 　班秀萍：《现象学美学的现代审视》，《江西社会科学》2001 年第 8 期。

个个体将自我的体验与知识相互对话的过程，是每一个个体对知识的理解和个性化解释的过程，课程的建构也是个体生命完善的过程。课程不再是一个"目的和手段"的流程，教育和学习结果也不再是"投入和输出"的关系，课程直接指向个体的生活世界、真实的教育现场、教师和学生的心灵世界。课程研究不仅仅局限于理论层面的构建、宏观的课程研究，更加倾向于与实践接轨的微观课程研究；不仅仅侧重于国家层面的课程规划，同时也重视地方性课程、民族区域课程和个体个性化课程的建设。

这样，课程就不是一个僵化的流程，而是一个关注个体经验、话语丰富、充满挑战与想象的过程，教师和学生的自我经验不断被强化甚至成为课程的重要部分，课程不是为了制造出一批合格的"产品"，而是为了丰富教师和学生的精神世界，以实现自我价值。无论如何完善的课程方案都无法完全预测学生未来发展的可能的，课程不仅要完成传承人类文化的任务，更是对未来无知世界的探索，因此，课程不仅应该具有预设性，更应该具有生成性，这样的课程才不至于以僵化的方式束缚学生自由发展的可能。动态生成的课程必须由教师与学生的共同建构，教师参与课程建构，"悬置"一切已有的课程理论、课程标准，将自己的教育智慧融入课程，使课程在真实教育情境中活化，使课程直接面向学生的需要。

（二）对传统课程研究的方法论提出质疑

受科学主义精神的影响，课程研究长期以技术取向和工具理性为导向。课程研究努力以"科学"的研究方法探寻课程中的"科学"规律，以工业生产的模式用于学校教育，以流水线的思维进行课堂教学，以成人的知识系统充当课程学习内容，以社会的需求设置课程计划，以既定目的达成评判教学质量，以量化的数据统计和分析反映学生的发展前景。课程研究以程序性的研究思路来看待课程，通过教育领域中严格的科学化的、可重复性的研究实施课程，这种方式漠视教师对课程的理解，忽略了学生对课程主动的构建，这种量化的课程研究范式以及"防教师"的思路，使学校课程的合理价值受到质疑，课程被冠以"科学"的名义，但却以一种狭隘的方式筑垒一个空虚的课程概念。为了表明课程研究的"客观性"，测量的方法被广泛运用于课程研究中，为了保证"客观性"，对研究的整体情境严格控制，对观察结果的数据进行控制，对研究主题进行控制。

传统的课程研究思维是一种实体性的思维，把课程看作文本、教参、学科知识、计划、方案，把课程看作可控的事物，并将课程比作跑道，学生的学习就是在一个封闭的、具有严密计划性和路线的空间。在这个空间里，学科知识如同铺设的跑道，指出了方向也规定了路线，教练员和裁判员无疑具有绝对的权威，运动员在此过程中只有听从指令，遵循预计的线路朝着他人预设的目标奔跑。这种课程研究思路，无疑窄化了课程研究视野，孤立了课程主体，导致课程主体间关系的对垒和紧张，漠视了教师和学生在课程中的"存在"，使课程成为控制和训练学生的手段，导致了学生发展的片面和单一。在课程研究中，一切对情境的"控制"企图都是不可能实现的。企图对物质与意识之间的关系难以做出数量的评分，发生在日常经验生活中的人类体验是微妙、细腻而短暂的，转瞬即逝又或时常浮现，无法借助仪器能捕捉和测量。在真实情境下观察者和被观察者的意识和经验都是鲜活而灵动的，也是难以控制的。另外，测试研究主体无法控制对课程研究本身所产生的情感、态度和价值认识。研究者无法编制测验来判断研究究竟在研究中投入了多少爱、恨、快乐、同情等情感，但是这些在作为研究者而言都是肯定存在的，这样"客观"就是一个假象。遮蔽了人类事件理解的意义，消除了人类参与的现场的情感，这样的结论具有普遍性意义吗？真的能对事件的未来发展起到预测作用吗？

在一个开放的学习空间里，人的学习经历受到了前所未有的重视，在动态的课堂中，以往可重复的常规性的课程研究已不被青睐。一种以全新的视角深入课堂，关注课堂中独特的现象，与课程相关的一切人员展开积极的对话的研究方法必须出现，现象学的研究方法在社会科学研究领域取得了合法地位。现象学尊重研究的个体，使个体不再是"沉默的我思"，而是积极的感知，充满个性的表达的研究取向得到广泛认可。现象学打破传统对世界、本质的固有认识，它以个体的经验作为认识世界的基础，尊重个体对世界的认知，并以此作为认识世界的逻辑起点，对主体间性的关系，对存在做出了新的解释，可称为科学研究一次方法论的革命。这种研究思路和方法，无疑为课程研究带来新的启示，也引发了课程研究方式的改变——进入教育现场、关注课程事件、关注课堂现象。

课程现象学的著名学者范梅南说，从现象学观点来看，搞研究就是对我们感受世界和理解世界的方式提出疑问，因此，研究—质疑—形成理论的行为就是使我们与世界密切联系的行为。[①] 其基本模式是对生活体验和日常生活中的实际行为进行文本的反思，以期提升我们的思想，增强我们的实际经验或机智。[②] 课程现象学是一种运用描述、解释、自我反思和批评分析的方法，描述课程中的现象并对这些现象进行解释的人文科学研究。它关注的是被直接体验到的生活世界，而不是我们先前概念化的世界，研究目的是为了获得对我们日常生活体验的本质或意义的深刻理解，为我们提供了一种从人文视角探索教育的方法论。[③]

课程现象学研究以生活世界为起始，以真实的态度面对生活世界，也就是胡塞尔倡导的"回到事实"的，"原始的、前反思的、前理论性

---

① 范梅南：《生活体验研究——人文科学视野在的教育学》，宋广文译，教育科学出版社 2003 年版，第 7 页。

② 范梅南：《生活体验研究——人文科学视野在的教育学》，宋广文译，教育科学出版社 2003 年版，第 5 页。

③ 朱光明：《范梅南现象学教育学思想探析》，《比较教育研究》2005 年第 4 期。

的态度"①，这样才能使我们更加接近本质，更加接近学生的世界，以此为课程研究的起点，无疑更能认清课程的本质使命——为了学生全面和谐的发展。这种研究方式是走向实践的，更适合普通教师，教师通过记录、描述课程中的现象，"通过保持一种教育学的观点和整体表达，和一种情境体验的观点如实际教育行为来理解教育现象"②。教师在研究过程中有助于促进个体思想的解放、完成教育意义的转化和成长，体现自我在教育生活中的存在价值。课程现象学不同于理性思辨和实验观察的研究方法，强调富有意义的体验世界，尊重个体的行动、经验、体验、语言，你是世界的一个组成部分，他人的世界也是你不可缺少的部分，彼此的共同存在构成了世界的意义。因为尊重个体，所以认真对待个体的意识。意识代表着世界的意义，因此要力图对个体的行为做详尽的描述。课程研究就是通过对事件的描述来构建文本，并对文本进行解释、反思甚至批评还原事件的本真，通过挖掘文本的意义来建立研究与世界的联系，使课程研究不是抽象的研究，而是具有浓郁的人文精神的价值研究。

（三）对传统课程研究的二元思维提出控斥

受哲学主客二分思维的影响，在传统美学的主客体关系中，主体处于中心，客体是认识的对象，被改造的对象。这种思维路线导致了人与认知对象的对立，造成了人与世界的割裂。现象学反对近代哲学史上物理主义忽视主体的客观主义倾向，试图创立一种先验主观主义哲学，同时还强调"返回事物本身"，不要把物当成客体，通过本质直观让物"给予"自身，即让物在一个没有偏向的纯粹意识里得到原初地呈现，

---

① 范梅南：《生活体验研究——人文科学视野在的教育学》，宋广文译，教育科学出版社 2003 年版，第 9 页。

② 范梅南：《生活体验研究——人文科学视野在的教育学》，宋广文译，教育科学出版社 2003 年版，第 9 页。

这呈现出来的就是"纯粹现象"。① 所以现象学强调主客体之间的交融，是一种消除主客体对立的哲学方法论。而胡塞尔在看到了主体心理主义的缺陷后，以一个纯粹意识为起点，通过本质直观达到的"纯粹现象"，并认定为这就是事物的本质，也就是"现象即本质"。②

现象学美学改变了这种认识，认为美不是一种实体，而是对人存在意义的反映，美学逃离了认识论的藩篱走向价值论的范畴。美学中的主客体关系也不是简单的主体认识客体或者主体改造客体的对立制约关系，主体和客体是在认识的过程中变化着和相互生成的。这是一种交互主体性的观念，这种交互主体性意味着人世界化了，而世界也人化了，这是同一个过程。③ 这种交互关系中的认识消解了二元对立，在这种交互关系中，主客体成为一个整体结构，不是静止的对立关系，而是流动和变化的。这种主客体交互关系使审美活动中的作家和世界、欣赏者和作品、审美主体和审美客体等等原本对立的关系都处于一种交互主体性中。现象学美学改变了传统审美经验理论单从主体和客体的心理和情感展开讨论的思维方式，把审美经验放在人与世界的相互关系中以及人的生活世界中来探讨，认为主客体的存在是一种意义的存在，是一种关系的存在。由此，现象学使现象与本体之间的隔断彻底取消，并消除了笛卡尔理性哲学以来的主客体二元对立论，让现象与本体的关系也得以重新认识，主客体关系由对立关系走向了相互关联。

受二元论的思维的影响，传统课程中也存在诸多二元对立的形式：如把课程专家视为课程编制的主体，教师就成了客体，教师承担按照课程计划进行课程实施的任务；在教学中，教师成为占据课堂的主体，控制着教学的过程，学生作为客体，接受教师传授的观点和服从教师的管

① ［德］胡塞尔：《纯粹现象学通论》，李幼蒸译，商务印书馆1996年版，第44页。
② 赵奎英：《论现象学美学方法的整体性》，《山东大学学报》1999年第11期。
③ 刘旭光：《现象学的方法与当代文艺美学的新发展》，《文艺理论研究》2012年第3期。

理；在学习活动中，当学生作为学习的主体时，课程知识成为客体，学生充当占有书本知识的主体，以背诵和记忆的方式掌握知识。有学者称这是一种交往主体的客体化，交往的一方不把另一方看作与自己相同的、自由自主的主体，而是视作实现"以我为中心"的目的、需要之手段，这种交往使一方失去独立性，而为另一方所统治和支配。① 课程中二元对立的主客体关系，导致教育与学生的实际生活相隔离，导致教师与学生交往的不平等关系，严重影响了学生学习主体地位，影响了学生学习探究的深入。对此，威廉·M.雷诺兹指出，二元论或非此即彼的思维方式只会阻碍课程理论的发展。②

究其原因，是长期以来课程研究的二元思维方式根深蒂固。二元性方法从对立的两级出发定位事物或现象的内涵、价值、功能、方法等，研究者普遍将各种整体的事物或现象尽可能地肢解、化约为微小的部分与要素，……造成了对总体性、根本性、复杂性问题认识上的盲点与短视。③ 二元论的课程研究思路，以简单化、统一化的立场和方法探索课程规律，试图建立一套普适性、精确性的规则和技术路线，以实体的思维考虑课程中的目标、内容、方法、过程、评价、师生关系等因素，实际是把课程诸要素相互孤立起来，从而造成了课程各要素的相互排斥和对立。这种思维方式，窄化课程的意义与功能，无视课程的多元性、丰富性和复杂性，以单一的中心论和霸权主义肢解了课程的本质，使课程出现了单一的以教师为中心、教材为中心、学生为中心的课堂运行方式。借助现象学美学的思路，以多元、交往、共生的姿态开展课程理解，有助于消除课程中主客对立的关系，建立新型的互为主体、多维主

---

① 冯建军：《主体间性与教育交往》，《高等教育研究》2001 年第 11 期。
② ［美］威廉·M.雷诺兹：《课程理论新突破——课程研究航线的解构与重构》，浙江教育出版社 2008 年版，第 3 页。
③ 郝德永：《从二元性转向二重性：教育研究的方法论突破》，《教育研究》2013 年第 11 期。

体的主体间性课程。

首先是思维方式的转变，即从实体思维转向关系思维。实体思维将课程看作一个个孤立的部分，试图以理性思辨的方式厘清课程各要素的结构，这样严重阻碍了人们认识与领会课程的本质。当代西方课程观，打破了固有的对课程概念确定性、客观性和绝对性的理解，确立起关于课程内涵的多元性、相对性、建构性观念。① 多尔用"4R——丰富性、回归性、关联性、严密性"概括课程的特点，彰显了课程的后现代性质。课程不再是一个封闭、稳定、具体的路线，而是一个丰富、相互关联的系统，课程要素间不再是"你—我"的关系，而是"我中有你，你中有我"的关系，"教师—学生""知识—手段"不是对立和制约的关系，而是互为主体、相互联合、共同促进的关系。因此，课程研究不仅仅应探明课程的客观性，更要挖掘课程价值和意义。

其次是对课程多元理解的倡导。派纳作为倡导课程多元理解的重要学者，提出了将课程理解为性别文本、种族文本、政治文本、现象学文本、美学文本等，他认为"正是理解，教导我们建立关心自己、关心人类同伴的伦理义务"。理解作为建立教师与课程的关联，建立学生与世界的关联具有重要意义，理解是教师和学生追寻意义的过程，同时也使他们在理解中凸显"个体存在的意义"。建立多学科的课程理解，不仅带来了课程研究话语的丰富和多元，也打破了课程研究中一元论、二元论的思维模式，使课程研究摆脱非此即彼的思维惯性，为课程研究打破传统的实证主义分析范式，建立人文理解范式、实践探究范式、社会批评范式等多元的研究范式提供了广阔视野。

经验美学以其独特的理论风貌吸引着学术界的关注，杜威作为现代美学史上第一个将艺术界定为实用主义经验的理论家，帮助人们看到艺术中最重要的东西不是固有的物体，而是在审视这个对象的时候给予个

---

① 王牧华、靳玉乐：《当代西方课程理论的主要特点及其发展趋向》，《教育研究》2013 年第 11 期。

体的经验，这种用经验来界定艺术的方法具有很大的包容性和动态性。生命美学以生命为研究对象，以生命的基本原则为言说准则，以人感性的生命活动为依据言说美及相关问题，其对人的存在状况的关注和尊重，无疑为理解课程提供了一种鲜活的生命美学图式。现象学美学将胡塞尔的"意向性理论"作为理论基石，将"先验还原"和"回到事物本身"的哲学畅想，作为本理论的一种独特的研究方法对事物本质属性进行认识。它是一个在对形而上学的美学思想进行批判和超越的基础上建立起来的对美的本体论和认识论进行重新解读的体系。

第五章

课程美学的建构

当美学以其独特的认识方式和价值取向成为人文学科研究的理论基础时，课程研究的美学转向可说是顺应课程发展潮流的变革路向。美学作为一门精神科学，其思想核心是关注人的精神价值和心灵世界，它为当代课程研究提供了一个新的立场和坚实的理论支持，它提醒我们对课程的价值体系进行重新定义。

第一节　课程美学的知识观

知识观是任何课程研究必须讨论的问题，知识观是课程观的重要组成部分，它是课程流派基本立场和理念最根本的体现，知识的传承是课程的使命和任务，因此课程和知识是密不可分的。课程美学探究的知识观不仅仅是关注"什么知识最有价值"，即关注知识的意识形态问题；而是更加关注"谁的知识最有价值"，即关注知识对于个体存在的意义问题。

哲学关于知识的理论，深刻地影响着学校课程对于知识的理解，同时也影响了课程传授知识的方式。在斯宾塞"什么知识最有价值"的哲学拷问中，"科学知识"成为那个时代最佳的答案，这个回答对教育影响巨大，导致了课程将科学知识的传递作为唯一的使命和任务。在唯智主义看来，科学知识就是通过科学方法获得的，科学知识是唯一合法的知识，并把科学知识定义为：机械的、实证的、与人的存在无直接关联的客观活动。科学知识以价值中立的立场扮演反映事物客观本质的角色，因此科学知识以概念、符号、公式等简练的方式反映复杂的世界，这就导致了知识与情感、客观与主观成为相互对立的两面。

在传统科学知识观的影响下，课程认为知识是固定的、可知的，课程的任务就是将那些已被证实的前人的知识加以传递，人类的文化知识就是依靠课程得以代代相承。然而，随着时代科技进步，在知识以几何速度快速增长的时代，课程传递的知识容量和实效性受到了挑战。同样的，科学方法虽然无所不能，但是应用起来，却有一定的限度；任鸿隽曾经说过，科学有他的限界，凡笼统混沌的思想，或未经分析的事实，都非科学所能支配。① 此外，科学知识既然是人对世界的主观认识，自然带有主观性，尤其在不同的社会文化背景下，知识总是被打上政治、经济、意识形态的烙印而无法保持"价值中立"。再者，在越来越强调个体的独立性和存在意义的哲学观照下，个体对于知识的掌握已不能仅仅是被动接受和简单记忆的方式，而是更加强调依据个体已有的经验对于知识加以理解，依据这些知识彰显个体生存的意义。以上种种原因，致使人们对于传统的知识观的客观性提出了质疑。课程美学探究结合当下的时代背景，对课程中的知识做了新的解读。

一、知识不仅具有普遍性更具有个体性

知识是人对世界客观认识的结果，是对世界客观规律的反映，知识对世界的认识是建立在主观、形式的范畴上，因此知识具有一定的普遍性。科学知识以先验综合判断的方式取得普遍性，就是说，在存有的世界中，先验概念对存有的世界做出了判断，这个判断为后来特定的情境的思辨活动提供帮助。因此，知识的普遍性以先验综合判断的形式反映事物间的因果关联。科学知识正是通过普遍性的性相而获得普遍有效

---

① 任鸿隽：《人生观的科学或科学的人生观》，《努力周报》2012 年 4 月 18 日。

性，即它的有效性不再限于一时一地一对象，而扩大到了类种的范围。① 知识的普遍性建立在科学真实的基础上，所以但凡具有正常感官的人，通过正常感官活动，都能达到对世界基本一致的共识。知识的普遍性在于，在一般条件下，只要是符合先验综合判断的条件，对于解释客观世界的现象而言都是可行的。知识的普遍性对于人类的文明进步起到重要作用，前人对世界的认识和积累的经验，通过普及性的知识代代相传，推进了人类繁荣和发展的步伐。

但是，世界是运动和发展的，它除了一般性外还有诸多的特殊性，于是知识的普遍性就不足以适用于特殊情境下的个别情境了，而必须启用个体特殊的知识经验来进行思考。此外，知识的抽象性是一种对科学活动中主客体交互作用的忽略，人作为世界的中心，是进行认识活动的主体。知识以价值中立的姿态反映客观自然，但是"存在的客观"是一个变体而不是自然本身。知识是人类认知的结果，因此，抛开人的主观性谈纯粹的客观性有点自欺欺人，人是历史和社会的存在，人的实践水平决定了认知水平，也决定了知识的社会性、历史性和有限性。

认知活动是人与世界交互作用的实践活动，也就是说，探究活动是以人为中心的，探究为人的存在提供生活的意义。知识与人的存在之间有密切关联，知识也充满了主观的意义，于是知识就具有了个体的意味。知识对于个体而言，具有提升素质的作用，个体学习知识、理解知识，改进自己的知识结构，完善对世界的认识，这个过程是知识对人的塑造过程。在这个过程中，尽管我们接受同样的知识，但是知识对不同的个体产生的影响不同，比如我们在同一个学校读书，同一个班级，同一个老师讲授同样的内容，不同的学生理解的实效却不尽相同，有些学生能很快理解，有些学生则需要较长的时间才能理解；不同的学生理解的方式也不同，有些学生会接受的理解，有些学生则是批评的理解，这

---

① 贡华南：《知识与存在：对中国近现代知识论的存在论考察》，学林出版社 2004 年版，第 88 页。

就是普遍性的知识在不同个体中产生了不同表现。知识的个体性是个体经过知识的塑造以后，具有了一个知识的头脑去发现新知、构建新知，知识与个体不断融合从而构筑一个属于自己的"知识系统"，这个"知识系统"是个体对事实的真实感知、与环境的相互作用、对自我的重新认识和建构的意义世界。知识的个体性使得这个世界摆脱了一致化、模型化的格局，个体对于知识创造的参与使世界变得丰富、深邃并充满了多种可能性。

二、知识不是静态的而是体验的

人类在对自然的探索中不断掌握自然界的规律，从而慢慢形成了对自然的稳固的认识，这些认识被传承和固定下来以后成为人类的科学知识。这些知识经过几代人的实践、检验和传承，逐渐形成了一种具有内在逻辑结构的知识体系。这些知识体系经过学科的分化和归类后成为严谨的学科知识，经过选择后成为可以在学校进行传承和教育的课程知识。课程知识汇编成教科书，通过文本的方式代代相传，前人的经验、人类文明的成果通过教科书得以继承。此时，知识作为一个静态的物在不同的时代、不同的人群里学习和传递，后来者通过学习掌握前人生产生活的经验，获得最快捷的了解世界的方式。然而，这种静态的知识并没有给个体带来精神的自由，反而成了个性自由的羁绊。第一，世界始终处于运动变化的状态，伴随着世界的不断发展变化，一成不变的静态的知识无法真实的反映当前时代的特征，也无法解决当前社会面临的困境和问题。如社会学家贝尔（D. Bell）所言，任何一个孩子都不可能像他的父辈和祖辈那样，生活在同一个类型的世界里。[1] 第二，他人的静态知识对于个体而言，对于鲜活的当下世界而言，知识失去了真实的情境，导致学生很难理解和学习，也就很难引起学生探索的兴趣。第

---

[1] ［美］丹尼尔·贝尔：《后工业社会的来临——对社会预测的一项探索》，高铦译，新华出版社 1997 年版，第 182 页。

三，静态的课程知识是经过成人选择和组织以后成为学生学习的知识。这些知识烙刻着国家的意识形态和成人的意志，是成人世界规定和给予学生的，学生作为知识的接受者被动学习，学生没有对于知识的选择权和支配权，也就难以理解知识对于自身的意义，学习知识的过程反而成了学生个性被压迫、自由精神丢失的过程。

静态的知识观，将知识存放在课程中，人通过课程学习和掌握知识，人与知识的关系就成了主客二分的认识关系。人是学习活动的主体，知识成了认识的对象，这种二元对立的关系，使知识与人被隔离在不同的世界中，静态的知识对于人而言，没有真实的意义和价值，知识的探究活动也会因为缺乏生命的热情参与而显得毫无生气。这种静态的知识观其实也是一种静态的课程观，视世界为一个"静观的世界""无声的世界"。这个"静观的世界"是一个封闭、冰冻的世界，知识堆砌在这个世界中，处于静止的状态，知识与人存在严重的隔膜。这与课程美学的观念是相对立的。课程美学认为，课程不是一个静态的知识文本，而是为人与知识探究提供相遇的情境。换言之，知识不仅仅是对过去经验归纳总结的结果，更是主体在当下对世界探索过程体悟的结果，课程不是传递静态的知识，而是为人与知识的融合提供对话的契机，知识不是被等待发现的静物，它"犹如一件艺术品，有内在的美，包含着一种热情，招呼着欣赏者的投入，使其敞开心扉，与其展开精神的对话"[1]。

"体验"性知识，改变了人与知识二元对立的关系，人不是知识的占有者，知识也不是被认识的物。人与知识是一种平等交往的关系，人通过调动个人的情感、兴趣、态度、信念、精神参与知识的探索，知识使人提升其认知能力、完善其生命价值、丰富其精神世界。"体验"使人的认识方式发生了改变，传统的知识传授方式往往是通过听、说的方

---

[1]　郭晓明：《课程知识与个体精神自由——课程知识问题的哲学审思》，教育科学出版社 2005 年版，第 137 页。

式将静态的知识进行传授，主体获得的是间接的经验；而"体验"性知识却是通过主体与知识的对话、理解、感悟、参与到知识探索中，使人获得对于事物最直接、最真实的经验，从而了解知识的意义与价值。

体验是生命美学的重要命题，是个体存在的方式。体验由狄尔泰引入精神科学研究后开始流行，并成为生命哲学广泛使用的名词，体验是生命意识抬头的一种表现。[①] 体验是体悟、体认、体会、体察、体证的意思，意为亲自、亲身之意。体验是认知的基础，人在与环境的作用中获得许多体验，有些体验对于个体而言感受不深，但是有些体验对于个体而言印象深刻，甚至还引起了主体记忆、想象等心理活动，这些心理活动加深了体验对于个体的作用，体验就长时间地保留在了主体内心深处，成为永久的痕迹，对于生命活动产生了深刻的印象。体验也是审美的基础，审美源于直接感知，但是高于感知，感知为审美提供了原始的经验素材，它们是联想的基础，经过审美想象对素材的加工、想象、创造，产生了完整的审美经验，审美经验越丰富，主体的感受就越深入，探索的愿望就越强烈，对知识的理解就越全面。

三、知识不只是一个事实也是一种信念

在传统的观念中，知识被赋予了规范性和正确性的特征，是科学假设和验证的结果，经历了推演和验证。知识的逻辑性和准确性被确定下来，用逻辑断言取代了事实经验的断言。知识被看作一个事实，是不容质疑和难以变更的。在人们的认知结构中，数学、科学、逻辑真理的认知结论正好满足了这些规律和要求，这样就更加强化了"知识等于科学真理"的结论，这样，知识被看作一个事实被描述并确定下来。这个结论深深根植于人的意识流中亘古不变且不受质疑，也就说，"它们的真实性并不要求任何存在或非存在，而且它们对于存在的事物或任何事物

---

① 陈伯海：《生命体验与审美超越》，三联书店 2012 年版，第 36 页。

的内容都不作任何要求"①。这种知识观对于教育尤其是课程的影响是深远的。作为承载着传递人类文明成果任务的课程而言，学校课程内容的编制也就自然而然的以人类既定的知识域为核心，加以传播和承递，人类认知的结果也就是这样被合法化地进入到人类生产生活领域，成为人的意识主宰。学校课程内容就是将这些知识加以编制和传递，这种传统历史久远且备受课程专家和教师们的欢迎，因为他们就是这样接受知识的，所以他们认为也应该这样将知识传递下去，他们扮演了知识的受益者和宣扬者。

把知识看作一个事实，知识的传递方式就比较简单了，常用的讲授法、问答法作为最直接有效的教学方法被运用于日常教学活动中。在课堂中，如果教师提问哪一个是杯子？哪一只是右手？学生们会毫不犹豫地做出"正确"而且是一致的回答。在大家的认知中，杯子和右手是一个事实性的知识，因此不需要做过多的考虑和判断，因为在学校里，学生们被告知这就是杯子、钢笔、书桌、卫星、轮船……这种描述性的知识，学生们很容易掌握。但是如果教师继续深入地提问"为什么说这是一个杯子？""为什么说这是右手？"很多人会迟疑或者回答不上来，因为这种问题，需要学生进行一些猜测、推理、讨论甚至是争论，而且所得出的答案一定是多样性的、不确定的和推论性的。相对于描述性的问题而言，这类问题就难了，但是这种问题更具挑战性，对于训练学生的独立思维更有意义，它需要学生开拓新的思维路线，对原有的经验进行重新认知和组合，对意义的信念进行辩解，剖析事实背后的隐喻。

这样看来，关于"是什么"的知识是容易回答的，因为"是什么"作为一事物的存在是已经被确证的，而关于"为什么"的知识是难的，因为"为什么"作为一个推论性的经验知识是难以被确证的。也就是说，能确证的事实性知识是简单的，需要推理的经验性知识是不可证实

---

① ［美］刘易斯：《对知识和评价的分析》，江传月等译，社会科学文献出版社2012 年版，第 25 页。

的。按照真理性知识的定义，真理作为科学的命题，具有超时空性，科学真理能覆盖过去、现在和未来，不会因为时空的流转而改变。在知识被冠以真理的名义受到膜拜的同时，也开始与学生的生活世界渐行渐远。这种科学取向的知识观，使科学知识成为学校课程的主宰，学校课程强调知识传递的高效率，出现了"以功利取代了意义，以规律取代了诗意，以效益取代了心灵，以实用取代了德行"的窘态。① 学生在被动、高强度的训练下，尽管掌握了大量知识，但却没有真正理解知识的意蕴，没有使知识与自己的生活发生关联，知识就完全失却了其人文意味，完全脱离了学生的生活世界。这样一来，学校就丧失了成为学生精神家园的地位，而成为一个追求效率的生产车间，无法为学生未来诗意的栖居带来更大的福祉，这样的知识对于学生而言是一种灾难，这样的知识在学校存在越多，学生就越脱离真实的生活，学生掌握这种知识越多，获得的自由就越少。

从另一个角度而言，知识都是能被证实的事实吗？数学可以说是一个精确率最高的科学了，但是数学中关于概率的分析也只能属于一个推理性的结论，无论通过多么精确的测算，要在无限的类中确定属性的频率是非常困难的，比率累积的表述无论怎么努力都无法作为最终限定值，只能是无限的接近但是永远无法到达最准确的定值。因此，数学家们普遍认为"任何对无限类中的一个客观频率的判断都可能被精确的证实但不会完全确定"②。1931 年，奥地利数学家哥德尔（Kurt Godel）提出了"不完全性定理"，即在公理系统内存在一个既无法证明其正确，也无法证明其不正确的命题，这是对传统数学完美梦想的打击，也使数学基础研究发生了划时代的变化，因此有学者认为，"求真与其说

---

① 李召存：《课程知识论》，华东师范大学出版社 2009 年版，第 135 页。
② ［美］刘易斯：《对知识和评价的分析》，江传月等译，社会科学文献出版社2012 年版，第 225 页。

是对于真理的追求，不如说是对真理的坚持、捍卫"①。如此一来，知识不一定是能被证明的事实可以成立的话，对知识的定义就可以改变，一些难以证实的东西反而更具有知识的意味，比如个人的经验、个体预见性的判断等，我们可以称之为信念，即一个行为或者一种希望。对知识的确认需要无数个假设、验证、否定、判断的过程，对知识的不停歇的追求依赖个体的信念。信念具有不受终点约束的精神，它使人们以积极的态度追寻判断的合理性，它在揭示客观规律的同时，不是为了归纳一个客观事实，而是为了对事实做出合理性的解释和非终结性的判断。

经验知识是一种具有预见性的知识，具有判断的功能，它很难甚至不能被证实。经验性知识在人的日常行为中最为普遍，可以说是"日用而不知"，比如人要下楼梯，通常都不需要一步一步地看着，人往往可以凭借感觉走完楼梯，跑步是如此，钢琴演奏是如此，人的吃饭也是如此，大量的生活情景说明我们凭借经验知识就能完成很多活动。凭借经验知识，人类很多活动能够变得熟练，人也因此更加自如地应付各种情形，它所具有的预见的价值远比谨慎的考虑更具有适应性，同时也更能满足人们认知的兴趣。而经验具有流动性和不可重复性，因此，多数的经验知识不一定能被确认为真理性知识。美国当代哲学家刘易斯（C. I. Lewis）说，有一类理解既得不到任何证实，也不要求任何证实，呈现内容的特殊性质和所予性，就可以说是它自己的证实，像经验认识或关于一种经验信念的任何证实这一类事情。② 这样来看，经验知识是一种难以被证实的知识，但却是能引发判断的合理知识，个体的经验能为个体解决问题提供判断的基础，能为思辨提供想象的基础。

人类面对知识的心情是复杂矛盾的，人类渴望了解知识和掌握知识，渴望在寻找知识的规律后安身立命，然而，探索知识的道路似乎永

---

① 周义：《教育美学引论》，天津教育出版社 2010 年版，第 277 页。
② ［美］刘易斯：《对知识和评价的分析》，江传月等译，社会科学文献出版社 2012 年版，第 23 页。

无止境，知识一直在岁月的长河中流淌跃动，人类一直在与知识竞逐但却无法到达彼岸。尽管如此，人类对知识探索的步伐却一直没有停歇，一方面，人类在认识世界的道路上不断探索，并使文明成果得以延续；另一方面，依赖信念，人类对于未知世界的推断、预见、兴趣、勇气成了人类前进的不竭动力。这种信念是对知识追求的信念，对自我经验的信念，对未知世界拓展的信念。苏格拉底认为"知识即美德"，也就是认为学习和掌握知识的过程就是人的德行和品格提升和完善的过程，知识使人聪慧，聪慧的人都是道德高尚的人，只有聪慧的人才能过美好的生活，很显然，他把人的知识与高尚的秉性和信念统整在一起，使求真、向善、享美成为终极目标。

可见，信念与实用无关，它属于审美价值的范畴。信念基于对某个事物的兴趣，对于兴趣的取舍和价值判断取决于个体的智慧，在信念追求过程中的行动和价值追求能唤起人的审美满足。信念是创作的源泉也是思考的结果，为了实现梦想不知疲惫的专注、追求、探寻、历险都是取决于坚定的信念，审美的满足又能促进信念的强化。信念超越了知识本身的实用意义，它使得人类不会仅仅满足于已有的知识，它为探寻人类的未知世界提供无限可能的想象空间，这才是人类精神的象征同时也是人类进步的持续力量。信念无疑存在于知识探索活动中，如果要对它进行归类的话，可以算是一种价值性知识。

第二节　课程美学的目标建构

课程目标是课程研究的首要因素，它决定了人才培养的规格和方向，是教育目的实现的重要保证。课程目标引领课程发展的路向，制订什么样的目标，就会有相应配套的课程设计方案、课程实施策略和课程评价体系。

教育目标（education goals）与课程目标（curriculum objectives）是

有差别的。课程目标是教育目标的下位概念，教育目标是指日常教育活动的教育追求和教育方向，教育目标影响着人才培养目标、教学目标、课程目标、管理目标等等。课程目标是指在课程规划过程中，按照教育目标的理想为了课程运行而制定的具体目标，课程目标延续了教育目标的思想，是实现教育目标的保证。

对于课程目标研究的重视可以说是从博比特《课程》一书开始的。博比特认为，课程目标的制订不是凭空想象，而是通过"发现"，它对教师提出了较高要求，即课程目标的确定是通过观察、调查的方法，在对学生目前发展情况的全面认识的基础上，对于他们未来发展做出全面的规划。这种课程目标制订的方法体现了"活动分析法"的思路，这种思路，在博比特后来的著作《如何编制课程》中继续发扬，该书罗列了学生活动的 10 个领域、800 多项与学生相关的活动，教师通过学生活动的情况来决定课程目标，其涵盖的内容是非常丰富的。它将学生的生活、社会活动作为人生发展的追求，而不仅仅停留于一般知识和智能上。他还强调课程目标应该精确，学生经过努力可以达到，尽量避免高调、空洞和模糊。

泰勒在博比特以后，建构了课程研究的"目标模式"，对于课程目标的制订有了更深入的思考。泰勒指出课程目标的来源有五：①学习者本身。学习者的发展需要是课程研制的第一要务，是课程目标的重要来源。②当前的校外生活。当前社会生活发展的状况是学校课程需要考虑的因素。学校课程就是为学生的未来生活所需做准备的，反之，社会生活就不能为学生提供学习迁移的可能。因为生活情境和学习情境有很多方面明显相似，当学生发现现实生活碰到的情境与学习时发生的情景相似时，他就有可能运用已之所学。③学科专家的建议。学校课程通常是由学科专家编写的，所以学科专家的很多观点往往会体现在课程中，不过，学科专家提出的课程目标更加强调学科的专业性和学术性。④哲学。哲学是统整人类社会文化的最高价值标准。学校课程的价值、理想、习惯和实践应该与哲学的价值诉求相一致，因此应该由哲学来选择目标，哲学就成为"一道筛子"。⑤学习心理学基础。心理学了解学生心理发展的规律，了解学生的行为，了解学生的学习方式和学习效率，对于课程目标是否符合人的年龄特点和学生的学习效果、学习的可能性做出判断。因为学习心理学为课程目标的科学规范起到重要作用，因而被誉为"第二道筛子"。①

"目标模式"确立了课程目标在课程系统中的中心地位，课程目标成为统领课程的重要因素，也成为课程评价最重要的依据。这样，课程研究就有了明确的方向，课程也因此变得逻辑清晰、操作便捷。但同时，一种"惟目标"至上倾向的滋生，导致课程走向了功利性和机械化的深渊。课程在制订目标的时候，以成人的标准对学生的发展进行规划，没有考虑学生的个体差异，也没有考虑学生的文化背景和经验基础，这样的课程目标是僵化而缺乏生命关怀的。为了使学生达到目标要求，课程实施过程完全围绕目标进行，忽略了人作为课程主体的主体性和参与性，忽略了目标之外的学生发展的可能性和机遇。在对目标完成的评价中，目标成为课程评价的唯一判断依据，忽略了对学生个性品质和生命整体的关注，忽略了课程实施过程中真实的课程情境和精彩的事件。对课程目标不恰当的定义和使用，使学生湮没在目标的迷雾中，目标使学生的整体发展变得支离破碎，人的创造性和主体性被忽略了。学生发展的情感、审美、品德、旨趣等因素，无法在显性的目标中得以描述和实现，人的发展的整体性和全面性被剥离，同时也使课程的目标与手段、过程、结果被机械地分割开来。

课程美学以人的整体发展为追求，以人的精神自由、道德自觉和行为自主为根本，强调人的认知、能力、情感、意志、价值的和谐发展。因此，课程美学在课程目标建构上体现了美学的价值意蕴。

---

① ［美］泰勒：《课程与教学的基本原理》，罗康等译，中国轻工业出版社 2008 年版，第 15 页。

一、强调目标的全息化，体现课程的生命关怀

在以往的课程目标中，知识性占据了主导地位。在传统的"知识就是力量"的思想影响下，知识成为衡量一切能力、水平、意识的法器。唯知识至上的思想使课程将知识的传授作为自己的首要重任。知识已经超过了人，并将人排挤在外而成为课程的中心，课程成为简单化、机械化、单一化的工具。这种唯机械论的立场，使知识成为课程的主体，人作为客体，是知识的容器，而课程就是知识传递的工具。知识固然是文化的表现形式，也是科学认知的重要载体，但是把知识价值绝对化，用知识的价值压倒人的价值则会导致课程功能的失调。何况在知识框架中，逻辑序列强的显性知识易被理解，而那些无法被形式化、逻辑化的隐性知识则难以体现在课程目标中，这就会导致个体发展的片面和局限。

席勒将人分为两个方面：一是不变的人格，二是变化的状态。不变的人格包括自我、绝对存在、形式，这些可以归纳为人的理性部分；变化的状态包括现象、世界、物质存在、内容，这些可以归纳为人的感性部分。人的天性中包涵着理性冲动和感性冲动，如果某一方面缺失，人就不可能获得自由，只有将感性冲动和理性冲动和谐起来，人性才能完整。

课程美学目标的制订兼顾人的理性和感性特征，以促进人的整体发展。人的理性智能包括：逻辑、推理、探究、调查、实验、知觉、抽象……理性能丰富人的时间、空间、物质等方面的概念，是对世界的客观认识，同时也是人赖以生存的依据，人在掌握自然界的一般规律的基础上，顺应这种规律得以栖息在大地上。人的感性智能包括：感觉、直觉、想象、审美、创作……感性能给人以艺术、审美、想象的能力，这种能力对于人全面认识世界，尤其对于认识自身在世界中生存的意义与价值有着特殊的地位。理性是对表象的认识，是对有限世界的认识，单纯的理性往往会使人从世界中抽离出来，人成了一个没有精神倚靠的独

行者；感性加强了人对自身本质和需求的认识，使人在精神自由的追求中被安放在一个完整的世界。它体现了生命的质量和灵性，使人的精神世界变得丰富充实。在感性认识中，通过想象，感性对世界的认识是无限延展的。"美是感性与理性、实在与形式、外化与造形、有限与无限的统一，是在具体的、有限制的事物上显示出普遍和无限来。"① 课程美学的目标主张将人的理性智能与感性智能相互统一，灵活转换，使人得以全面整体发展，任何一方的偏颇都将使人异化，使人的发展受限。

二、注重目标的和谐性，彰显课程的生命意义

和谐是美最基本的特性。人与自然的和谐、主体与客体的和谐、理性与感性的和谐、精神与物质的和谐、内容与形式的和谐，在美的世界里，不管是圆满与静好、冲突与对抗，最终都能统整在美的和谐范畴里。音乐的高低、强弱，色彩的明暗，线条的长短，形式的大小、对称等，这些不对称的因素经过重新组合，构成了和谐的关系，构成了美，美就是多样性统一的体现。在古希腊时期，毕达哥拉斯学派和赫拉克利特都推崇这种"美就是和谐"的观点。"和谐是杂多因素的统一，不协调因素的协调"，"差异的东西相会合，从不同的因素产生最美的和谐"。② 奥古斯丁在《忏悔录》中给美下的定义是"整一"与"和谐"。黑格尔认为，美是理念的感性显现，也就是在强调美是理性与感性对立、协调、统一的含义。和谐的自然使世界美丽，和谐的社会使生活美满，和谐的课程使人格健全，当世界呈现和谐秩序时，一种美的气息将弥漫社会，人才能走向诗意生存的理想境界。课程是学校教育的核心，是促进人发展的重要媒介。建构和谐的课程是促进学生全面发展的有力保障。

人文素养是人成为完整的人的首要因素，具有人文素养的人具有理解世界的独特方式，不仅了解自然的客观性，更重视"我"在自然中

---

① 郑钢：《教育美学论稿》，湖南教育出版社1996年版，第5页。
② 朱光潜：《西方美学史》，人民文学出版社2007年版，第35页。

的意义。"我"的存在就是世界的存在，"我"的"思"才是我真正的存在，任何外力的推动都无法代替"我"完成对自身意义的建构。人的科学素养形成来自于人对自然规律的认识，人的人文素养是对知识以外的意义、价值，包括自我的认识。人文素养是审美的基础，具有审美精神的人，才能使个体走向自由的理想王国。从某种意义上而言，人对自身的认识表达了人对世界的认识，那么人的自身越完美，他对世界的知觉就越完美。美学以研讨人类文化、精神与实践为使命，关注人的情感世界、意义世界和生命境界，追求人的精神世界和提高人文素养的观点对于课程是极具启发的。

人是课程的主体，课程的价值在于促进人的心灵成长，课程目标的确定应该以人的发展需要为宗旨。然而长期以来，课程目标只重视认知性目标，缺少对情感的关注；只重视科学性目标，缺少对人文素养的关注；只重视显性目标，缺少对隐性能力的关注。在这种目标导向下，往往培养出来的是只知道记忆知识，但是缺乏实践应用能力；只知道储存知识，但是缺乏对知识的意义的理解；只知道沉闷地接受教科书中的信息，但是缺少对于世界的独立思考的单向度的人。在这种单一目标模式下培养的人，缺乏对生活的认知、缺乏对知识探索的热情，缺乏人生的理想，更缺少一种对生命热爱和对周遭世界负责的人文素养。

为了改变这种状况，必须构建以"和谐"为要义、真善美协同发展的目标体系。课程美学目标以认知和能力，体验和探索，情感、态度、意识、审美为目标关键词，通过以美启真、以美扬善、美美与共作为目标追求。首先，目标以"兴趣""体验""感受""意识""审美"等形式让主体主动参与课程，获得对世界的真切体验，鼓励个体主动构建经验。其次，通过目标的整合来实现科学目标与人文素质的和谐发展。课程美学在强调人文素养的同时并不排斥知识，而是更加注重知识，注重知识的结构性、创造性、人文性。知识的立体结构即知识不仅是观念、概念、定义等，更包含个体的经验和实践。知识的创造性即知识学习不仅是记忆、储存，不只是量上的增加，更是建立在主体认识之上的意义解释和价值构建，是一种质上的增长。知识的人文性即知识不仅是程序性的公式、符号，更印刻着一段历史、文化和艺术，这些对于知识本身而言更加具有探究的魅力，更能提高思维的深度。在科学探索的过程中渗透审美意识，通过美的感知、想象、思维去实现对真理的探寻，通过探索的成就感来进一步丰富美感体验；在认知发展的同时，加强对自身行为的规范和反思，加强对理想、信念的坚持，使人在感性—理性—复归感性的道德规约中解放人性，实现真正完美的人性教育。

三、注重目标的意向性，还原个体的生命本色

教育作为一项有目的的教育活动，有着明确的目的性，课程因此也总是以明确的目标为行为指南。长期以来，技术取向的课程形成了"目标—手段"的思维方式，以目标作为课程实施、课程评价的最高标准，形成了一种追求效率的课程运行模式。然而，倚靠单一和明确的课程目标来实施课程，课程会陷入理性主义的危险，就会依照严格流程开展，以目标的实现作为衡量课程的唯一标准。这样的课程便会出现漠视学生和教师生命的完整性的现象，偏离促进学生生命完整的轨道，也会大大地制约教师和学生创造力的发展。课程作为伴随学生终身发展的一个"事件"，其存在方式对于学生的发展是无可替代的，因此课程要为学生的终身发展做出规划。教师不仅要制订全面和多元的课程目标，为学生的终身发展指明方向，更应该在心里保留一种"意向性"的目标。

"意向""意向性"是现象学的重要起点概念和基本概念。"意向"简单地说是自我对一个对象的朝向，是意识的意向活动，是意识的认同、统摄的趋向，相对于笛卡尔的"我思"概念，它是对意识行为的统称。① "意向性"是所有意识的本己特征，指意识对被意指对象的自

① 倪梁康：《胡塞尔现象学概念通释》，三联书店 2007 年版，第 250 页。

身给予或自身拥有的目的指向性。① "意向性"是包含着一个对象，是心理活动的结果，具有能动性，现象学用"意向性"作为对本质直观世界反思的立场和武器。但是，胡塞尔力图避免用"意向性"形成主客二分思维的对立，而是主张用"意向性"来指代主客体关系本身，它们是融合的而非对立的。"意向性"具有隐蔽性，在现象学还原之前，它是一种交遇，在现象学还原之后，它是一种构成。②

"意向性"目标是指教育者将教育对象未来发展的可能状况作为一种意向性向外部世界投射和构建的过程，这种意向经过教育者经验改造和想象组织得以显现。"意向性"目标不同于陈述性目标，它不一定能用语言清楚地表达出来，它是一种意象，存在于想象中。正如艾斯纳所说，无论是在艺术、科学，还是在社会科学或实践指导中，卓越的意象往往很难清楚地表达出来，而且它有时无以言表。③ 正如一个画家要用语言表达他未来要创造的画面，无论如何描述，都会比一幅画呈现出来的景象逊色。中国哲学中的"言有尽，意无穷"正是这种写照。在我们的生活中，目标不明确的现象是有的，在很多事情上，我们已经行动了，但是不一定清楚行动的意图和意义。比如，诗人写诗的状态就是边写边感叹边创作的过程，在感叹和思考的过程中慢慢将自己的体会书写下来；孩子们在游戏玩耍的时候，也不一定知道游戏的目标，但是游戏的过程一定能让孩子有所收获；还有我们帮助他人的时候，不一定是出于要得到表扬的目的，而是出于一种意识的本能。所以，如果期望课程目标将人的未来发展都能编制好并用语言的形式表现出来，那是一种误解。课程目标不一定要为了掌握而陈述出来，目标不一定要先于行动，

---

① 倪梁康：《胡塞尔现象学概念通释》，三联书店 2007 年版，第 252 页。

② ［德］胡塞尔：《纯粹现象学通论》，李幼蒸译，商务印书馆 1996 年版，第 170 页。

③ ［美］艾斯纳：《教育想象——学校课程设计与评价》，李雁冰译，教育科学出版社 2008 年版，第 170 页。

它们可以从行动中产生。① 那种必须明确每一次教学活动的目标，教学就是为了既定教学目标的完成的做法，是一种典型的技术主义的取向。"意向性"目标着眼于学生的长远发展而非眼前短暂的成功，把学生发展看作一种流动的"意向"，它作为一种希望，作为对学生发展的祝愿和希冀，流动在课程的过程中，教师需要运用智慧，转变一种理性思维的方式，发挥教育想象才能意识到、掌握到。课程要真正成为伴随学生终身发展的旅程，必须以"意向性"目标作为引领。

四、重视目标的生成性，体现课程对个体经验的尊重

课程目标是对学生未来发展做出的预判，是既定的，但不能是一成不变的。从生命的角度，人生具有无限性，人不是驻留在某一处，而是永不停息地运动和流向未来，赫拉克利特说过，人不能两次踏入同一条河流，说明事物、环境、生命具有流变性。在叔本华看来，"意志"就是时间的本质，在意志的作用下，一切都生生不息，正是这种蓬勃而强烈的意志推动，"使运动和生成成为世界的本质特征"，正是这种"变动不居的意志，造成理念逐级变化，并最终促成万物之美处在生成变化中"。② 叔本华将生成作为生命的本质，为生命哲学研究开创了独特的论点。尼采继承了叔本华生命生成学说，提出了"世界是生成之河"，处于永恒的变易之中，"应该阐释变易，而不应该乞灵于目的论"。③ 帕格森以"绵延"阐释生命的生成性，他认为"生命是进化的，是永不停歇的变形"，生命是一种创造性的进化。④ "绵延是过去的持续进展，

---

① ［美］艾斯纳：《教育想象——学校课程设计与评价》，李雁冰译，教育科学出版社 2008 年版，第 172 页。
② 朱鹏飞：《直觉生命的绵延——帕格森生命哲学思想研究》，中国文联出版社 2007 年版，第 111 页。
③ ［德］尼采：《权利意志》，贺骥译，漓江出版社 2000 年版，第 34 页。
④ ［法］帕格森：《创造进化论》，肖聿译，华夏出版社 2000 年版，第 197 页。

它逐步地吞噬着未来，而当它前进时，其自身也在膨胀"，[①] 绵延代表着世界的变化，代表人心灵的成长，这种成长即生命的进步和创造，然而绵延是无法预知的，所以变化就成了世界的特征，而生成就是无限的和多样的了。

生命美学的生成观点，认为生命是流淌不息的，人的发展就会持续向前。人参与课程活动过程中，主体与环境相互影响，主体的主动性和创新性随时都会被激发，人的行为存在着很多的不可预知性，这使得既定的标准化目标与真正变化和发展的课程情境出现了对立和矛盾。课程目标就不能是一成不变的，必须顺应事物发展而随机生成，课程目标的生成性是课程自身对局限性认识的结果使然。生成性目标是指目标不是课程开展之前预先制订的指令，而是伴随着课程活动展开过程而形成的。

"目标的生成性"的立论可以追溯到杜威"教育即生长"的观点。杜威反对把教育看成完成既定教育目标的过程，任何目的都是外加于教育的，认为教育本身没有目的，教育是儿童经验不断改造和积累的过程，儿童生长、生活的经验积累过程本身就是教育的目的。之后，斯滕豪斯的"过程模式"继续完善"目标的生成性"的观点。"过程模式"课程观是针对"目标模式"的弊端提出的，相对于"目标模式"程序化、机械化的课程运行方式。"过程模式"放弃了"目标"一词的使用，认为课程应该强调其过程的运行，强调运行过程中师生对话对于课程构建的价值。他反对一切对既定课程事件的指令性规划，认为一切都蕴含在过程之中，关注过程自然就能获得理想的结果。塔巴也是这种观点的支持者，她认为，教育是一个演进的、渐进的过程，不能把教育目的当成一种终极的目的，目的不是在教育之前或者之后，而是体现在教育过程中，目的是一种挑战性的导向，不是预存在教育中，也不代表教

---

① ［法］帕格森：《创造进化论》，肖聿译，华夏出版社 2000 年版，第 11 页。

育的终极状态。后现代课程观更加坚定这种观点。后现代课程将课程定义为在对话中建构的过程——自组织的过程，一切意义都在过程中实现，课程目标更是在过程中生成的。现代课程有明确的目标，其实是基于对世界解释确定性的假设，认为已经掌握了世界运行的规律，获得了对世界事物永恒性的认识。课程的任务就是将这些现成的认识传递下去，教师的任务就是忠实地执行课程，这是一种静态的世界观和简单化的哲学思维，其危害就是遮蔽世界的复杂性。后现代课程认为，世界是复杂的，世界的意义来自个体对世界的活动，我的存在以我对世界所作的解释构成了我在世界的意义，没有预先的世界，世界存在于互动、对话、解释的过程中——是"文本和读者之间、教师和学生之间、经验和意识之间信息的协调"，① 一切都蕴含在过程中，一切意义、目标、方法都是在过程中生成的。

课程美学强调目标的生成性体现了生命关怀的价值取向，生命美学认为，一切活动包括课程活动都是围绕生命展开的，生命对世界的感知、对世界的体悟、对世界的探索构成了一个真正的世界，生命在这个过程中完成对世界的解释，提升对自我存在意义的认识，丰富其精神世界，达到审美化的人生，这是个体自我觉醒的过程，是一种以自我成长的经历构建的课程。目标的预定性，只关注课程的历史和原状，以抽象的课程内容代替真实的课程情境，无视生命的存在，忽略了人的能动性，造成课程与人发展的矛盾。此外，目标的生成性体现了生命的自由。在这个强调生成的开放的课程体系中，一切目标、方法、手段、结果都是生成性的，这种生成围绕着生命主体展开，它摆脱了既定性课程目标造成的主体与课程毫无关联、主体被课程束缚、主体为了达成课程目标陷入课程逻辑中无法彰显生命自主的境地，生成性的课程目标来源于个体生命活动，为了生命的自由活动。再者，目标的生成性符合人的

————————

① ［美］多尔：《后现代课程观》，王红宇译，教育科学出版社 2000 年版，第 218 页。

发展规律。在生命长河中，个体的发展川流不息、缓缓向前，在"绵延"的生命中，个体的发展既遵循一定的客观规律，同时也蕴藏着巨大的可能性，甚至还孕育着超越前人、超越当下、超越自我的多种可能，一成不变的课程目标无疑成为限制了个体发展的羁绊。目标的生成，就是让目标追随个体发展的进度，随时确定新的目标，促进个体可持续的发展。

第三节　课程美学的内容建构

课程内容是知识观在课程运行中的直接体现，有什么样的知识观就会有什么样的课程内容。在知识无限膨胀的时代背景下，在有限的学校课程内部，该如何进行合理建构，才能勾勒出一个能承载知识的理性逻辑、社会厚重的文化特性以及满足个体创造意识和灵性的内容体系，无疑是一件重要和充满挑战的工作。

一、注重内容的"博"

生命美学把人看作一个完整的整体，一个完整的个体应该是感性与理性和谐统一的。感性认知是人最真实直接的行为表现，也是人的一种自然属性，缺少感性，人的思维就会僵固和呆滞。理性是人超越动物本性的表现，是人思想自由和走向审美的途径，缺少理性，人的思维就会停留在原始状态。人只有从感性经验出发，经过理性光芒的照耀，才能回归自然、自由和审美的王国。课程美学内容的建构必须考虑以人的感性为基础，以科学理性内容丰富其感性世界，从而使人性走向自由和完善。为了满足个体的完整发展，课程内容必须丰富多样，以满足不同学生发展的需要。《大教学论》一书以"把一切事物教给一切人的普遍的艺术"作为副标题，体现了教育以广博的知识滋养生命蓬勃发展的愿景。在古代，中国和西方具有课程雏形意味的"六艺"（礼、乐、射、御、书、数）和"七艺"（逻辑、语法、修辞、数学、几何、天文、音乐），作为儿童需要学习的内容，涵盖了当时人类文明的全面内容。"七艺"作为教育内容，支配了之后的欧洲基础教育达 1500 年之久。①随着近代科学的发展，学科门类进一步分化和齐全，这些丰厚的人类文化遗产，都为拓展学校课程内容的广度提供了条件。美国的哈佛大学历来以课程内容的广博著称，20 世纪初，美国一般大学文科的课程是按照纵深与横亘相结合的原则来设置的，就是让学生建立起既宽广又深厚的知识体系，为后续的学习奠定坚实的基础。20 年代中期，哈佛大学在课程内容的设置上涉猎更加广泛，在人文科学、社会科学和自然科学三个领域都要求学生有所了解。20 世纪六七十年代，由于人类的知识领域空前扩大，各学科之间的界限已被打破，学校顺应时代潮流，课程内容变得更加整合更加多元。

课程内容的广博能让学生最大限度地感受社会科技的文明成果，通过拓展学生知识的广度来提升文化修养，为后续的学习奠定坚实的基础。广博的课程内容可以避免过早的给学生职业训练或专业训练，把学生培养成一个技师。它是基于学生全面发展的理念，以促进知情意全面发展作为教育理想，把学生看作一个生命体，一个具有发展的渴望和需求、有无限发展可能的生命体，在个体成长的过程中让生命与现代文明相遇和对话，了解和感受社会文化的美，明确生命责任，完善生命道德的自觉，从而达到生命审美的自由。

广博的课程内容是以自然为基础的。自然的事物、自然的现象作为人类生存的基础，与人的生活密切关联，其绚丽苍劲的神奇魅力令人敬仰和神往，对自然的了解和探索也成为人类延绵的追求。正是在这种追问、历险和遭遇中，人的情感、思想和自我意识才逐渐澄明，进而也形成了独特的自然美的意象。自然为人类的探索提供源源不断的能量。人

---

① 陈建华：《论基础教育、素质教育与博雅教育的内在关系》，《南京社会科学》2013 年第 9 期。

类不仅努力探索自然的规律，了解自然的规律，以获得生存的自由，同时也在对自然的探索中加深对自我的认识和反省，认识自身的局限，以回归自然之心认识和寻找生命的价值和意义，以获得生命的审美趣味。

完整的课程内容应该围绕个体的经验建构。杜威认为，经验的本质是审美的，依赖身体感官人获取了对自然的最初感知，这种感知除了能满足人们了解自然的好奇心，同时也产生了一种探索的冲动，这种情绪冲动使人不仅仅停留于对物体的欣赏，而是引发对物体相关因素的思考和探索，并努力寻找答案，使经验不断的完善，成为一个完整的经验。课程美学的内容以人的经验为起点，不断丰富人的体验，帮助学生建立连续性的教育经验，并进一步改造经验，使个体的经验转化为能力。经验是一种生命现象，是生命体与外在世界互动的行为，课程内容能观照个体经验，这不仅体现了对生命的尊重，也使课程更加易于个体接受和理解。

广博的课程内容应该密切联系社会科技文化的成果。追寻课程内容发展的历程，我们不难发现，每一次科技革命都能引发课程内容的更新，可以说，科技进步与课程内容变革是同步发展的。科技成果纳入课程内容体系，不仅能使人类的科技文化得以广泛传播和运用，使科技成果成为推动社会进步的动力，也让人感受到科技给生活带来的便利，让人在享受丰富生活的同时进一步产生创造科技文明的动力。科技文明是人类创造生活的历史成果，这个创造的过程凝聚了人类自强不息的探索精神，这种精神隐含在课程内容中，不仅可以训练和开发学生的思维品质，更对培养学生对于科学探索的热爱和坚定的信念有益。因此，课程美学内容的建构，提倡应该大量吸收当代科技文明进步的成果，将之编制到教材中，让学生充分感受理性文明的光辉，并使学生通过学习科学技能获得适应社会的能力，更重要的是培养学生科学的批判精神和超越的勇气，理性地审视和开发科学文明，使人类社会更加和谐和美好。

培根（F. Bacon）在《人生论》"论读书"中提到，读史使人明智，读诗使人聪慧，演算使人精密，哲理使人深刻，道德使人有修养，逻辑修辞使人善辩……可见，广泛的阅读、思考能夯实人的知识结构，完善人的素质，丰富人的精神。构建一个广博、全面、完整的课程体系，有助于改变目前学校课程中知识难度大、学科门类窄、学生学习兴趣低的现状。

二、注重内容的"雅"

与"雅"相对的是"俗"。"俗"的课程内容表现有几点：一是追求课程内容的短期效益，表现为选择短期见效的课程内容，尤其是在基础教育阶段为了提高学生考试分数而准备的大量考试材料，这种功利性的内容窄化了学生发展的空间，过度的理智训练方式，置学生于题海的深渊而身心疲惫，使学生误读了学习的意义，导致生命自由感丧失。二是课程内容过分追求知识和技能，表现为课程内容过早的职业性和专业性，基础教育顾名思义是一种以奠基人的基本能力为主旨的，为个体未来发展和后续进步提供坚实基础的人文素质的教育，而当前的基础教育课程内容，如艺术、美术、体育掺杂着过多过高过难的技艺和技能方面的要求，而很多数理课程的知识性过强、难度大，这些往往会过早地扼杀学生自由探究和深入学习的兴趣。三是自主开发的课程内容闲置，国家实施三级课程管理制度，提倡各级各类学校开发具有本土特色的地方课程和校本课程，但是由于课程开发意识的薄弱以及课程开发技术的局限，导致各地所开发的校本课程内容旧、无趣味、档次低，很多地方的校本课程开发后却闲置不用，造成课程资源浪费。四是课程内容过多的重复。为了升学的目的和追求高分数，课程内容偏向考试知识的传递，尤其对于考试的内容，为了突出重点和加深了解，课程内容往往是反复而频繁的出现，有时候甚至在不同的学科中多次出现，这种繁琐的课程内容不仅造成教学时间的浪费，也导致学习认知的僵固和单一。

英国教育哲学家保罗·赫斯特（P. H. Hirst）说，"知识的追求不仅仅是心智之善的实现，而且还是人们藉以发现整个美好生活的手段"①。他提醒我们，教育不仅仅是为了获得一种技能或者一个知识，而是通过知识的学习改善思维品质，提升人对生活意义的认识，珍惜生命的存在和意义。课程美学的内容以高尚、典雅为追求，排除那种以训练和功利为目的的课程内容，力图以广博高雅的内容给人以智慧的熏陶，使人摆脱庸俗，以卓越的精神探索"真"，以人文的情怀理解"善"，以高雅的诗意品性抵达"美"。

高雅的课程内容应该具有趣味性。趣味是一种能引起人快乐的感受，当一个新的事物出现的时候，它外显出来的趣味能瞬间吸引人，使人开始调动所有观感经验来思考它，因此，课程内容首先应该能引起学生的兴趣，有趣的事物往往能给人带来愉悦感，这种愉悦感有助于提高认知能力。愉快感通常能引发惊奇，康德认为，愉快是惊奇的根据，这种惊奇乃至当我们对它的对象已经熟悉了时也不会停止。② 在愉悦感之后，学生的惊奇随之而来，这些将是学习的不竭动力，惊奇激发学生不断地投入热情去求知，不断地发现事物中新的意义。课程内容的趣味性与认知能力具有合目的性，它们在相互的调试中共赢，有趣的学习使学生感到身心放松和精神充实，使学生摆脱学习的"奴役"状态，自己掌握学习的主权，使个性受到尊重。当然，正如康德所言，尽管趣味与人的先验有关，但却是文化教养的结果。③ 趣味是一种无利害而令人愉快的感受，因人不同，趣味判断的原则也不同，每个人对趣味的认同和体验都不同，可以说，趣味的主观性很强。这样就提醒我们，在课程内容的建构上，要注意通过文化的介入，培养学生良好的趣味感，使学生的趣味符合主体的认知能力，而且在后续的学习中，要不断调整课程内

---

① P. H. Hirst, *Knowledge and the Curriculum*, London: Rouflege and Kegan Paul, 1974, p. 30.

② ［德］康德：《判断力批判》，邓晓芒译，人民出版社 2002 年版，第 25 页。

③ 彭峰：《西方美学与艺术》，北京大学出版社 2005 年版，第 163 页。

容，使其符合学生趣味发展的需要，使趣味得以持续和提升。

高雅的课程内容要注意适宜性。课程内容应该符合学生心理年龄特征，符合学生身心发展的需求，契合学生的经验和兴趣。一般来说，课程内容的选择要与学生的身心发展顺序相平行，遵循由近及远、由简到繁、由易到难、由直观到抽象的顺序，让新的内容自然而然的从已学过的内容中孕育和浮现出来。① 如果过于拔高课程的深度和难度，使学生在不断追赶知识和技能的时候导致身心疲惫，在不断追逐功名的时候迷失自我，这样的学习生涯是痛苦的和窘迫的，这就与课程使学生心灵高尚、旨趣高雅、精神高贵的目的相去甚远了。

三、注重内容的"通"

"通"是一种普遍的审美意蕴。中国审美讲究"通"，通透而活络，与窒息相对，艺道贵通，通则有领取，通则有往来回旋。生命之间彼摄相因，相互激荡，油然而成活泼之生命空间。② 《说文》（东汉）中记述，通，达也；《新华词典》中，通的本义是通达，没有阻碍，引申为互相联系无阻断，还有普遍适用、贯通的意思；③ 在《新编成语词典》中，"通"意为融会贯通，是指前后贯穿，彻底理解，朱熹在《朱子全书》语："举一而三反，闻一而知十，乃学者用功之深，穷理之熟，然后能融会贯通，以至于此。"④ "融会贯通"在认知活动中可以理解为学习者在掌握某一种知识的基础上，能够做到知识的迁移和运用，也就是能从不同门类的知识中寻找其共通性，从而将一个领域更深的理解转移到另外的领域当中。要使知识能够真正的融会贯通，知识并不是越多越好，知识太满就无法流动，而是要将知识纳入自己的认知框架，能灵活

---

① 靳玉乐：《课程论》，人民教育出版社 2012 年版，第 218 页。
② 朱良志：《曲院风荷》，安徽教育出版社 2003 年版，第 1 页。
③ 《新华大字典》，商务印书馆 2011 年版，第 865 页。
④ 胡正晖：《新编成语词典》，上海远东出版社 1995 年版，第 384 页。

运用，拥有良好的思维品质和正确的思维方式，才能使知识得以迁移，达到融会贯通。

　　长期以来，学校课程内容出现了重理科、轻文科，重收益、轻学术，厚实用、薄理论等倾向，使学生学习出现偏科的倾向，学科之间的发展也不平衡。当前学校课程内容分科太细、科目过多、学科间缺乏横向的联系、教材内容重复、有的地方课程内容行政化现象明显。这些问题在新一轮基础教育课程改革后有所改善，但是依然没有根本性改变，笔者曾经到一所小学调研，该校开设了一门《综合实践活动课程》，同时又开设了《信息与技术》《研究性学习》课程。因为前面一门是国家规定的课程，后两门课程是地方硬性规定要开设的课程，再加上自己学校开发的校本课程，类似这样的课程就有 4 门。这种将课程简单叠加的平面化设计导致了学校课程容量多、交叉重复，无疑增加了教师和学生的负担，而且学习效果也不好，同时背离了课程改革的初衷。

　　课程美学内容强调"通"。"通"指向融合，更指向超越。课程内容应该以整合化、生活化的内容取代支离破碎的知识传授，以统整课程代替学科课程，加强知识的组织与应用，以社会问题和生活经验来串联知识，使知识隐含在学习过程中，以统整的内容实现课程目标。课程美学内容以一种开放的眼界看待世界，把世界的文化成就和未来发展的紧迫任务巧妙融合在课程中，以学科整合的方式还原一个整体综合的知识体系，更强调一种超越学科——以社会统整和经验统整为核心的基于个体经验文化的超学科整合。课程美学的内容注重技能与素质融通、目标与内容融通、学科与学科融通、学生与知识融通、学生与学生融通。它打破了学科间壁垒森严的界限，强化知识的整体性而弱化知识的局部性，强调学习者与知识的交往、学习者之间的交往，真正体现了学习者自主理解知识、构建知识和创造知识的观念，使个体生命摆脱固有的思维范式，按照自己的实践逻辑决定思维秩序。

　　实现课程内容的"通"，首先应该使技能与文化联通。技能的训练长期被轻视，在《论语·为证》中提到"君子不器"，《周易》中提到"形而上者谓之道，形而下之谓之器"，由此可见，中国古代传统是轻视技艺和技能的，在抽象道理与具体事物的关系上，往往强调理论而轻视实践。这种思想深刻根植于人们的思想，这就导致当今教育重理轻文，尤其是轻视艺术和体育的现象。其实这是对"道—器"关系简单而武断的解释，其实后来不少文人就"道与器"的关系作了更多更为深入的阐述，阐明了"道与器"具有相互融合、相互推长的关系。如朱熹说："行而上之道也，生物之本也；行而下之器也，生物之具也。"（《朱文公文集·答黄道夫》）；王夫之等则认为"道"不能离开"器"而存在，提出"无其器则无其道"的命题，可见"道与器"是具有相辅相成的作用，这为课程美学的内容强调技能与文化并重提供了有力的佐证。当前学校教育中，技能的学习包括生活技能、艺术技能、身体机能等，它们是学生生存的必备能力。当前国家教育政策已经认识到要着力平衡学生的技能与知识学习的关系，比如规定了学校体育锻炼的时间，也明确提出了中小学生必须具有一到两种艺术技能的要求，体现了教育对学生技能的重视。当然，在新的形势下，我们要注意避免为了技能而技能的做法，因为单纯的技能只是单一动作的训练，教育应该是面向人的整体需要的，我们应该借助技能的学习培养学生广泛的兴趣，增长学生的见识，通过技能学习增加对文化的了解。课程美学内容主张加强技能与文化的融通，旨在提高学生的技艺，拓展学生的素养，同时使学生增进对文化的了解，使文化的学习通过有形的"具象"植入学生的心灵，其目的就是要造就博学多才、通材达识、慎思笃行的人才。

强调科学与人文相通。科学强调以理性的思维，探索和揭示事物发展的具体规律，科学让人们透过那纷繁芜杂的现象，了解事物存在和发展的底里及其本质的联系，厘清现象与经验背后交错的因果关系，在偶然的事态中探索其必然趋势。科学的思维理式自然是务求稳定而排斥幻变，务求明确而摒弃含混，务求规范而抵拒随意，务求普遍而舍弃独特的。[①] 科学对于世界之必然、本质、轨迹的诉求，为揭示自然的普遍规律做出了积极贡献。人文科学以感性的思维方式，通过探讨人与世界的关系和存在价值，厘清人类的终极目标和生命意义。人文科学关注人的自我意识培育，注重人的生活自觉、精神自觉和生命自觉，它要求人在自然态度的生活中寻找和发现精神、意义的存在，使人摆脱物欲引发的精神迷失，使人带着觉醒的反思叩问灵魂。人文科学是守望人类思想的精神家园。科学与人文是托举人类飞翔的翅膀，偏其一方都将导致发展的失衡，因此，课程内容要将科学与人文有机整合相互融通，科学内容中要充分发掘其人文教育的内容，人文教育要坚守其独特的教育使命，为课程内容的科学化做出合理的解释和有益的补充。

---

① 胡潇：《论网络文化对哲学思维的解构》，《学术研究》2013 年第 10 期。

第六章

课程美学的实施

美学作为一门精神哲学，以其特殊的表现形式和意向性的表现为我们呈现了一个丰富的世界，美学取向的课程实施强调课程与个体的相互融合，主张以个体的体验参与到课程中，使个体在艺术性的阐述、欣赏和理解课程中获得美的体验。从美学的角度审视课程，为课程的多元理解赋予了新的意义，课程也因此有了美的韵味和生命的质感。课程美的建构，需要从课程目标的和谐性出发，利用教师诗性的智慧，将课程看作对美的理解过程，把课程实施当成美的创生过程，这样，课程便有了审美、包容、鉴赏和诗化的意蕴。

第一节　课程美学实施的取向

借助美学的理路和方法开展课程实施，课程实施凝聚了浓厚的艺术风格，这样的艺术风格使课程实施充满了人文关怀，同时也会引导学校课程文化走向审美的旅程。

一、人文—生命

课程实施的目标旨在提升学生的意义本质和丰富自我意识。课程实施要力图生成一种生命导向的课程文化，把课程看作学生与世界对话的过程，改变传统课程知识传授的功能，以综合视野和开放精神，为学生的成长提供一个整体的文化场域，让学生在课程实施中将生命与世界交融，在课程中接受生命与人生价值的启迪，探寻生存的意义与价值，以丰富其精神家园。

构建一种人文关怀的课堂文化。课堂是课程实施的重要舞台，也是学生素质发展的重要阵地，因此课堂文化是学生生命成长的沃土。冯契说过，人类发展了科学、道德、艺术等，培养了以真、善、美为理想和信念的人格，人们按照理想来改变现实，按照理想来塑造自己，取得越来越多的自由。① 可见，自由是人类的最高追求，因此，学生的精神自由是人文关怀的课堂文化的核心价值。在课堂中，公平地对待每一个学生，尊重学生的文化背景，关心学生的各种需要，善待学生的差异、不足甚至谬误，形成一种极具包容性的课堂文化，让学生的人格得到尊重，成为理想规划的主体，在课堂中自由地探究和自由地表现。人文关怀的课堂文化就是"把课堂生活当作一个高尚优美的艺术品来创造，使之理想化、诗意化，让课堂充盈自由、快乐与生命活力"。②

为学生的独创性而教。学生具有多种发展的可能性，只有丰富的课程内容才能满足学生发展的需要。在促进学生全面发展的内涵中，独创性极为重要，人的独创性是构成世界文化多元性的基础，是推动社会进步的重要力量。未来的社会是一个知识型社会，在这个社会中，知识的更新和文化的创新的速度大大加快，"知识社会开发的不是机器的力量，而是大脑的力量——思考的力量、学习的力量、创新的力量"，③ 因此，为了使人能够诗意地生存，发展自我的独创性是人能适应社会变化的重要方式。学校课程承担了培养学生独创意识和独创能力的重要使命，学生的独创性在少年时代开始萌芽，此时如果独创意识得到保护和鼓励，将提高学生的创新能力并使他们在日后的社会工作中持续地创新，这也是建设创新型社会的重要保证。发展学生的独创性，就是建立以培养学生能力为中心的课程目标导向，摒弃那种简单改变教学技术、追求考试

---

① 冯契：《认识世界和认识自己》，华东师范大学出版社 1996 年版，第 37 页。

② 丁谷怡等：《重建课堂文化》，教育科学出版社 2009 年版，第 9 页。

③ ［美］哈格里夫斯：《知识社会中的教学》，熊建辉译，华东师范大学出版社 2007 年版，第 19 页。

分数和标准化答案的实施法则，倡导教师富有热情和创造性地投入课程实施中，改革学校课程实施的模式，创建能满足学生发展需求的课程类型和实施机制。

二、妙悟—创生

审美是课程实施的追求，美是一种精神境界，同时也是教师的一种职业追求，审美的课程实施主张一种无功利的心态，以轻松自然和纯净的态度品味和享受课程实施的过程。在追求升学率的功利性课程实施中，美被湮没在刚性的课程管理、程式化的课程开发、单一的课程评价体系、僵化的课堂教学程序、海量的基础训练之中。

宗白华先生把中国艺术的境界归纳为"写实、传神、妙悟"。①"写实"即从自然中临摹；"传神"在临摹自然物中寻找到生命的意味，传达生命的信息；"妙悟"是一种意境，是超越现实的更高的境界，"妙悟"的境界超越了艺术的固有章法，以生命的感悟和灵性投入其中，感受一种自然自在的感动和内心的充实。宗白华先生将这三个层次解释为"直观感相的模写，活跃生命的传达，最高灵境的启示"，而艺术的境界无疑不是一个单层平面自然的再现，而是一个境界层次的创构。②

课程实施不是按照预设路线的奔跑，也不是流水线的作坊，而是一场不知道结果的球赛，是一个艺术品创作的过程。长期以来，课程实施的理性思维和操作的程序化，课程的统一性、确定性、普遍性的思维惯性深植教师的思维模式中从未被质疑。"妙悟——创生"取向的课程实施，就是勇于打破一切常规，摆脱以往在课程实施中教师一味遵循教学大纲的要求，按照课程计划忠实实施课程，以及对前人的经典毫无保留的简单模仿的现象，摆脱传统课程文化对教师创造力的束缚，抛弃教师已熟知的"路"，寻找课程实施的"道"，"悬置"一切教师早已熟悉的

① 宗白华：《美学散步》，上海人民出版社 2010 年版，第 78 页。
② 宗白华：《美学散步》，上海人民出版社 2010 年版，第 74 页。

固有"经验",将课程视为一个未知而充满探索的路途,欣然接受一条非预期的、模糊的、复杂的、难以理解的未知之路。

要达到"妙悟"的实施境界,必须依赖教师的诗性智慧。台湾学者吴靖国认为:没有诗性的智慧,其教育是空的;没有智慧的诗性,其教育是盲的。① 诗性智慧就是要懂得善于放弃一些"成功",适时地利用其他时机,重新建立起一套新的航线。就像艺术家一样,每一个作品都是对创造力的一次挑战,他们善于利用日常生活中的材料,发挥想象力,创做出具有时代特征的艺术品,从而重新建立了材料、世界和艺术的新关系。在这个过程中,他们必须放弃路或家的观念,体验经验迷失的感觉,这时迷失就是发现;课程也是这样,是在过程中生产的作品,被过程产出的,不是利用地图,而是用自己的脚走或跑出来的。②

三、对话—理解

课程实施的过程是一个教师与周遭环境、空间、人物进行对话的过程,也是教师理解的过程。课程与艺术品一样,具有发展学生生命意义的价值,同理,课程只有被教师理解的时候,真正的有意义的课程才存在,同时,教师在对课程理解的时候,其主体地位才得以彰显,教师对课程的理解,其实也是对世界的理解,教师对于课程的解读、分析、批判、践行,也是教师理解生活、改造生活、创造生活的过程,是能力提升的过程,也是生命价值实现的过程。

教师积极与学生对话,与文本对话,与自己已有的经验对话。只有积极与学生进行对话,使学生参与到课程实施中,构建具有对话机制的课程共同体才能使实施走向开放、民主、多元的审美意境。课程实施绝非仅仅依靠教师的课程理解能够完成的,在教师理解课程的过程中,同

---

① 吴靖国:《G. Vico 诗性智慧的哲学构造与教育蕴义》,《教育研究集刊》2004 年第 9 期。
② 欧用生:《诗性智慧及其对课程研究的启示》,《课程与教学季刊》2007 年第 3 期。

时要使学生参与理解。教育必须面向学生，课程的目的和意义都在于促进学生的发展，课程不单单是一个为学生预设的跑道，更是由学生自主构建意义的过程，学生在课程中的主体性、能动性、创造性是无法被替代的。与文本对话要求教师从传统的课程执行者的角色中释放出来，教师对课程的理解要求教师从自身的教育信仰出发，对课程的意义有清晰的认识，不要将课程看作一种"工具"，不要把课程与整体的教育隔离开来，课程是复杂的，应该将课程放在社会、文化、宗族、宗教、哲学的背景下来理解，这样更有利于理解课程事件发生的背景和意义，能更加准确地树立与时代适宜的课程理念。与自己对话，就是要把教育生活变成一种诗意生活的场域，遵循内心对美的感悟，极力创造出具有美感体验的教育生命。学会在情境中思考和感觉，大胆质疑和冒险，成为传统教育的批判者和学习者，勇于从日常机械的仪式化的教学中挣脱出来，尊重学生的个体差异，尊重学生发展的需求，发展自己的创造潜能，跟随学生的兴趣和文化，和学生一起踏上探索未知世界的旅途。

理解代表着主体意识的觉醒，是真正的思维开始和教师反思的开端，因为意识的警醒乃是蕴涵的伦理意识的发展基础，它直接唤起在反思过程中的直接的自我责任心。[1] 理解带有"意向性"，这种意向性使人无法摆脱其主观因素对理解的参与，这些主观因素包括人的文化传统、历史经验、活动方式、生活情境等主观意识，这些主观意识使人的理解活动活跃、多元而充满创造性。理解还带有情境性，理解从人的境遇，从寻求定位与关系开始，这样的关系将使人类彼此、人与万物间真正的相互隶属、相互联系，以达到相互理解，展开对人、对万物的开放性及认可。[2] 随着课程研究的深入，课程领域正进行课程功能重建转向，课程从开发走向理解。课程理解让我们认识到课程世界的复杂性，

---

① 高宣扬：《解释学简论》，三联书店有限公司 1988 年版，第 59 页。
② 陈美如：《课程理解——教师取向之研究》，五南图书出版公司 2007 年版，第 61 页。

课程的发展与课程理解是同时存在的，它们相互阐释、相互补充。教师对课程的理解，是发现课程意义、阐释课程意义、生成课程意义的行为，也是教师将自我的生命与课程相融合，是教师实践、反思、想象和创造的人生历程。

第二节　课程美学的教师观

根据现象学美学的观点，文本（剧本）没有被搬上舞台前，它永远只是文本，只有文本搬上了舞台，它才成为"戏剧"。① 如果将课程比喻为"文本（剧本）"的话，课程实施就是"戏剧上演"的过程，只有在这个过程中，课程的意义才被唤醒，才能称为真正的课程。这样一来，在课程实施过程中，教师、学生、学习方式无不被赋予了新的身份和责任。

杜威是最早提出"教师即艺术家"这个观点，"不管是教师或学生，在不自觉中常有与艺术家相似的感觉：成为现象学的艺术时刻，或美学经验的一部分，更有洞见、反省性和整体感，感受到不同的美"。② 杜威将教育看作改造社会的手段，特别是实现社会民主化进程的途径，认为"教育是人类最为复杂、精致和微妙的事业"。③ 这个复杂的事业赋予教师伟大的使命，教师应该是具有反思精神和创新精神的人。"如果教育要无愧于其使命，教育就必须被看作是一种艺术性的工作，需要具有与音乐家、画家和艺术家一样的个人热情和想象力。"④ 杜威的观

---

① ［德］艾利卡·费舍尔·李希特：《行为表演美学——关于演出的理论》，余匡复译，华东师范大学出版社 2012 年版，第 9 页。

② 欧用生：《课程理论与实践》，学富文化事业有限公司 2006 年版，第 73 页。

③ ［美］辛普森：《杜威与教学的艺术》，耿益群译，中国轻工业出版社 2009 年版，第 5 页。

④ ［美］辛普森：《杜威与教学的艺术》，耿益群译，中国轻工业出版社 2009 年版，绪论 2。

点对于课程美学的教师观颇具启发性，教师应该如艺术家一样，具有思考力、想象力，能艺术性地引领学生领略世界的美好、体会知识的奥秘、感受生活的意义，教师在这个过程中，以创新性的态度对待知识、对待学生，以惊叹的态度对待日复一日的教学，使教师的生命时常焕发青春的活力。

一、教师要像艺术家一样善于发现

发现是艺术活动的第一步，作为艺术家，教师应该具有艺术发现的能力。艺术家有一双发现美的眼睛，这样才能发现常人不容易觉察到的美。教师的发现，是教师以专业的素养，发现学生的潜能，发现被忽略的美的教育生活情境。教育生活是一种特殊的生活形式，教师面对日复一日的教学生活，都有可能出现倦怠的情绪，久而久之就会影响教学的热情。教师如果与艺术家一样，善于从平凡的地方发现美的风景，那么就能保持一种青春的活力。因此我们要呼吁的是，匆匆忙忙的教育工作者应当停下简单追求效率的脚步，努力成为人类文化智慧风景的导游人——寻找合适的角度、介绍文化的风景。①

教师的发现是一种艺术的发现。艺术的发现是指艺术家通过自己的慧眼，找到一个恰当的表达方式，将世界万物中的和谐、担忧、冲突、矛盾通过艺术的方式表达出来，给人以震撼、惊喜、紧张的体验，引导人们对自我进行反思。艺术家的发现是凭借敏锐的感受力和洞察力，通过艺术观察，发现大量生动素材中具有美感的特征，由此发现具有蕴藏哲理和思想的情景或人物，并通过艺术手段表现出来的过程。教师的艺术发现是指通过教师的专业视角，发现学生的独特性，发现学生成长中的潜力和个性，帮助学生发展个性特长，为学生个性的自由发展提供支持；发现学生的前在有益经验，在课程实施中有效整合学生经验；发现

---

① 檀传宝：《论教育美育》，《教育研究》2000 年第 12 期。

生活中有助于学生全面发展的内容，将它们引入课程；发现课程实施中蕴含的艺术成分，设计适宜的课程目标，并使目标与学生的发展灵活转换，使目标以循环交复的状态促进学生持续性的发展，提高教育的艺术。

教师的发现具有觉醒的意味。在教师的发现智慧中，最重要的是教师对自我的发现，这种自我发现是一种自我意识的提升。格林提出了"教师即陌生人"的观点，认为教师如同归家的游子，以"陌生人"的身份，探究式、惊奇地观看自己的生活世界，注意从前忽略的细节，更注意当地的仪式和习俗。① 觉醒是一种艺术，使个人面对自我时，激发一种对于范式和意义的追求，开启一种超越于日常生活之上的观点。② 在日复一日的工作中，在教师熟悉的课堂里，教师会不自觉地陷入自我的空间里，用一种常识和经验化的视角对待课程，不会去质疑，缺少反思，会将一切视为理所当然，这样一来，课程就会呈现一种日益反复的教条化、标准化的实施模式，教师则会陷入自我封闭的空间中，这无疑会严重阻碍教师的专业成长。发现是教师应该具备的一种美学素养，教师应该善于在课程中发现自我生命的价值，发现自身固有文化模式与学生文化存在的距离，无疑有益于提升能力，提升课程意识和提高教育质量。发现能使教师敏感地体验到教学的乐趣，体验到在学生发展过程中的价值，受到学生的欢迎，被学生期待，这些无疑都证明了教师在课程中的意义。

教师的艺术发现要求教师具有艺术家一样的独特卓越的眼界。教育具有一定的普遍性和规律性，依照教育的一般规律基本能完成教育目标，但是却不一定能真正地促进学生个体的发展。每一个学生具有很大的差异性和独特性，如果遵循一般规律，以教师和教材为中心，那么课程就难以满足学生个性化的需求，学生的兴趣、爱好、个性特长就得不

---

① 欧用生：《教师即陌生人——看见不一样的教师》，《国民教育》2008 年第 4 期。
② Greene, *Teacher as Stranger*, Beverly, MA: Wadsworth Publishing Company, 1973, p. 1.

到发展。教师如能以艺术的眼界发现学生的不一样，尊重学生的差异性，了解学生的旨趣、发现学生内在的潜能，为学生的成长创造出一个仁爱、宽松的环境，必能把学生培养成为理想中的自己，收获一件独一无二的艺术品。

二、教师要像艺术家一样善于创造

课程是一项复杂而具有创造性的工作，是伴随学生成长的历程，课程不仅仅使学生增长知识，提升能力，丰富精神，"知情意行"作为对人教育内容的概括，与哲学意义上的"求真、向善、达美"相呼应，所以说课程是宏伟的事业。面对繁复的学校教育活动和多样化的课程目标达成，教师如同乐队的指挥家一样，要沉着、冷静、优雅地统筹指挥，协调安排各种课程活动，使其奏鸣出最和谐的音响。此外，课程还有"旅行、体验"的隐喻，课程可以被看作一次旅行，学生带着好奇出发，以惊喜的眼光看待这个新的世界，带着对未知世界的期待和探索的冲动开启一个又一个探寻，去发现知识，获得一些美妙的体验。教师与学生作为学习旅程中的同路人，一起去感受和发现这个新奇的世界，感受学生的成功、挫败和喜悦，从而丰富自身的实践，提升生命活力，以获得一种诗意地栖息于教育空间的生命力量。这种力量使教师视课程为生命，课程不仅仅是学生成长的阶梯，也是教师成长的动力，它使教师常常保持一种如同艺术家般的创造冲动，视课程为艺术品，如同对待生命一样热爱课程、不断地完善课程和创造课程，而不会如同"工匠"一样，以机械性的技能执行课程。

阿瑟·D.艾弗兰（A. D. Efland）对教师的美学基础与教师的课程意识之间的关联性做了研究，研究表明，教师的美学基础会影响其对学习理论的理解，并会影响其课程的思想，如下表。[1]

---

① 李雅婷：《H. Rugg 创造性自我表现之课程美学观点探究》，《课程与教学季刊（台北）》2007 年第 10 期。

表 6.1

美学理论	学习理论	隐含的意识形态
摹拟	行为主义	
艺术是模仿	学习藉由模仿	传统道德观：社会控制
实用主义		
艺术是工具	学习乃工具性的用途	社会重建
表现性的	心理分析	
艺术是自我表现	学习是情感的成长	个人解放
形式主义	认知的	
艺术是形式次序	学习是概念的获得	专家的技术控制

从上表看出，奉行"艺术是模仿""艺术是形式"理论的教师，在学生学习观上，认为学生是一种模仿，学习是依靠教师来引导的，教师文化成为学生学习的依靠，学习的目的是为了获得概念，形成严格的知识结构，教师的教学模式往往是"实用——传授"的模式。而奉行"艺术是自我表现"理论的教师，认为教育是为了个体的发展，由个体建构的，应该尊重人的理念、情感、感受，所以学习应该基于学生的感觉生活，教育是为了使学生焕发探索的热情，扩展认知能力，自主构建知识，学习是一次艺术活动，充满了个性和探索的奇妙，是一个独特的创造性活动。此派理论认为，艺术家和科学家最无与伦比的表现即是恢复文化生机，他们独特性表现的最大化即是建构一个完善社会。①

在愈来愈强调创生课程和缔造课程观念的要求下，创造无疑是教师的一种重要意识和基本能力。艺术的创造是创造一个艺术作品，也就是

① 李雅婷：《H. Rugg 创造性自我表现之课程美学观点探究》，《课程与教学季刊（台北）》2007 年第 10 期。

"自我具象化"，即将一些创意和想法逐步具体，最终形成一个作品。而教师的创造则不完全相同，教师的创造不仅仅是创造一个作品——研究成果、论文、升学成绩、荣誉证书，教师最大的创造是帮助学生改造经验。课程应该以学生的经验为前提已经成为一种共识，然而，学生的经验有时是凌乱的，教师的责任就是以学生经验为起点，创设适宜的路径，为学生的认知提供感知材料，帮助学生整合、改造自我的经验，建构完整的知识和能力，从而形成新的经验，为构建新的知识提供持续的动力，使学生成为一个自信、善于自我创造和表现的个体。这个过程既是学生经验改造的过程，也是教师自我创造的过程，教师的生命与课程创生联系在一起，使教师能对自我的经验不断加以反思，使课程实施能推向一个真实的深层次的创造性过程中，使教学不再是一个模仿的过程，教学不再是教师谋生的工具，而是真正的一个创造自我、实现生命价值的事业。

三、教师要像艺术家一样充满想象

成为艺术家是教师主动选择的结果。每个人在孩提时代都有成为艺术家的梦想，手握画笔尽情挥洒，穿上演出服在舞台上表演，阅读小说，倾听交响乐的演奏，这些独特的审美趣味是重要的教育经验，这种经验使我们沉浸在充满艺术享受的审美快乐中。这种美妙的体验在我们成为教师之后，自觉的以艺术家的品味对待教育，能以高尚的情操对待事业、客观地对待学生差异、以精湛的智慧理解课程、以审美的态度看待生活，教师选择以艺术家的气质在教育活动中发挥艺术审美功能，从而使自己能更具远见、善于反思、勇于实践、不断创见教育的新意。

教师需要有艺术家的思维。杜威指出作为"艺术家"的教师应具有良好的"洞察力、同情心、智慧和执行力"。① "洞察力"是艺术审美

① ［美］辛普森：《杜威与教学的艺术》，耿益群译，中国轻工业出版社2009年版，第23页。

的基础，洞察力使艺术家更加留意日常生活的寻常事件，这些情境往往容易被大众忽略，而艺术家能恰如其分地捕捉到这些平凡对象中所蕴藏的艺术价值，能以艺术的手法进行表现，使其成为一件具有审美价值的艺术品。而洞察力对于教师而言，作用在于能使教师了解学生，能明确学生的发展需求，这是开展具有艺术性教育活动的依据。"同情心"对于艺术家和教师同等重要。同情心使人能换位思考，使人更加容易理解他人。艺术家的同情心使他们能消除偏见，客观反映社会现实；教师的同情心使教师能热爱学生，愿意与学生平等交流，尊重学生的经验，善于与学生分享知识。智慧是一个人知识、经验、能力的总和。一件生活的平常物，基于艺术家的经验，经过构思，成为一件给人带来审美快乐和精神愉悦的艺术品，从一个具体的物件转化为能用符号表达的具有抽象意义的艺术品，融入了艺术家的智慧。同样的，课程从理想课程到教师领悟的课程，再到学生真正能实践的课程，对教师的知识、能力是一个巨大的挑战。当教育目标达成，学生的经验得到提升，学生的品性得以完善的时候，课程也就有了"成人"的完满之美，课程不仅需要教师的智慧，同时也能帮助教师生成智慧。执行力是艺术达到完美的保证。在当前的学校课程文化中，艺术和审美是稀缺的，但同时也是迫切需要的，因此教师的执行力是一种对课程信仰的追求，具有艺术性的教师能自觉而坚持地运用智慧，使学生在课程中不断充实、丰富和提高。

第三节　课程美学的学生观

受现象学美学的影响，戏剧表演方式也发生了转向，"把过去单纯的强调'舞台表演'变化为要观众参与的'事件'，意味着观众在表演现场变换了原本的客体角色，把表演和生活联系在一起"①。强调观众

---

① ［德］艾利卡·费舍尔·李希特：《行为表演美学——关于演出的理论》，余匡复译，华东师范大学出版社 2012 年版，第 1 页。

参与的表演，有了更多的现场感和挑战性，表演不再是预先排练多次的，而是随着场景不断变化，使精彩不断呈现的"事件"，从而使表演成了创作活动，表演成了对剧本的理解过程，创作的动机是为了将一些美好事物进行呈现和对一些丑恶进行揭示。学生的学习同样也是一个创作的过程。在课程中，传统的"授—受"学习方式已经不受学生青睐，学习成了学生对未知世界自主探索的过程，学生的自主探索，既体现了学生学习的主体性，同时也体现了尊重学生个体的差异性，旨在促进学生多样性的发展。课程中的学习就如同表演一样，学生积极主动的参与其中，而非消极地观望，依据已有经验对未知事物进行探索，使其情感和世界发生关联。

一、学习是多种感官参与的过程

认知是人对世界感受和探索的基础和方式，不同的个体由于能力的差异，对世界认知的方式就会不同。多元认知理论的思想根源历史悠久，亚里士多德将知识划分为理论知识、实践知识和生产知识。卡西尔在《人论》中将人类认识世界的文化总和用符号概括，这些符号包括神话、宗教、语言、艺术、历史、科学等，这些是高级社会形式的组成部分。[①] 苏珊·朗格认为，人了解世界有两种主要方式，一种是以科学、逻辑以及其他介质语言文字的方式为特征的推理方式，这种方式提供的知识是系统的、理性的、建设性的，但是这还不是人类获取知识的唯一途径。[②] 她对于艺术作为人类思维的重要方式，为人类认知能力提供的感性认识途径非常推崇，是艺术通过可见、可闻等具体形象的象征让我们理解世界，通过艺术，将世界用恰当的空间、时间或是诗意的结构反映出来，让我们感知、理解，而不是通过一些抽象的概念、公式等

---

① ［德］卡西尔：《人论》，甘阳译，上海译文出版社 1985 年版，第 282 页。
② ［美］艾斯纳：《儿童的知觉与视觉的发展》，孙宏译，湖南美术出版社 1994 年版，第 7 页。

令人费解的方式让我们揣摩、猜测。近代美国心理学家加德纳的多元智能理论，也对人类多元认知方式做了积极探索。

　　然而，在长期的学校教育实践中，却过于重视人的"逻辑、推理、运算"等理性感知方式的培养，往往忽略了侧重于"描述、绘图、叙说、对话"等方面的感性感知方式。艾斯纳对于这种现象提出了批评，认为"人对于外界事物的理解与表征形式是多元的，人可以透过不同的符号系统来建构自己对世界的理解，而选择不同的符号是基于个体的不同经验，而学校往往侧重于语言、数理学科中对学生认知能力的培养，忽略了艺术等其他认知方式的培养"。① 与以往注重"思辨""逻辑""推理"的理性思维方式不同，美学为人的学习探究活动提供了一种以"审美""感受""想象"为特征的思维方式。前一种认知方式往往适用于认识抽象和具有普遍规律的概念和定律的推演、验证。后一种认知方式，则强调感知，以直观、具体的事物为对象，通过感知觉对事物的体验来认识和理解世界，这种认识具有独特性和特殊性。它更加强调认知主体的主观能动性和积极体验，能够为经验建构者提供"想象"的审美体验，同时也可以为理解和分析课程问题提供全新的视角。

　　古德曼说过，有多少描述世界的方式，就存在多少个世界。② 也就是说，每个人都会用自己的方式感知和理解世界，对于学生而言，运用多元而非一元的感知方式去发现世界，可以引发学生通过多种感观认识世界，由多种表现形式表达概念，运用多重智慧能力呈现不同的世界样貌。通过多种感官打开学生的经验世界，学生就会对这个世界充满好奇、充满疑问、充满探索的愿望，学生对于世界的感受越丰富就越有利于他们产生更多探索的愿望和多重的表达世界的方式。当学生运用多种

---

① E. W. Eisner, *Cognition and Curriculum Reconsidered*, New York: Teachers College Press, 1994, p. 21.

② ［美］艾斯纳：《教育想象——学校课程设计与评价》，李雁冰译，教育科学出版社 2008 年版，第 83 页。

感官与环境方式关联的时候，课程就有了更多生成的可能性，学生就有了更多发展的机遇。

承认认识方式的多元性，就是承认个体的多元性，多元的个体是使教育世界丰富多彩的重要因素，多元的个体才是自由的个体和创造的个体。这就要求课程设计必须考虑到人认知方式的多元性和人的个体差异性，如果我们不改变那种单一的，尤其是以学科知识结构为核心构建课程的模式，课程就不能适应不同学生多样性发展的需要，课程就增加了学校教育不公平的砝码，成为学生发展的阻碍，这与课程本身构筑的美好愿景本义是背道而驰的。

二、审美知觉是重要的认知方式

审美知觉是人类历史不可分割的部分，正如感性的感知与认识、视觉的感知、社会的感知和科学认识的能力和活动，审美感知也是个体发生学与种系发生学发展的过程。[①] 审美知觉是人的文化发展或人格发展的最高层次，是人之所有行为与意识级别的一个本质性的组成部分。[②] 审美感知是学生所具有的一种重要的探究能力，然而在追求分数效益和升学压力的学校教育中，这种感知能力被忽视了。杜威批评在传统的认识论中，人们把知觉理解为"观念"或者"感觉材料"的向内流动，坚持认为，知觉是向外开放的，是探险的活动，"是对被完成或者被经验的事件之预设"，"知觉本身在本质上是审美的而非认识论的范畴"，他这里所说的知觉和审美感知是等同的。[③] 因此，在强调学生全面素质发展的时代背景下，学生的审美感知能力应该受到重视，它是使学生自主探索、自主创新、协调发展的保证。

---

① ［德］舒瑞安：《审美感知心理学》，罗悌伦译，漓江出版社1992年版，第149页。
② ［德］舒瑞安：《审美感知心理学》，罗悌伦译，漓江出版社1992年版，第150页。
③ ［美］拉里·希克曼：《阅读杜威——为后现代做的阐释》，徐陶译，北京大学出版社2010年版，第13页。

运用审美知觉的优点在于：第一是增加探究的愉悦性。美总是能给人带来快乐和让人幸福，这是人简单的感知觉，它不需要对美的物品加以深刻解析，而是直接感受到的愉快感，也就第一感觉，它能使人立刻产生愉快感，这种愉快感让人的大脑受到刺激，使这个物品或者事件很容易被人接受并容易被记住。人的认知活动普遍带有一定的目的性，即试图解决某一个困扰自身的难题使理智得到满足，而审美感知的愉悦性使认知活动超越功利性质，愉悦是表现在主观精神状态中喜悦、愉快的感情，它使人获得一种精神上的享受，使人的身心处于自由的状态，使人自愿投入到具有审美格调的认知活动中。愉悦的审美感知使人的精神愉快、得到美的享受、情感得到满足、自我意识得以提升，使认知活动成为求真、向善和享美的过程。第二能加强探究的协同性。审美感知是由人的视觉、听觉、感觉等器官共同感知的结果。列宁说过"不通过感觉，我们就不能知道实物的任何形式，也不能知道运动的任何形式"，[①]车尔尼雪夫斯基说"美感是和听觉、视觉不可分离的结合在一起的，离开听觉、视觉，是不能设想的"。[②] 由此可见，审美感知离不开人的视觉、听觉、感觉的共同参与和协同运动。审美主体通过感官获得对事物的客观印象，通过视觉、听觉进一步获得信息，这些信息进入人的意识，经过大脑对这些信息的加工、整理，得到审美快感，离开了它们，人就无法获得美的感受。所以说，审美感知是感觉、视觉、听觉协同作用的结果，这几种具有认识功能的感官是为审美认知服务的，它使人获得对世界的客观反映，多种器官的联合获得对象多样性的反映，产生对事物综合完整的感知，为理解世界奠定基础，它是人对世界的认识从感性层面进入到精神层面的重要媒介。第三能发挥主体的联想性。美的事物总会让人情不自禁地产生新的愿望和想象。想象是人的认识能力和感

---

① 《列宁全集》（14 卷），人民出版社 1957 年版，第 319 页。

② ［前苏联］车尔尼雪夫斯基：《生活与美学》，周扬译，人民文学出版社 1957 年版，第 42 页。

知能力中质性透视和展望的部分。① 想象是人类思维的重要成分，是人类文化生产和文化改造的重要手段。在审美活动中，想象力是艺术创作和艺术感受的重要成分，如果没有想象力，艺术作品将是平庸的，无法再现生活中能让人惊叹和感动的事物。想象力是审美感知中一种高水平的能力，它能使人的思维进入一个自由运动的境界，审美感知的想象使人进行无穷尽的设想，使人的认知世界变得丰富多彩，从而促使人产生探索的动机，产生对无限世界可能性探寻的动机。第四能尊重学生探究的差异性。审美是客观世界的美的主观反映，所以审美活动在很大程度上具有个体差异性。审美虽然具有一定的共同性，但是由于个体的审美经验、审美感受、审美情境不同，个体的认识基础和感情反映都是因人而异的，因此审美感知就表现出很大的差异性。首先，个体审美能力和文化修养的不同使审美感知产生差异性，艺术是文化的符号，对艺术作品的阅读借助于人的文化修养，文化修养的高低与审美情趣有着密切的关系，这就是为什么成年人一般喜欢喜剧、交响乐、芭蕾舞，而年轻人喜欢流行音乐和现代舞的原因。其次，审美感知还与人的生活经历有关，审美主体根据已有的生活经历和记忆开展审美活动，一个人的生活经历不同，对作品的感知、理解、想象就不同。再者，审美感知还与审美情境有关，人在不同情境中，情感世界是不同的，当人心情愉快的时候，他对周围世界便会持有积极、良好的态度，可当人情绪低落的时候，往往就会出现忧郁、悲伤的情绪，这时人对周围世界的审美便会持一种消极、否定的态度。认识到审美感知的差异性，就要承认和善待这种差异，在保存个性的同时使差异在相互取长补短中得以改进。

三、美感体验是高级的认知体验

美感是由客观对象的审美属性所引起的人的感情上的愉悦的心理状

---

① ［德］舒瑞安：《审美感知心理学》，罗悌伦译，漓江出版社1992年版，第140页。

态，它包括感受、知觉、想象、思维等心理功能在审美对象刺激下交织活动形成的心理状态。[①] 美感体验就是在审美活动中主体感受到的生理快感和心意情趣，它是审美知觉、审美认知、审美愉快共同作用的结果，是一种情感上的高峰体验。美感体验是生命质感的组成要素，是人的一种本能需求，它通过创造和欣赏表达出来，因此，美感体验攸关生命品质的提升。

美感体验有三个层次。第一层次是感性愉悦阶段。在这个阶段，个体通过感性能力对审美对象的形式、结构、色彩、线条、旋律的直观感受产生愉悦感。这种美感体验的获得很容易，主体在视听觉的作用下获得这种体验，不需要通过对审美内涵的深入领会，主体的理性活动参与不多，一些新奇、变化的事物容易产生这种美感体验，所以这种美感体验的持久性差，但这种美感体验对于学生而言也是一种重要的体验，它表明学生具有一定的感性能力，是进入高层次审美体验的基础。低龄儿童常常处于这种审美阶段，针对他们这个阶段的审美特征，在教学上运用形象教学的方式，可以通过一些鲜艳、动感的画面、教具和学具激发学生的注意，丰富他们的美感体验，从而提高学习的兴趣。

第二层次是妙悟阶段。妙悟是指对审美对象蕴含的内容的心领神会，从而产生一种难以忘却的美感体验，是对审美内容的理解和升华。在这种精神愉悦的美感体验中，理解和想象等心理加入其中，因此这种愉悦的情感比较稳定、持久和难忘。在这种美感体验中，由于想象不归结于确定的理解，理解也不归结于不确定的想象，因而作为审美领悟的审美境界，总是具有朦胧多义的特点。[②] 妙悟的美感体验，是长时间投入审美活动的结果，要经过一定时间的考虑和深思，要求审美主体具有一定的美学知识和审美修养才能达到，它是一种心灵自由的感受，表明审美理想和想象的成熟，标志着审美经验的进一步完善，是进入更高层

---

① 王世德：《美学词典》，知识出版社 1986 年版，第 62 页。

② 刘兆吉：《美育心理学》，西南师范大学出版社 1989 年版，第 50 页。

次的审美活动的经验准备。

第三层次是精神愉悦阶段。精神愉悦是一种心旷神怡的美感体验，是审美主体通过审美活动，思想和精神达到一种忘我、超然、无功利的精神境界。在这种美感体验中，人的精神是激动、振奋和高昂的，这种美的体验是经历了极为矛盾复杂的心理交织的情感过程。这种美感体验是经历了壮美、优美、崇高、丑陋、平庸、冲突等复杂的心理过程后积累的极为丰富的情感体验历程。这个过程中，主体经过复杂的心理活动获取至美的精神体验，达到审美的至高境界，进入这种境界的人摆脱了平庸的生活个体形态，进入到超然的精神境，身心达到自由、和谐的理想状态。这种美的体验能激发个体的精神进入纯粹的无功利的审美状态，心灵得以释然，精神变得高尚，言行真诚而高度的一致。

美感体验是人的一种非常重要的体验方式，它融合了人的自由行为和感情参与，这种体验是人的感知能力、理解能力、鉴赏能力和创造能力的基础。"美感体验象征人类精神极高度的自由"，[1] 因此在学生的学习中，赋予学生自由的行动，还原其自由的天性，以他们的体验为基础，鼓励他们去亲身体验和感受现象是非常重要的。学生的学习，应该以美感体验为基础，激发学生对生活的敏锐感觉，学会感知生活世界中的对称、均衡、有机统一等运动模式，感知生物世界中活跃、复杂、多样、独特的生命活动形式，按照美的规律感受生命的意义，摆脱对知识功利性占有的企图，用生命的领悟和体验理解生命活动的模式，提升自己的认知能力，形成良好的行为习惯和积极的人生信仰，引导学生走向一个美的境界，提升生命的质量。

第四节　课程美学的实施策略

教师是课程实施最重要的主体，有了教师的存在才有课程的存在，

---

① 林逢祺：《美感经验与教育》，《教育研究集刊（台湾）》1998 年第 10 期。

课程对于教师而言，是一个探索和生长的旅程，教师用自己的行动参与课程理解，在播种希望的时候，教师与发现和惊喜同行，分享智慧和体验，构筑一个独特的审美化的教育旅程。在教师与课程之间，理解是非常重要的因素，没有教师对课程的理解，课程永久处于一个沉睡的状态，当教师开始理解课程，课程才脱离了"本文"状态，开启一个焕发生命活力、充满意义解释、充满创新可能的旅程。

一、注重目标的意向性，描绘课程的审美意象

要使课程实施具有艺术的意味，就不能固守既定的课程目标，而是要有艺术性地规划目标。

课程目标应该以促进学生全面发展为主旨。学生是课程的另一个主体，课程应该始终关怀学生的成长，为学生的成长提供可能的帮助。首先，课程应该把学生看成一个完整的人，完整的个体包括健全的身体和丰富的精神。健全的身体是基础，是学生开展学习活动的条件，但是在现实中，学生的身体健康常常被忽视，体能活动、校外实践活动等课程常常被挤占，影响了学生身体正常的发育。作为教师要认识到学生身体机能对于学生而言是第一位的，没有健康的身体就没有生成的可能。其次应该关注学生的精神世界，即尊重学生的个性，给学生自由选择的权利，促进学生精神丰富。学生是知识的生产者，而不是知识的消费者，学生已有经验的文化背景是学生创造知识的源泉，教师应该保护学生这种先在的经验，加强与学生的对话，用爱的方式引导学生。学生在关怀的环境中成长，能感受到教师给以自己的关心和希望，便会对世界充满关心和希望，这不仅可以丰富其情感世界，也能促进学生成为一个自信、自尊、宽容的人。

注重课程目标的多维性，体现了对学生多样性的尊重，为学生多样性发展提供多种路径。如果学校课程目标制订单一，那么能达成目标的只是一小部分的学生，其他学生就会被排斥在没达到目标的行列，这是对学生个体差异的漠视，对于学生而言是不公平的。正如我们永远无法找到两张一模一样的叶子一样，生命体之间也是千差万别的，正是个体不同的个性特征、不同的兴趣爱好、不同的探究旨趣、不同的情感体验，才合成了一个多彩的世界。课程目标是对学生发展的一种指向，是对学生发展的可能结果做出规定。

注重"意向性"目标的建构和映射作用。课程美学目标的制订，可以从人的认知、观念、思想、情感、体验等方面涵盖学生知识、技能、情感、态度、价值观等方面的发展。课程目标不仅仅关注人的近期发展向度，更要关注人的长期发展向度。课程目标不仅仅关注大多数人的发展，更要关注小部分人的发展。课程目标不仅仅关注个体基本能力的达成，更要关注特殊才艺的发展。课程目标不仅关注人的理性认知能力，更要关注在认知过程中人文素养的养成。课程美学的目标，体现了对每一个生命个体的关爱，多维的课程目标，为每一个个体的发展提供机遇，照亮每一个个体前进的道路，使每个个体的才能在生命的激流中得以自由展开，生命的光彩得以绽放，也只有当每一个个体都得到应有的关照和发展时，学校才能成为和谐之地，成为生命自由栖息的理想之所。

二、尊重学生的生命体验，强调多元认知方式

课程美学以人和体验作为课程核心，强调人的主动性，以人的主体精神参与课程，在课程中培养人格完整、精神自由、境界高尚的个体。自狄尔泰将"生命哲学"一词在他的哲学体系中出现，"生命作为世界的核心"的哲学命题进入正统的哲学思考范畴。课程作为人类活动的重要方式，更应该将生命的意志、生命情感和生命实践活动置于课程的核心，帮助生命走向独立、自觉和自由。

生命美学非常重视生命个体的体验，体验是个体对人生的体认，体验是个体对生活的参与，是对生命意义的开展、解释和构建的关键，只

有通过体验，人才能真切而内在地置身于自身生命之流中，并与他人的生命融合在一起。体验打开了人与我、我与世界的障碍，使人的当下存在与人类历史相遇，即我在世界中，世界亦在我之中。①体验打破人类认知的二元关系，人与物不是主体认识和被认识的关系，体验者与对象相互融合，主体进入客体，客体也以全新的意义等待主体体验，客体成为主要认识和理解的场域，这种观念改变了传统课程观念，人对世界的直接感受和体悟构成了主体认知的前提和重要成分，课程不是将成人已有的世界交给学生，而是帮助学生认识这个未知的、新奇的、多元发展的世界，摆脱成人借知识的名义对学生的控制。

体验是课程的基础，学生对世界的体验，也是学生学会生活的前提。书本知识给学生呈现的是一个文本世界，学生通过书本的学习，了解到的是通过成人经验勾画的抽象世界，学生获得的是一种间接经验。而学生的亲身体验，学生所看、所感、所想，才是个体对世界的审视和思考的真正开始。尽管这个过程费时不少，但这是个体对生命的真切感受的过程，是一个对世界理解的过程，是学生自我生命价值的体现。体验是一种积累，是后续的探究活动的动力，它符合人的认知特点，正如人类世界朦胧开创之际，人类就是通过与自然界的亲密体验，逐渐掌握自然运行的规律，不断丰富对世界的认识，从而逐渐迈向现代文明社会。经验是体验的提炼和总结，学生的体验越多，经验就越丰富，反之，学生的经验越丰富，学生体验的兴趣就更浓，体验的深度就越广，对世界的理解就更深入。对于教师而言，尊重学生的体验是非常重要的，教师如果不顺应学生体验的方式，剥夺学生体验的机会，那学生对世界的认识将是生硬、粗糙、不真实的。教师不仅应尊重学生的体验，给以体验的自由，还应该帮助学生将体验凝练成有益的教育经验，成为后续学习和探索的重要资源。

---

① 王岳川：《现象学与解释学文论》，山东教育出版社 1999 年版，第 180 页。

体验具有兴趣倾向，是一种内隐的行为，虽然学生的体验是一个自由的行为过程，但往往与学生的旨趣相关。因此在学校活动中，有些学生喜欢动手探索，有些学生喜欢与他人合作，有些学生愿意与他人交流，有些学生更愿意独立思考，总之，看、听、说、思被使用在不同的学生的体验行为中。不同的体验方式使学生获得不同的体验，这些不同的体验产生了不同的人格，体验的差异性就是个体的差异性，这种差异性，构成了世界多元的形态，正是这种差异性，使个体的体验有了相互交流的空间，经过交流、整合的体验恰好构成了一个更为丰富和全面的世界认识系统。

生命是课程的主体，课程的价值在于促进人性的完善和实现生命价值，然而，当前学校课程实施中对生命漠视的现象依然存在，课程实施的工具性和功利性的特征还非常明显，课程以传递知识技能为主要取向，忽视了学生的人格、道德、情感、审美、心理等生命特质的培养，课程沦为知识传递的工具。此外，在对课程实施效果的评价和对学习结果的评价上，倾向分数和升学分流的评价取向，导致学生陷入冷漠的竞争链条，学生的情感世界被漠视，精神迷惘，感受不到生活的丰富和学习的成功，生命的意义与价值得不到尊重。在这种课程背景下，学生的生命得不到重视，生命的意义得不到引导，学校的生活世界无法给学生身心发展提供恰当的情景和动力，导致学生陷入情感干涩、价值缺失的成长危机中。而教师在这种无法进行对话和交流的环境中，教师的主体精神会受到打压，教师的专业信念会动摇。课程美学以关怀的态度看待教师和学生生命，以丰富个体精神世界为核心，对消除当前学校课程实施的弊端做出积极努力，以纠正现代课程给教师和学生生命带来的精神危机，还教师和学生一个充满关怀、生命绽放的审美化人生。

三、建构多层次的课程结构，赋予学生文化选择的权利

一般而言，学校的课程内容会考虑社会文化遗产、社会核心价值、

学生已有的知识水平和能力，作为其认识论的假设来进行设计，因此就有了多种课程取向。不同的课程取向对课程内容的选择是不同的：学术理性取向的课程内容主张以严密的学科知识体系为主，通过学科知识的学习训练和提高学生的认知能力；自我实现取向和人文取向的课程内容以学生的经验为前提，以学生的兴趣、需要作为课程内容之一；社会取向的课程内容以学生未来适应社会出发，旨在培养未来社会的公民，以实用性知识为课程内容；批判取向课程内容以培养学生的批判意识为目的，没有固定的内容体系，主张以开放的姿态对待课程内容，强调教师和学生通过"对话—协商"确定课程内容，力图在教育中实现公平民主。课程美学内容以学生富有个性的发展为目的，强调通过多元的方式积累经验获取知识，知识建构的意义在于解放其自由个体而非禁锢个性。

为了培养学生健全的个性，学校课程应该尽可能完善，来满足学生多样化发展的需求，本文在前面提出了要构建"博""雅""通"的课程内容，使课程内容能紧密结合当前社会科技文明成果，同时能培养能力扎实和素质全面的学生。然而，课程内容如果只是做简单的"加法"，不断增加内容和科目，会导致课程内容的膨胀，学生学习负担过重，反而会导致学生学习主动性丧失，这样的课程就毫无美感可言。《国家中长期教育改革和发展规划纲要》（2010—2020 年）在第二部分第四章"义务教育"中，明确提出了要"减轻学生课业负担是全社会的共同责任，政府、学校、家庭、社会必须共同努力，标本兼治，综合治理"。学校课程在增加课程容量的同时，应该考虑课程的类型，合理分配好必修课程和选修课程的比例，尤其是加强对选修课程的建设。学校在为学生提供全面完整的课程内容的同时，也应该给予学生自主选择的权利，让学生根据自己的兴趣，选择课程内容，让学生拥有对自己未来的发展做出规划的机会，也使学生对文化做出一种具有主体意识的选择。

也许有学者会担心，如果课程内容都由学生自主选择，会造成学生偏科，造成学生发展的不平衡，这种担心是对学习主体精神的不信任，同时也是教师课程观念陈旧的表现。在学校的课程体系中，至少存在三种课程：显性课程、隐性课程、空无课程。① 学生能做出选择的是学科课程，属于显性课程的部分。也许在开始时，学生的选择会出现极明显的感性色彩，完全依赖个人兴趣进行课程选择，但是，学生是很善于向同伴群体学习的，当他们与同伴交流的时候，会注意到同伴的知识结构、见识和能力与自己的差别，他们很快就会对自己的行为做出反思，做出更正和调整。在学校的显性课程中，学生通过学习掌握一些知识，而在学生对课程内容进行选择的时候，学生学会了如何与他人交流，如何向同伴学习，如何分享体会和成功的经验，如何对自己的发展做出改变和确定新的规划，这些都属于隐性课程的范畴，它对于学生的独立人格的健全是学科课程无法企及的。学生自主选择课程，使他们不顺从于已有的文化规则、习俗，而是对文化做出判断和选择，这是学生独立精神的体现，因此，教育者要转变一种观念——在显性课程之外，学校中还存在其他类型的课程形式，是它们，共同完成了对学生健全人格培养的任务。

四、强化教师的课程意识，提升教师的课程理解力

如果将课程比喻成一个"文本"，课程理解就是教师以"读者"的身份，参与课程行动，通过诠释、践行、分享、批判，对课程的价值与历程进行意义解释，在同他人的文化交融和经验分享中构建起一个具有自我意识的个体课程框架，教师的课程理解是课程在实践中得以创造性开展的关键环节。

随着对课程研究的深入，课程已不仅仅是教科书、学科知识、计

① ［美］艾斯纳：《教育想象——学校课程设计与评价》，李雁冰译，教育科学出版社 2008 年版，第 91 页。

划，而是一个师生教育经验分享和生命意义建构的历程，因此，课程是一个非常复杂的过程，无论多么完美的课程设计方案、课程计划书、课程实施步骤指导意见都无法解决课程的复杂性。不管多么科学的理论，课程实践总是涉及一定的才艺因素——直觉判断和预感，这些东西，人们在不同的情境中是不易加以预测和概括的，而这使理论感到无能为力。① 这里的才艺就是指教师的课程理解力和执行力。

课程理解力是基于主体自身的知识、素养以及对于课程理念等具有特殊意味的个体分析课程的方式，课程理解力属于教师的一种基本能力，即教师如何看到自我和看到他人的意识，如何看待学科知识和人文素养，如何看待显性课程与隐性课程，如何看待学习过程和学习结果。从课程美学的角度来看教师的课程理解力，就是教师如何从美学的角度来审视课程，如何理解课程的不可预测性，如何创造性地看待教师对于课程的主动理解，如何诠释文本的不合理，如何协调课程的不均衡，如何打破线性课程的稳定，寻找课程创生的可能，使教学具有审美性，引导学生进入"审美化学习"。

在美学的召唤下，教师需要全面的觉醒和自我理解，以唤醒沉沦于日常事务和生活压力而枯竭的教学动力。觉醒就是要增强教师的存在感，增强教师对于课程参与的意识和热情，当教师感受到参与课程的幸福感时，教师的美感经验就会唤醒，教师的想象力才能释放，才能引发教师从不同的角度理解课程，超越现状走向深层次的课程实施。格林提倡教师要将自己当成陌生人，其真正是人类真实存在的一种转变，唯有将自己当成陌生人，才能够随时保持新奇与怀疑的态度，从自己的内心深处接受外在现实的发问，并且珍视与他人每一次邂逅的经验……另一方面，这种陌生人的态度也不同于同乡人的态度，他不是一种事不关

---

① ［美］艾伦·奥恩斯坦：《课程：基础、原理和问题》，柯森译，江苏教育出版社 2002 年版，第 26 页。

己、冷漠中立的陌生人，而是一种注定要行动的态度。[①] 还有些学者从生存美学中找到了对课程的启示，提出了酒神精神、自我创发、风格化、独创性、酷刑主义、节制、个人化伦理学、自组织性、边缘、主体能动性、离经叛道、解构主义、断裂、人之死（新的人学）等面向对于教师课程意识的启发。[②] 这些观点非常激进甚至让人不可思议，但无论如何，它从另一个角度再次呼吁教师要更新观念，摆脱传统思想的禁锢，以全新的姿态参与课程中。

课程理解力的改变必定带来教师教学观念的改变。课程实施是一种艺术，过去那种依照教学大纲开展课堂教学，或者以一本陈旧的教案进行教学的方式已经不合时宜了。课堂是一个流动的剧场，学生获取知识途径的改变、学生在社会文化中的地位，无一不在表明学生已然处于课堂（舞台）的中心地位。教师与学生的关系已不再是演员和观众的关系，教师和学生一样是演员，处于舞台的中心，共同参与剧本的演绎，都是在对剧本的体验和创造中完成表演，成就自我。在课堂教学中，教师必须转变角色，只有在课堂上与学生积极互动，相互理解，共同构建课程，才能真正对课程进行理解。教师要善于运用专业视角，借助观察、访谈、记录的方法，理解学生的需求、学生的兴趣、学生的问题、学生的疑惑、学生的希望。当教师积极投身课程实践，亲切倾听学生心声的时候，时常会被学生天真、烂漫、真实的话语感动，这些才能促使教师对课程的目的、课程的真正意义有深入的感悟。

教师的观念改变，不仅仅是通过理论的学习，更重要的是在实践中改变观念。在教育现场，教师的身份是提问者、观察者、记录者、思考

---

① 方永泉：《Maxine Greene "教师即陌生人"——教师哲学在教师专业发展方面的意义》，《"美学取向课程与教学之理论建构与应用"学术论文集》，台北大学 2009 年，第 69－78 页。

② 王恭志：《傅柯的生存美学及其对教师课程意识的启发与意义》，硕士学位论文，台北教育大学 2007 年。

者，教师与学生进行对话、教师与教师开展对话、教师与专业人员进行对话、教师与自我进行对话，这种协助式的伙伴关系，使相互间能敞开心扉相互倾听和相互理解。教师进入课程现场，才能掌握课程在实践情形中的实际状态，了解课程理想与现实中存在的差距。"学校是提供诠释性知识和充实人性的场所"，① 脱离了鲜活的教育现场，课程就失去了存在的意义，教育现场是教师理解课程的根基，不进入教育现场就永远无法了解课程的真正意蕴。进入教育现场后，特别要强调持久性，教师对课程理解，是一个长期的持续的过程，没有长期的时间保证，就不可能真正全面地掌握现实材料；没有对课程现状长时间的关注，就不会对课程理解产生发自内心的情感；没有长时间扎根现场的研究精神，就不可能建立平等和谐的对话基础。

教师要加强对话，拓展视野和信息渠道。对话是课程理解的桥梁，对教师而言，课程实践已经深深植入他们的教育生活中，与学生对话、与同事对话、与家长对话、与专业人员对话已是教师常用的交流方式，对话不仅是一种叙述，也是加强人际交往的方式。在课程理解中，对话至少有两种方式。第一种是师生对话，通过这种对话方式，教师可以了解学生的内心世界，了解学生的需要，了解学生的个体经验，能客观地为学生选择符合个性经验的课程内容。这种对话是建立在师生平等关系基础上的对话，这种对话使师生双方的观点和见解得到相互关注和尊重。第二种对话是与自己对话，"意味着以自己的语言接近客体的省察的活动，并以这种省察活动为对象展开反省性思维的活动"，② 也就是说，与自己对话是以一种反问的方式，让自己对课程目标、实施手段、课程生成、课程实施过程等环节进行经常性的反思。这种对话有利于教

---

① 陈美如：《课程理解——教师取向之研究》，五南图书出版公司 2007 年版，第153 页。
② ［日］佐藤学：《学习的快乐——走向对话》，钟启泉译，教育科学出版社 2004年版，第42 页。

师形成对自身言行的反思性思维，是教师对自我内心世界的探寻和建构意义的方式。在课程美学意义上的对话要求教师要用"心"交流。用"真心、诚心、爱心"开展的对话，就是建立在平等、尊重关系上的对话，这种对话才能使对话双方真正敞开心扉诉说真话，这样才能获得课程理解的真实素材，有助于提升理解的深度。

课程理解的过程是一个科学与审美相结合的过程。课程的审美渗透在教师的教学设计、教学手段、教师形象、课程内容安排、课程评价等方面。教学是课程实施非常关键的一环，教学蕴含着艺术美，教学的艺术美表现在：教学不仅仅关注学科知识传授目标的达成，还关注学生作为学习主体在学习过程中的个性的自由发展、情感培养和道德熏陶。在教学过程中，教学的艺术体现在教学方法运用的多样性和适宜性上，教学方法的多样性，就是要为学生提供诸如讲解法、启发法、操作法、实验法、讨论法、探究法等多种教学方法，以满足不同文化背景、不同学习风格学生的学习需要；教学的适宜性，就是要针对不同水平和层次的学生，施以不同的手段使他们在原有基础上稳步提高，在教学的过程中，教师要善于启发、引导和等待，教学是一门慢的艺术，教师不要急于将探索的结论告诉学生，而是应鼓励学生通过自己的主动探究，发现知识、积累经验，以激发对科学探索的持续兴趣，在活动主动构建知识的同时，丰富社会经验、提高能力和完善个性。教学是连通知识传递和学生学习的渠道，教学方法恰当的运用，是教师智慧和经验的有机组合，是将学生看作具有发展潜能和独立精神个体的体现，教学的科学美和艺术美共同构成课堂和谐的韵律。

五、提升教师的诗性智慧，促进课程实施的审美化

教师在课程中的地位是无可替代的，没有教师任何课程实施都无法进行，课程实施的成败取决于教师的智慧和教师对课程的理解，因此，斯腾豪斯用"教师即课程"来隐喻教师在课程中的关键作用。智慧是一种对事物能迅速、灵活、正确地理解和解决的能力，教师智慧是指教师掌握能胜任日常教学工作的教育学知识、课程意识、教学能力。课程美学探究认为教师的智慧是一种诗性的智慧，诗性智慧是一种内隐的文化素养和一种以审美超验的模式，用一种纯洁高尚的精神审视一个平凡世界，并且使世界达到诗意化和审美化，诗性智慧是一种浪漫的智慧。"诗无疑不是科学，但它是科学的准备；诗也肯定是科学：一种理论的真理总有他的优美之处。"① 诗性智慧能促使教师以一种浪漫的态度对待课程，使学生能焕发生命的激情，使教师的教育生活走向审美和诗意。

（一）释放教育想象力

想象力是最杰出的艺术本领，想象是创造性的。② 根据黑格尔对艺术的解释，艺术家首先应该掌握现实中丰富多彩的图形，并且依靠牢固的记忆力加以储存，这是艺术创作的基础。艺术家对于艺术的创造不是简单地将脑海中的现实事物表现出来，而是"通过理性把真实的东西按照其全部深度与广度加以彻底体会"③，在这里，黑格尔把想象等同于理性思维，艺术作品是经过深思熟虑、长久深刻酝酿的结果，通过卓越的想象力，艺术家将日常常见的事物赋予了情感，经过想象的思维后，创造出丰富的、深刻的、富有情感的艺术作品。想象在艺术创作中是非常重要的，有了想象，语言才能成为诗歌，物才能进入画卷，生活才有了审美的意境。同样，杜威也认为"审美经验是想象性的"，比如人们对于艺术作品的欣赏，就是将人的经验与文艺符合表达的意义通过想象来达成，因此他说"所有有意识的经验都必然在某种程度上具有想象性"，④ 杜威用想象将旧的经验和新的经验联系起来，同样以想象作为

① ［法］杜夫海纳：《美学与哲学》，孙非译，中国社会科学出版社 1985 年版，第 5 页。
② ［德］黑格尔：《美学》（第一卷），朱光潜译，商务印书馆 2008 年版，第 357 页。
③ ［德］黑格尔：《美学》（第一卷），朱光潜译，商务印书馆 2008 年版，第 358 页。
④ ［美］杜威：《艺术即经验》，高建平译，商务印书馆 2007 年版，第 272 页。

从事理性思维活动的动力。在审美活动中，想象使欣赏者与文本产生了对话，欣赏者通过想象，创造出与作品一样独特、生动、鲜明的艺术形象，进入到作者创造的人物的内心世界，能体会到作者传递出来的情感和创造意图。

休伯纳曾经指出"我们已经忘记了或压制了'想象力'是世界的基础这一要点。当我们恢复'想象力'的时候，会意识到还有'超越'我们知识的存在，我们走到知识的尽头时，'更多性'会令人惊奇地出现在我们的眼前"。① 课程作为一种人类的实践活动，教师的想象力也是非常重要的。有了想象力，才有对课程加以分析、认识和理解的多种可能性。格林在《释放想象力》中提到"想象力是一种以不同方式看待与观看事情的能力，唤起与开发想象力是要让我们能够打破那些僵死与既定的、客观而独立的真实……以不熟悉的角度去面对眼前万变的处境……"②。如果将课程比作艺术品，对课程的理解便需要一种理性的想象了，借助这种想象，课程就有了多层的含义。作为名词的课程意为"固定的跑道"，从动词的词义上说，则解释为"奔跑，在跑道上的奔跑"。对课程的这两种解释为课程的理解提供了想象的空间。作为名词的课程被理解为教科书、文件、计划，是一个实体的文本，作为动词的课程则具有交往、对话、理解的特性。这样，课程由原来侧重于预设具体目标（跑道），转向了个人奔跑经验的积累过程（奔跑）。这种转向意味着对于课程理解的根本性改变：课程是一条边铺边走的道路，不是一条事先指定，只需按照线路走下去就能够到达终点的道路。③

根据课程美学的观点，教师的角色要如作曲家或艺术家，把环境中

---

① 袁桂林：《派纳论概念重构和理解课程》，《外国教育研究》2003 年第 1 期。
② 杨忠斌：《教育美：美学与教育问题述评》，师大书苑有限公司 2008 年版，第 296 页。
③ ［美］派纳：《课程：走向新身份》，陈时见译，教育科学出版社 2008 年版，第 77 页。

的许多元素组合成学习的一部分，通过多种方式多种途径来吸引学生和感动学生，使他们的感受能力能愈加敏锐、多样与深化。透过这些学习的材料，学生感受到一种艺术的体验和促动，进而引发学生探索其内在心灵最深层的部分。这些都需要教师也必须具备丰富的想象力和同理心，同理学生的处境，使其了解每一条学习途径可能潜藏的风险，必要时提供有利的工具协助并引导学生学习。①

（二）寻觅惊奇感

惊奇是一种审美发现，惊奇使本来是片段的、零碎的感受都被接通为一个整体，观赏者的心灵受到了强烈的撼动，审美作品隐藏的意蕴突然敞亮了。② 惊奇是一种重要的审美体验，惊奇来自于人超强的想象力，能发现那些平常的细微物体的美感。黑格尔也很重视审美中的惊奇，他说，人如果没有惊奇感，他就还是处在蒙昧状态，对事物不发生兴趣，没有什么事物是为他而存在的，因为他还不能把自己和客观世界以及其中事物分别开来。③ 换言之，惊奇是一种感性冲动，能引发人从普遍性的事物中寻找到高深的意识，在普遍性的事物中发现新见。惊奇是一种审美体验，是对待艺术作品时的"惊讶""震撼"的审美效应，是对沉睡的审美视觉的一种激活，艺术存在的意义是使人恢复对生活的感觉。而惊奇的技巧是使对象"陌生"，"陌生化"就是使书写的对象变得陌生，使清晰的印象变得模糊，使艺术变得难以接受，经过这种"陌生化"的感觉处理后，再通过艺术的感受力，使观众在惊奇感中重新深入思考，最后达到震惊、豁然开朗的审美境界。这种"陌生化"是运用艺术技巧，使观众与日常熟悉的事物进行间离，最后由主体通过审美心理的感知而获得审美体验，陌生化是艺术创作常用的一种技巧，而惊奇则是美学研究一个重要的审美范畴。

---

① 林素卿：《美感经验对课程美学建构之启示》，《东海教育评论》2009 年第 3 期。
② 张晶：《审美惊奇论》，《文艺理论研究》2000 年第 3 期。
③ ［德］黑格尔：《美学》（第二卷），朱光潜译，商务印书馆 2008 年版，第 23 页。

对于教师而言，日复一日从事同样的教学生活很容易使人倦怠，这对于教师而言是极其危险的。教师像艺术家一样，对于学校的生活始终保持一种敏感、机智和惊奇是非常必要的。格林在其著作《教师即陌生人》中也在极力提醒教师"面对日常生活的现实，采取一种陌生人的观点，就是要以一种探究的、怀疑的眼光看待自己所生活的世界"①。陌生的感觉让人始终保持一种积极、新奇、质疑的状态对待事物，也就常常会发现生活中美好的细节。她还强调教师要提升自我的意识，要保持一种不安的情绪，时刻挑战过去习惯的环境，心怀面对新奇事物的激情，在平常的教育工作中发现更多的可能性，构建新的意义世界。教学是教师的主要生命形式，教师应该从这个角度来看待教育的过程。教师要以个体的生命感动融入课程实践中，以美学的眼光看待课程中的人和事，以真挚的感情投入教学的过程，将每一次课程任务都看得如同第一次那样充满感动和惊奇。

（三）提升课程创生力

美最根本的特性就是创造。艺术作为最强烈的美的表现形式，来源于生活而高于生活，艺术之所以成为超越历史而存在的物，是因为艺术是人创造的智慧结晶。艺术创造来源于丰富的体验，体验为艺术创作提供了大量的真实的生活素材，这是创造的基础，离开了生活的体验，艺术创作是不可能的。艺术创作来源于创造灵感，最先使用"灵感"一词的是德谟克利特，他将灵感视为一种狂热的精神状态。② 而浪漫主义认为灵感是主体内在拥有的一种本能，即天赋灵感说。20 世纪的本能论灵感说则认为灵感是个体潜意识的表现。奥斯伯纳对以往的灵感说做了一个总结，认为灵感是导向观念、直觉和领域无意识状态的结合，它

---

① M. Greene, *Teacher as Stranger: Educational Philosophy for the Modern Age*, Belmont, C. A. : Wadsworth, 1973, p. 121.
② 彭峰：《西方美学与艺术》，北京大学出版社 2005 年版，第 128 页。

伴随激情、活力与立即展开工作的强制性。① 由此看来，创造来源于主体瞬间迸发的艺术智慧。艺术创造是心灵自由的体现，当人有了丰富的生活体验，有了一种对生命理解的深度，借助创造的灵感，便有了表现的冲动，所以艺术创作是一种生命冲动的结果，是生命自由的体现，只有在心灵自由的时候，艺术创造才能完成。

课程对于教师而言，也是一个创造的过程。课程已不是一个预置的跑道，而是学生与跑道之间的所有关系的总和，学生跑的方式、跑的过程、跑的速度、跑的时机等等都是充满变数的，课程变得丰富而充满变化，要求教师能够跟随情境变化和学生的情况，随机应变。教师对于课程而言是专业人员和创造者，教师使课程有了解释、转化和重构的可能性。创造对于课程而言不是什么新事物，教师对于课程实施的三种态度是：忠实取向、相互调适取向、缔造取向，其中缔造取向无疑是教师课程实施中最高、最美好的状态，但是教师如何才能达到根据课程的需要和学生的需要自由生成课程呢？首先，教师要有创造的意识，教师应该意识到所有的课程并非是完美的，学生真正需要的课程才是最适宜的课程，因此，所有的课程计划付诸实践都应该经过一段时间的修正。这种意识指挥着教师时刻以一种新的目光看待学生，这样才能发现学生的内心世界，发现学生的需要，这些都是教师创生课程的基础。其次，就是要加强交流，教师参与专业性的交流，善于交流的教师内心是丰盈的，有助于萌生创造的灵感。

质疑和反思是创造的前提。为了营造具有美感经验的课程，教师要对自我进行文化改造，教师必须有以下的改变或坚持：第一，教师必须能承担日常教学中的风险，允许学生影响教室的秩序及挑战事实。第二，教师能从教学的实务中不断地自我反省不合理的教学情境和一些先入为主的观念。第三，教师必须能敞开心胸聆听学生的声音，接纳新的

---

① 彭锋：《西方美学与艺术》，北京大学出版社 2005 年版，第 130 页。

和不同的观点。第四，教师必须能接受不能预期的不安感和情境转变的紧张情绪，有能力与怀疑、不一致、矛盾共处，为不和谐的世界带来和谐。教师尤其需要领悟教室内的任何环境与氛围都可能影响学生的期望及成长的能力。[①] 当然，没有反思，课程创生是不可能出现的。奥古斯特·伯克把反思看作"对认识了的东西的认识"。[②] 教师对课程的创生与教师的反思过程是交互的，如果没有教师对现有的课程进行反思的话，课程创生就不会出现，只有当教师敏锐地感觉到现行的课程不利于学生发展或者不受学生欢迎时，才会促使教师对课程进行重新审视，所以说，教师的反思有助于提升教师的课程创生。

诗性智慧提醒教师以一种"剥洋葱"的方法，剥去课程严密的外壳，进入到鲜活的教育现场，用素描的手法呈现生活的原色，以关照每一个主体的内心、经历，唤醒个体对自我的意识和认同，发现自我的意义与价值。

① 林素卿：《美感经验对课程美学建构之启示》，《东海教育评论（台湾）》2009年第 3 期。
② ［德］伽达默尔：《哲学解释学》，宋建平译，上海译文出版社 2004 年版，第 46 页。

第七章

课程美学的评价

第七章

温情背后的苦难

课程美学评价，力图撵弃以往以单一的手段和测量工具核定个人发展情况的现象，以更多的宽容、鉴赏的态度对学生进行评价，将评价看成是一种描述、解释和欣赏，促进学生自由、生动的发展。这样，课程评价就有了一种开放的姿态，课程评价成为一个了解学生情况、解释学生发展和引导学生未来的系统。

第一节　课程美学评价的本质

课程美学评价，是以人文关怀的视角，以宽容、理解的立场看待学生的发展，视评价为自我发现和自我反省的手段，旨在促进学生整体和谐的发展。

一、评价即解释

课程美学的评价力图改变传统课程评价的价值取向，把评价视为对生命发展状况和发展方向的一种解释。课程评价的目标不是为了测量学生发展的情况，而是为了了解学生发展的状况，了解学生发展的整体水平，了解个体的发展需要，对学生的未来发展做出合理的解释。

对学生的发展状况做解释。学生的发展包括智力、能力、情感、态度、理想、兴趣等等。传统的评价方式，运用心理学的智力量表，可以对学生的智力水平运用数理化的测试进行检验，这个方法简便易操作，所以常常被广泛运用在学生的能力测试中。但是人的情感、能力、态度等人文素养是很难被测试的，所以智力测验的结果常常被简单用来解释学生的情感、能力、态度等发展情况。智力测验法成为在学校运用最广泛的评价方法，这就是造成课程评价唯智力至上的原因。其实从生命的角度来看，学生是一个完整的生命，是情感与认知、智力与非智力、理性与非理性的结合体，测验的方法只能对显性的部分做出判断，对于隐性的部分则难以统计。作为生命体的学生蕴含着丰富的发展可能性，而这种测验是验证性的，难以发现蕴含在生命体萌生的最新发展的新现象，以及由此带来的潜在发展空间。

这种僵化的评价方式不能对学生的发展情况做出恰当的判断，也不利于对学生的发展做出新的规划。人的发展包括了外显的物理变化，包括身高、体重等，还包括复杂的心理、情感、态度、观念等难以测量的变化。学生的经验是一种情感的、感受性的体会，不是纯认知性的，特别是学生的审美活动、情感积累是一种对事物质性关系的思考与洞察，是个体对审美对象的形式、内容、构成方式、音色、音质、色调、文字等关系的感知与直观，从而产生某种新奇的意义。如果按照传统的课程评价方法，借用一般的测量工具检测之，是不客观也是不可为之的事情。课程也是一种质性的事物，是无法以量化方式评估其优劣的。因此有学者建议课程可被视为一件艺术作品，课程评鉴应类似文学或艺术的批评，用一般人可以理解的语言，协助他人看到那些能有助于学生及教育者反应的课程性质。①

课程美学评价倡导以一种解释性的方式对学生的学习过程做出解释，使学生成为对自己探索过程、思维方式、性格特征的欣赏者，了解评价的作用和意义。解释性课程评价是一个历时较长的评价，是在某一个时期对学生的发展状况做出记录的过程，因为学生的思想、观念、意愿的变化要经历较长时间才能显现，因此评价便是伴随学生成长的过程，评价是对学生成长历程关注和记录的过程，把这些重要的历程串联

---

① 林素卿：《美感经验对课程美学建构之启示》，《东海教育评论（台湾）》2009年第 3 期。

起来，形成一幅连续的画面，真实地记录学生成长的历程。教师作为解释的主体，将以一种专业的视角对"画面"进行分析，寻找出其中具有代表性的发展记录，对学生的发展情况做出积极的评价。

解释性评价方式从人文的视角，运用"软"工具对学生的成长经历做细微的、个性化的记录。这种评价在程序上是开放的，将个体的价值判断融入评价体系，它不排除个体的主观判断，但是以现象本身的真实记录为基础。在常模选择上，不设定标准参照，而是以整体中的其他个体做参照，或者以自我的过去作为现在的参照，所以参照指标不具有标准性，只具有比较性。评价的目的不在于对学生的发展结果做出判断，只对学生的成长过程做出解释，特别是对学生的未来发展可能做出解释，以便制定新的发展规划。解释性评价强调一种在真实情境中对学生的状态做出评价，解释的过程体现了教师在课程的主体地位，是教师参与课程理解的过程，是探寻教育经验的过程，也是教师专业提升的过程。解释聚焦于情境中所发生的事件，如教室如何运作等；用什么样的观点、概念或理论可以解释这些现象，促使教育批评者说明所观察到的事件和解释其发生的原因。诠释面向所感兴趣的不是事实的本身，而是对事实的解释。

二、评价即鉴赏

鉴赏是美学中一个关键的词汇，是主体对艺术作品审美认知属性的认识，是个体对作品文化价值的阐释，是对作品形象和意境的再创造，或者可以说，鉴赏就是对艺术作品审美的过程，也是意义解释的过程。鉴赏包涵几层含义：鉴赏是一种感知，是个体对美的感受，它基于对美的认识，是通过个体的感知觉、想象、思维等活动对艺术作品加以感受的结果。与一般感知不同的是，艺术感知是将对象作为一个整体进行的，并且伴随着主体情绪和情感的心理活动，对美的事物产生愉悦的感受。鉴赏是一种解释，是理性与非理性活动的统一，对作品的理解，不仅仅依靠理性的认知能力，更依靠感性的生命冲动，依靠个体的直觉，而要对艺术作品的内涵有更深刻的理解，就必须具备丰富的想象和理解能力。对艺术的解释，要借助过去的知识和经验，并与当下的事物建立相互的联系，才能形成对艺术的理解。海德格尔也认同这个观点，认为艺术的理解是体验式的，由于情感移入对象，这种理解也是阐释性的。① 鉴赏是一种批评，艺术作品在实践上表现为个人感觉的自由表达，艺术品的表现是非概念的，体现了个体的感性与直觉，这种蕴含了个性和自由精神的艺术才是真实的艺术。然而，美是一种带有逻辑判断的理性活动，离开精神性的活动，美就不存在了，所以艺术品要具备美的内涵，必须通过艺术批评。艺术批评是一种价值判断活动，"批评的原则包含一些真理的种子"，"批评中充满了优秀的美学思想"，② 艺术批评在美学的艺术观念与艺术作品直觉之间建立了联系，借助美学的精神能动性对作品进行艺术批评，使艺术作品的个性表现纳入普遍性的审美框架中。可见，鉴赏是一种艺术批评也是一种艺术判断，这种判断能找出个体艺术经验的不足，排除艺术技巧所做的掩饰，找寻艺术作品精深的内涵和美的本真。

将艺术鉴赏引入课程评价，是因为艺术鉴赏与课程评价有许多相同之处。首先，它们都属于认知活动。艺术鉴赏是艺术审美活动常用的术语，艺术鉴赏是一种认知活动，属于质性认知活动，鉴赏的过程就是运用已有的知识和经验对艺术作品进行解读的过程。其次，它们都属于理解活动。艺术鉴赏是通过音乐、图画、文学阅读对作者和作品进行理解，课程评价是通过学生的发展情况对课程进行理解，对自身的教育智慧进行反思。再者，它们都需要想象力。派纳认为，将艺术作品中那些在实质上不可言传的性质，变成帮助他人更深入理解作品的语言，这一

---

① 杜卫：《美育论》，教育科学出版社 2000 年版，第 212 页。
② ［意大利］文杜里：《西方艺术批评史》，迟轲译，江苏教育出版社 2005 年版，第 223 页。

点就像产婆术的作用。① 课程评价也需要想象力，对学生的外显行为，用语言加以描述和解释，这一过程要求教师充满想象力地实施观察。还有一点就是它们都依赖于人的经验。鉴赏是一种对精妙、复杂以及重要特质的感知，或者说，有见识的感知行为就是鉴赏。② 艾斯纳的这种将艺术评价的方式运用到课程评价中的思路，可以说是近年来课程评价理论的一大突破。此种方法是由艺术中汲取要义，要求评鉴者参与教育的媒材、背景、事件的细微处，了解其间的微小差异，并以艺术批评者的角度去觉知、欣赏教育事物中的重要特质。③

课程美学评价，把评价看作艺术欣赏的过程，以鉴赏的态度开展课程评价，使评价渗透着审美感动。如同"艺术家面对艺术作品，以非同寻常的觉察能力以及一种不寻常的意义来显现寻常事物，以一种揭露真实本质的方式震撼人们"，④ 教师对待评价对象也是抱以全神贯注的态度，把评价的过程看作欣赏一件艺术作品，以专业的洞察力、丰富的想象力"阅读"学生，寻找学生发展过程中的细微变化。鉴赏作为课程评价的策略，第一就是关注学生，不是一般的观察，而是要满怀感情地关注，"因为当注意的强度和方法改变了，每个人知觉中的物体也会改变"，当教师投入真情关注学生，才能敏锐地洞察学生发展过程中的细微闪光点，精准地记住学生发展的点滴，这种以关爱的情感倾注于学生评价的过程，评价就会更加人性化，而在教师关注的目光中，学生也能受到爱的启迪，积极参与课程评价，有助于改善师生在评价中的关系。第二就是欣赏学生，当看到一件艺术品的时候，人们总是调动所有的感官去体验作品，去挖掘作品隐含的意味，发现作品美的意蕴，努力去理

---

① ［美］派纳：《课程理解》，张华译，教育科学出版社 2003 年版，第 605 页。
② ［美］艾斯纳：《教育想象——学校课程设计与评价》，李雁冰译，教育科学出版社 2008 年版，第 222 页。
③ 林素卿：《美感经验对课程美学建构之启示》，《东海教育评论》2009 年第 3 期。
④ 杨忠斌：《教育美学：美学与教育问题述评》，师大书苑有限公司 2008 年版，第 230 页。

解作者创作的意图，这个过程是思维深化的过程，也是理解的过程，是读者的经验与作品视域融合的过程。课程评价也需要这种视域融合，教师以审美的目光欣赏学生，以宽容的态度对待学生能力差异，积极捕捉学生的个体特长，用赞许的话语激励学生不断前进。第三就是恰当地提出"批评"，艺术批评是对艺术品做出客观判断，这是艺术欣赏的重要部分，没有批评就不会产生美。课程评价也需要适当地进行批评，批评包括对课程自身的理念、实施情况、实施效果的批评，也包括对学生发展状态提出改进的建议。批评是教育民主化的一种体现，能正确地接受批评是思想开放的表现。有批评才能引起警惕，引起反思，没有批评就没有改进的可能，课程就会停滞不前，学生也不会有持续发展的动力。

对艺术精妙的审视和洞察，不是通过理论学习或者书本知识得以掌握，它是一种敏锐的感知，与个体的经验密切相关。同样，教师对于课程评价，也必须拥有大量的课程实践经验，才能及时地对学生的行为做出区别和判断。

第二节　课程美学评价的原则

一、价值性原则

这一原则就是要求要弱化技术测验，突出价值建构。古巴和林肯把教育评价分为四个时期：测验和测量时期、描述时期、价值判断时期、质性评价时期。"测验和测量"是借助数量化的工具和方法，对教育实施的效果做出检测。"描述"是在前面测量结果的基础上，对结果进行分析和描述性评价。"价值判断"是将评价的过程看作价值判断的过程。以上几个方式，都体现了评价主体对评价对象进行评判、分析，主体与对象处于一种对立的关系中。"质性评价"是近年来提倡的评价方式，它努力排除主客体二元对立的评价关系，以共同参与、意义共建、标准多样为思想，强调评价的意义建构功能，建立一种评价主体与评价客体共同参与评价的方式，在平等、合作的气氛中对过程实施评价，以多元标准对评价的结果做出意义判断。

传统课程评价以科学主义为取向，主张以自然科学研究所遵循的世界观和方法论，将教育活动与科学实验的测算、实验等同看待，对教育的结果运用可测验的方式进行。这种科学主义的评价理论依托传统西方哲学观念，对教育活动的研究采取了一种二元对立的思想逻辑，将评价主体与评价客体、事实与价值、方法与对象、认识与情感、理性与非理性做了严格的区分，并且对立看待，并以主体对客体的绝对领导姿态，将主客体、事实与价值、普通和特殊进行了严格区别。这种强调标准化、客观化、精确化的评价方式，试图将复杂的教育现象还原为数学的方程式，用数量符号对复杂的教育过程进行量化分析、评判，为课程评价提供一种简约的、便于操作的方法。

然而，课程实践不是生产活动，学生不是产品，教师不是操作员，借用工业生产的模式进行课程评价显然不可行，课程是在真实教育情境下，师生共同建构生命意义的过程，在这个过程中，学生的身体、心灵、情感等都发生了巨大的变化，这些变化是无法用数字来表现的。其次，课程目标的弹性标准、课程主体间人际关系的互动情况、课程中细微而精美的生成之光、课程本身发展空间的灵活性、课程实施中不确定因素产生的效果等等，这些仅仅用精确的数字不足以穷尽其意义。传统课程评价将评价者和被评价者置于主、客体对立的关系框架，评价者与被评价者不再是控制与被控制的关系，这样显然违背了课程将主体关系看作相互平等、共同协商的关系。

传统的课程评价在实践中出现诸多的矛盾，显然与当前教育改革的理念背道而驰，尤其是在尊重学生全面而有个性的发展的教育理念引导下，课程评价的功能必须转向，必须在评价功能转换、评价主体多元、评价标准弹性等方面进行改革。课程评价期望以一种进入教育现场的真实性评价，来强调课程评价的意义解释，实现评价功能和方略的转变。我国学者丁朝蓬将课程评价的趋向归纳为九点：①从目标定向的评价到目标游离的评价；②从结果评价到过程评价；③从注重课程的外在价值到注重课程本身的内在价值；④从孤立地考察某个单一的变量到描述和阐释课程方案实施的整体情境；⑤从关注课程方案到关注受教育者个体；⑥从寻求客观知识到关注教育过程中的价值和意义；⑦从价值中立到价值负载；⑧评价者与被评价者的关系从主、客体对立到主体间协商；⑨从自然科学的研究范式到人文科学的研究范式。①

二、综合性原则

综合评价就是对评价对象进行完整的系统的价值判断。只有对评价对象进行综合性评价，才能对评价对象形成总体性认识，只有在对评价对象进行分析评价的基础上，把多方面的评价结果整合起来，才能对评价对象形成清晰准确的总体认识。② 综合评价有利于把握对象的整体结构功能状态，从总体上形成价值判断，判定其总的发展状态、倾向和趋势，发现倾向性问题，使教育工作者能及时了解情况。综合性评价就是要改变以往侧重于对学生学习结果和学业评价转而对课程实施的全部过程进行全面的综合评价，这种综合，是尽量考虑各个因素对评价对象的影响，但又不是各个方面评价结果的简单相加，而是取各个指标和各个要素综合起来加以评价。

传统的评价往往被狭隘地认为是对课程结果的评判，于是大家把目光聚焦于学生的学业成绩。这是以一种封闭的形式开展评价，形式单一，把被评价者置于一个特殊的场所接受评价，这样得出的数据不一定真实，因为特殊的场所容易使人的心理产生抵制和紧张，所以不一定能客观地反映被评价者的真实水平。美学取向的课程评价强调在一种自然

---

① 丁朝蓬：《高中新课程评价》，天津教育出版社 2005 年版，第 10 页。
② 陶西平：《教育评价辞典》，北京师范大学出版社 1998 年版，第 18 页。

的情境下，对学生进行评价，以获得学生发展的真实水平。

在以往的科学取向课程范式中，科学线性思维方式描绘了一个有序的确定性世界，认为任何事物都是处在特定的因果关系之中的，这一因果关系还常常是可预计的，各事物之间以及事物的各因素之间的相互作用都在可控制的范围内，带有某种必然性。在这种思维影响下，课程评价就表现出统一性和封闭性。课程美学认为课程除了具有一定的线性规律，更具有非线性、无序、混沌和不确定性，课程中除了有可描述的规律性，还具有不可描述只能意会的感受，除了有课程实施的必然结果也可能出现许多偶然性成就。因素，事物之间的相互作用出现非对等性和非均匀性，这种相互作用常常导致因果关系的不确定性。科学与美学不是相互矛盾的，而是相互融合和促进的，正因为如此，课程美学的评价强调以多层次和立体多维的视角综合审视课程。

首先，评价的场所不仅仅包括校内还应该延伸到校外。学生在校内学习的能力，应该在校外宽阔的生活舞台区实践，生活为学生解决问题提供了广阔的空间，能将校内学习的技能运用到校外的生活中，在真实的情境中解决现实问题，充分体现了学生对知识掌握的情况和运用的情况。在校内对学生进行评价，往往依赖答题纸，在答题纸上的答案，反映的是学生的推理能力和思维能力，在真实的情境中解决问题，比在答题纸上解决问题要复杂和困难，反映了学生学习的迁移能力和动手能力。

其次，以多种方式呈现学生的发展情况。单一的评价方式只能满足对学生某一方面发展情况的展示，或者说单一的方式只适用于某一种类型的学生，无法全面展示学生发展的情况。评价的方式越多元，就能评出更多优秀的学生。在多元的呈现方式上，允许学生选择一种最能展示自己所长的方式，这样不仅有助于学生创造力的发挥，更能增加学生的自信心。学生有着个体差异，仅仅使用一种方式对学生进行评价，是无法客观反映学生实际发展水平的，所以，运用多种方式对学生进行评价，尤其鼓励学生选择最能体现自己能力的项目展示特长，对于了解学生的兴趣、爱好，尊重学生个性化发展是有益处的。

再者，评价的内容不能局限于课堂学习的内容。长期以来，学生习惯于为了评价而读书，学习围绕评价的内容进行，以至于学习带有极大的功利性，也导致学生丧失了自主学习的意识和能力，如杜威所言，教育最大的谬误之一，就是学生仅仅学习被教的东西。既然评价产生了这种不良的导向，就应该改变评价的内容，评价不仅仅是课程的内容，还应该超越课程内容，加入课外学生学习的内容。这样，不仅可以评价学生学习的广度，也能体现评价的灵活性和适应性。

三、发展性原则

课程评价的目的着眼于人的未来发展，体现了对个体终身发展的终极关怀。"发展性"除了指改进特征的功能性内涵外，更重要的是指通过评价促进人的发展，通过课程评价促进人的发展不仅指向学生的发展，同时还包括教师的发展。发展性课程评价对学生发展来说，既指促使学生知识、技能的提高，也指促使学生情感、意志、个性和价值观的养成；对教师发展来说，既体现在促使教师的专业提高方面，也是指通过课程评价拓展教师的生命意识，促使教师生命质量的提高。[①]

发展性课程评价应是对课程全过程的评价，包括课程的目标、过程以及结果的评价。其实，发展性评价不仅是课程评价的取向，也是必然。当课程评价活动发生之后，课程目标、课程实施过程以及课程结果的影响必然会发生变化，学生素质的变化和教师行为的变化，反过来作用于课程，从而促进课程的变化和重组。所以，当课程评价发生之后，每一个阶段以及每一次循环，评价所涉及的因素都可能发生改变，这些改变好像一个个节点，随着评价活动的再次出现，就会出现许多节点，

---

① 刘志军：《发展性课程评价体系初探》，2017 年 6 月 26 日，https://wenku.baidu.com/view/f769981c10a6f524ccbf858d.html。

每一个节点连接起来，就把课程评价连成一个持续不断的循环过程，在这一过程中，课程评价与影响它的各因素得以相互作用，相互促进，评价的作用也就随之得以发挥。

课程美学评价期待评价是一个开放、连续、非线性和变动的过程。发展性评价使课程评价成了一个开放的循环系统，在评价过程中不断地与外界进行信息交流和沟通，以保持评价活动内容的及时更新。随着课程评价的每一次发生，都会使课程增加新的信息或内容，也会产生新的希望和愿景，所以每一次评价都有促进发展的作用。由于评价对象的复杂性以及评价过程中价值关涉的复杂特征，课程评价也可以看作是一种混沌现象，课程评价镶嵌在课程的过程中并始终贯穿其中，是对课程全过程、全方位的评价。课程是线性与非线性系统的结合，课程的不可预测性以及不确定性，要求我们用更加开放的视野看待课程，课程的结果不是终点，每一个课程活动都是一次旅行和经验积累，所以我们在课程评价中应对评价的过程给予特殊的关注，强调在过程中的欣赏，促进课程的不断完善和发展。发展性课程评价不仅是对课程做出判断，同时更给以课程一个不断循环向前的动力。

四、模糊性原则

这一原则就是要求弱化精确性评价，凸显模糊性评价。泰勒模式使课程评价变得简单了，只要有确定的目标，课程评价就以目标的达成程度做出判断，从而形成了对学生发展的评价，这种简单化的评价存在的问题是：第一，评价的工具难以将人的发展的各项指标包含在内，可供操作的评价工具，多数以数量的方式表示人的发展情况，这既不客观也不现实。人的发展是多方面的，能用数量的方式评价的只是人发展的某一方面，不能代表一个人发展的全部。精确的数字，能测算出人对于某一个知识点的掌握程度，但是对于人的精神、情感、个性品质等无法测评。第二，评价对象处于弱势地位。在评价中，学生本然是发展的主体，但是一直处于被评价的地位，这样一种不平等的、单向度的评价方式，对于学生而言，没有任何吸引力，反而给学生造成无形的心理压力。第三，评价的指标片面。无论多么精确的评价量表，都无法将人发展的各个方面囊括完全。随着对课程定义的重新理解，课程不再是一个预先规定的跑道，课程的不确定性和课程的生成性是课程不可回避的话题，如此一来，目标也会随着时间而改变，原先制订的精确的评价指标无论如何都无法满足对学生发展做出评价的要求，因此，课程评价必须由精确走向模糊。

课程评价的模糊性并非无水之源，他与美具有很多相似之处。比如美其实是一个极其抽象和个性化的活动，对美的鉴赏取决于很多因素，与人的文化基因、种族传统、人生经验有关，对美的感受不一样，所以美的定义千差万别，但是无论如何都不会阻止人们对美的追求。又如人的审美活动是一种感性的活动，人们对事物做出审美判断，往往依赖于人的直觉，这种直觉就是一种意向性。意向性是一种意识之前的活动，是先于行动出现的，是无目标性的。也就是说，人们对美的判断是一种整体的判断，是一种在感官基础上的判断，可以是纯粹的、无功利和印象性的，不一定带有价值立场。课程评价是指向课程目标的，如前所述，课程目标具有意向性和流动性。课程美学目标，并非都能用精确的语言表达，但是不能用推论性语言描述的目标并非不是理想的目标，如同人们有时候外出散步，不一定能确定自己想去的地方，但是在随意走走、随意看看的过程中，仍然会有意外的收获，这次散步仍然会让人获得美的体验。课程目标并非课程的必然事件，一种意象性的课程目标有时候胜于形式上的目标。这样，课程评价的模糊性就找到了合法的依据。

课程评价的模糊性，反对以标准化测验的方式对学生学习的态度和努力程度做出简单的评判——毕竟这些数据不能体现学生丰富的学习经历，相应的，模糊性评价弱化评价对目标完成程度的回应，运用柔性的评价指标，如学生的作品、静态图片、活动记录等形式，真实反映学生在校园环境中学习的过程，以体现学生发展的全面性和多样性。

第三节　课程美学的评价策略

一、档案袋评价策略

档案袋评价也叫"学习档案评价"或"学生成长记录袋评价"，是以档案袋为依据而对评价对象进行的客观的综合的评价，它是 20 世纪 90 年代伴随着西方"教育评价改革运动"而出现的一种新型质性教育教学评价工具。档案袋评价通过档案袋的方式记录学生成长的全部过程，有助于了解学生各个发展时期的情况，有助于全面了解学生的发展状况。

档案袋评价是实物性的。比如学生的艺术作品、科技发明、学习日记、研究报告、图片、照片、影像资料等。这些材料作为学生成长的档案，真实地反映了学生发展的历程，同时也为教师评价学生提供了真实材料，教师应该珍视学生的这些成果，这些原始的素材可以唤醒研究人员思考学生发展细微、重要的特质，教师要如艺术评论家，运用艺术批评的语言来表达传统评鉴者所忽略的某些质性的教育经验，这些经验的质量将影响学生未来的发展。

档案袋评价是记录性的。记录的方式有很多：影像记录法，通过对学生在课程活动中的表现用录像、照相、微电影的形式作记录，获得直接的声画原始资料，这些影像资料可以作为对学生活动参与度、合作能力、解决问题能力、对应对突发事件能力进行解释的基础，也可称为学生自我反思的材料。作品收集法，一些特殊的活动，比如科技制作活动、艺术作品创作活动、文学作品活动等，可以通过对学生活动的作品通过作品收集、制作动态 ppt、制作画册等形式，对作品汇集，并请家长、专业人员、学生与教师一起对作品的创作情况进行欣赏和评价。文字记录法，就是将教师对学生发展所做的文字评价记录、家长的文字评价记录、学生自己的成长日记整理成册，从多个角度的记录，对一个学生成长的纵向情况做评价。

常见的档案袋评价的类型有几种。美国南卡罗来纳大学教育学院教育心理学教授格莱德勒（M. E. Gredler）以功能为标准，把档案袋分为理想型、展示型、文件型、评价型和课堂型；美国课程评价专家比尔·约翰逊（Bill Johnson）将档案袋分为最佳成果型、精选型和过程型；美国教师评价专家巴洛克（A. A. Bullock）将档案袋分为过程型、作品型和展示型。

在美国，档案袋评价是非常重要和常用的方式，如在佛蒙特州，学生一进校就被要求建立数学和写作作业档案袋，在数学学习中，老师和学生选择5到7份作业作为学生学习的过程收录到档案袋中，在这些具有代表性的作业中，4份作业反映学生学习数学、解决数学问题的情况，有1-3份作业反映学生与教师和同伴交流后解决问题的情况。在写作课程中，学生被要求提交最优秀的作业和其他指定类型的作业作为档案袋作业，并设立目的、组织、细节、语调和语法五个评估维度，每一个维度设有四个评价级别，见表7.1。

表7.1

目的	组织	细节	语调	语法
A/B/C/D	A/B/C/D	A/B/C/D	A/B/C/D	A/B/C/D
A/B/C/D	A/B/C/D	A/B/C/D	A/B/C/D	A/B/C/D
A/B/C/D	A/B/C/D	A/B/C/D	A/B/C/D	A/B/C/D

在肯塔基州，档案袋评价只是复杂的评估体系的一个组成部分。例如：写作档案袋只是作为写作系统评价的基础，而且只用来评价4年

级、8 年级和 12 年级。档案袋作业包括了：个人叙事、诗歌、戏剧或一段小说、一段有说服力的内容、一段来自除了英语之外任何领域的语言艺术、一份最好的、最能反映学生作为写作者成长经历的片段。这里设置了六个评价维度，分别是写作目的和方法、概念开发、组织、句子、措辞和表面特征。与佛蒙特州系统不同，这里的评价不是对单一维度的评价，而是将各种维度整合起来进行评价。①

表 7.2②

类型	目的	读者	证据	反思"聚焦"
过程型	表明应用新阅读教学方案一学年内教师的个人专业发展。	学校领导、教师	1. 表明实施阅读教学方案的课程计划 2. 学生作业 3. 该学年内不同学生每月一次的阅读录音带 4. 表明一年内学生成功过程、奋斗过程的连续记录 5. 有关实施新阅读教学方案的家长会的报告	教师能陈述每一部分的证据和阅读教学方案的关系，实施阅读教学方案的优势和不足。

---

① M. Jerelyn, Pimentel, *High School Teachers' Perceptions of Eportfolios and Classroom Practice: A Single - Case Study,* Providence : Johnson and Wales University, 2010, p. 176.

② A. A. Bullock, P. P. Chawk, *Developing a Teaching Portfolio: a Guide for Preservice and Practicing Teachers,* Merrill Prentice Hall, 2001, p. 21.

续表

类型	目的	读者	证据	反思"聚焦"
作品型	表明每一个教师实施了阅读教学方案的特定的部分。	学校领导	学年初学校领导指出的特定部分。每个教师将有相同、相似类别的证据。例如，所有教师应该有表明实施阅读方案的课程计划。	教师将集中陈述证据显现的教学优势。
展示型	让教师展示他们运用阅读教学方案的最佳工作作品。	学校领导	教师将选取能表明他们在实施阅读方案中付出努力的证据。这将包括： 1. 有效的课程计划 2. 优秀的学生作业 3. 进步最快学生的连续记录	教师将反思每一事实，强调和阅读教学方案相关的证据显现的教学优势。

　　档案袋评价使评价更加接近学生发展的真实状况，同时也使评价对于促进学生的发展更加具体和有效，它使教师能够用综合的视角来看待学生课程中的表现，有助于鼓励学生成为独立的、自主发展的学习者，也有助于促进学生、老师、家长间的交流。学生的档案袋记录了学生学习的过程，为学生提供了展示他们弱点以及优势的媒介，使教师能及时了解学生的需要，及时对他们的行为和问题做出判断，并实时加以分析和指导。教师的档案袋记录了他们教学的情况、指导学生的过程以及教学的反思过程，能够有效地促进教师的专业成长。

二、等级评价策略

　　在日常课程评价中，分数作为一种重要而简易的评价方式被广泛运用在课程评价中，但由于不正确地使用这种评价方式，使得很多学生对成绩产生畏惧心理，进而对学习产生畏惧心理，也有学生在分数压力的逼迫下，将所有的时间、精力花费在提高成绩上，忽略了其他能力的培养，不利于学生身心的健康发展。以分数作为评价学生认知水平，这种过于精确的评价方式，致使学生陷入以分数作为学习的追求和目标，不利于学生的全面发展。美学取向的课程评价提出评价的模糊性，就是要弱化分数对于学生学习的控制，转变评价的功能，使评价不是对学生进行甄别和分层，评价不是给学生和教师施加压力，而是成为一种对学生的鼓励和学生后续努力的动力。模糊性的评价是使用字母等级报告卡对学生的情况做出评价。

在国外基础教育中等级制或者百分制的评价使用广泛。加拿大安大略省在 2010 年基础教育评价体系中，就提出了在小学低年级实施等级制评价方式，在小学高年级实施百分制评价方式。[1] 实践证明，等级制评价是符合学生身心发展规律的，在学生年龄尚小时，避免让学生较早面临巨大的学习压力，避免"分分必争"现象的出现，使学生在基本掌握学习内容之余，能够有更多的课余时间去培养其他兴趣和能力，在学生处于低年级时，就能够发现自己的学习兴趣和优势，为其以后确定发展方向打下基础。当学生升入高年级后，其认知能力、自我判断等能力都有了长足的发展，学生也应该更加注重自己的专业学习，为自己的未来负责，这个时候采用百分制的成绩表现形式，可以使学生对专业学习更加用功，努力争取成绩的提高，以期提高自己，证明自己的价值。等级评价是一种模糊性的评价，但是提供给评价的材料却是真实而且准确的，这样就不会造成对学生评价失实而带来的不公。以下是加拿大安

---

[1] *Growing Success: Assessment, Evaluation, and Reporting in Ontario School*, C. A. : Ontario, 2010, p. 10.

大略省学生学业成绩评价的案例。[1]

教师在决定输入年级成绩单以前会考虑多种因素。教师会考虑通过观察、谈话和学生成果（考试/测验，评估作业）收集来的证据。教师会考虑学生已完成或已提交的所有考试/测验及评估作业的证据，大量未完成或未提交的考试/测验及评估作业和在一个特定年级或课程的科目里可用于每一个学业成绩整体预期的证据。此外，教师会考虑一些比其他证据更具分量的证据：例如，一些更加丰富的性能任务和比别的证据更能揭示学生知识技能的证据。教师会根据这些因素衡量所有学生学业成绩的证据，且会用他们的专业判断来确定学生的年级成绩单。年级成绩单代表了一个学生在那个时间点的学业成绩的总体课程期望。

表 7.3

学业成绩	百分比标记范围
4 +	95 – 100
4	87 – 94
4 –	80 – 86
3 +	77 – 79
3	73 – 76
3 –	70 – 72

三、自我评价策略

自我评价是人的自我概念的重要内容之一，其前提是自我意识，只有当人具有自我意识的能力，才能做出自我评价。自我评价的功能首先

---

① *Growing Success: Assessment, Evaluation, and Reporting in Ontario School*, C. A. : Ontario, 2010, p. 40.

表现为自我功能，就是说，它对人的自我发展、自我完善、自我实现有着特殊的意义。

自我评价是学生对自我成长的一种描述，透过学生的觉知、诠释等方式理解自我，描述自我，而非用量化的既定标准来"测量"自我的表现程度。这种描述面向个性化、多元性、详实性，学生真实地表达自己的情绪和心灵实质。用这种方式既可以了解学生的真实的心理状态，了解在学校环境或特定教室内学生的文化型态，又能让学生有一个宣泄自己情感的途径，使学生能客观地评价自己，在不断自我总结和剖析中重新规划自我的发展路径，对自我的未来发展做出新的判断和憧憬。自我评价是一种常用的评价方式，间接的自我评价包括与他人交流时的自我介绍，直接的自我评价包括自我简介、学生的成长日记、心灵日记、自我评价表、自我鼓励的箴言等。自我评价用这种方式让学生学会自我反思、自我分析，找出自己的成就，查探自己的不足和问题，帮助学生建构其经验意义，有助于帮助学生健全成熟的心智。

自我评价有助于促进学生自我发展。自我评价会促使人们进行自我反思，从而为自我发展提供动力。自我评价在很大程度上表现为人对自己的自我认识而产生自我认同，自我认同的结果对于主体的发展来说很有意义。因为如果主体的自我评价是恰当的，自我认同会产生良好的心理激励，会促使主体去表现自己，通过实践证明自己，使自己达到预期。不过，由于学校学生的年龄小，处于发展的过程中，所以自我评价还不成熟，即使他们的自我评价不完善，但是通过这个过程可以提高主体的自我反思能力，在自我反思中主体会得到自我提高。

自我评价还可以促进学生的社会性发展。自我评价尽管是一个个体行为，但是它在一定程度上会影响人与人之间的相互关系，也影响一个人对待他人的态度。心理学的研究表明，人会有一种自我评价维护的意识，在形成自我评价之后，就会关注别人如何对待自己。此外，能准确地进行自我评价，才能更加客观地对他人做出评价，这对提高学生的社会实践能力和人际交往能力都是有益的。

如在加拿大安大略省的课程评价实践中，规定了在 9 至 12 年级的所有省级报告卡（期末报告卡除外）的活页中都为学生进行自我评价留有空间。学生自我评价主要针对"我最擅长的工作"和"我要继续提高的目标"，通过学生自己对过去成绩的反思和对未来学习的计划，促进学生自我反思能力的提升，也使学生对自己有更清楚、更深刻的了解。[①]

美感、个性和自由是人的追求，也是生命自由的表现，课程评价应该转向以人为本，应该充分尊重个体在课程评价中的主体地位，转变以往学生在评价中的被动地位，还给学生评价的主动权，让学生进行自我评价。国内有学者强调，自我评价有助于培育儿童对自身学习的主体性和元认知，所以自我评价能力也叫做"元认知"或是"监控力"。[②] 借助自我评价，能引发学生进行自我反省，在自我反省的信息中认清自己的优缺点，并学会调整尔后的学习与行动，这样有助于培养学生的效能感、成就感、自信心等积极性情感。

---

① *Growing Success: Assessment, Evaluation, and Reporting in Ontario School*, C. A. : Ontario, 2010, p. 34.

② 钟启泉：《走向人性化的课程评价》，《全球教育展望》2010 年第 1 期。

结束语 课程是诗与思的对话

本书以美学为理论基础，运用美学的方法论和价值观重读课程的意义和价值。

为了给课程美学正名，本书一直在寻找课程与美学结合的合理解释，甚至不惜批评科学取向的课程范式，其实，科学的进步为课程发展提供了巨大作用，人类不能一边享受科学带来的便捷一边指责科学的不是，科学确实改变了人们的生活，促进了人类文明进步，一日千里的科技正使一切坚固的变成脆弱，一切永恒的变成短暂，使一切岿然不动变成变动不居。借助科学的力量，课程研究走出了混沌局面而逐渐走向规范和高效。美具有和谐和包容的特点，所以，课程美学不是激化科学与美学的矛盾，而是呼吁科学与美学的融合，引发诗与思的对话。

诗的语言凝练而形象性强，节奏鲜明，音韵和谐，富有音韵美，结构形式讲究整齐，并且饱含作者的思想感情与丰富的想象。肇启于德国的现代浪漫主义哲学亦称诗化哲学，是对启蒙理性哲学的反驳和对"真正的"哲学的捍卫，他们的理论企图把哲学变成诗；当然，这种诗并非文学的一种体裁，而是与哲学同列的思想形式，亦可看作是对理性哲学的一种反抗。[①] 诗成为哲学的代名词，这种诗是一种浪漫的玄思，她禀有浪漫气质的思辨精神；是一种全一的追寻，她自始至终为全一而焦虑

---

① 王定功：《人的生命价值研究》，北京交通大学 2012 年版，第 19 页。

的痛感；是一种现实的梦境，她将矛盾的现实化为梦幻的永恒；是一种升腾的力量，她以升腾的不屈意志救渡着人生；是一种恬然的栖所，她把人引入大地恬然悦乐地栖居。①

思是人类特有的精神花朵，人如果不思考就只不过是一根苇草，是自然界最脆弱的东西，但他是一根能思想的苇草，而思想形成人的伟大。② 思能使人变得严谨伟大；思赋予人以意志的独立和人格的尊严；滋养人的心灵，使之深刻和富有；武装人的头脑，使之清醒和勇武，思能产生一种系统性判断和理解框架，是慎独精妙的，使"小我"成为"大我"，跨越时空而拥有不朽的灵魂。③ 思为课程提供了严谨的思想之花，通过思，课程找到了一条发展的捷径，沿着一定的线型或轨迹寻求问题的解决方案，借助思，课程寻找到一个遵循可以沿时空和逻辑顺序进行的路径，课程变得清楚明了可行并可以周而复始地循环往复。借助思，对课程的本质进行了有效把握，加深了对课程概念、实施、效果等的推理和判断，认识到课程发展的客观规律。

诗代表感性、浪漫，思代表理性、逻辑，诗与思好比美学与科学。科学与美学构成了文明的两翼，科学与美学相互依托彼此关联。科学的目标就是寻找探索事物的规律和寻找解决问题的方法，是研究、认识客观世界及其规律，是求真，是解决"是什么"的问题。科学是关于客观世界的知识体系、认识体系，是逻辑的、实证的、是独立于人的情感世界之外的。为了探寻世界的客观规律，科学常常要求排除人的意志与感情的干扰，以图更加接近真相、客观事实和真理，所以科学是不带任何感情色彩的。美学属于人文学科，是解决如何满足个人与社会需要的

---

① 《读药》周刊，2017 年 6 月 30 日，http://book, ifeng, com/shupingzhoukan/special/duyao69/。

② 帕斯卡尔：《人是一根能思想的苇草》，2017 年 7 月 1 日，http://baike, baidu, com/link?url。

③ 《如何做一个有思想的人，思想的力量》，2017 年 6 月 29 日，https://wenku, baidu, com/view/1a005134a32d7375a4178021, html?from = search。

终极关怀的问题，追求的是意义和价值，是求善，解决"应该是什么"的问题。美学带有强烈的"终极关怀"的感情色彩，美学不仅是一个知识体系、认识体系，还是一个价值体系、伦理体系，运用非逻辑的、非实证的方法探索人的精神世界的问题。科学与美学是共生的，科学需要美学导向，美学也需要科学奠基。

科学取向的课程，努力探寻课程研究的规律和路径，规定了课程的起点和终点，使课程的路径清晰可寻，对知识的容量做了清楚的规定，制定了清楚的课程标准。然而，过分倚赖"科学主义""工具主义"而造成的课程研究视角狭窄、唯理性至上的桎梏，导致学生人文素养缺少、教师课程自主权利丢失、课程评价方式单一。课程美学，借助美学的思辨力量，努力寻找课程的本真意义，认为课程不再是一个事物，也不仅是一个过程。它成为一个动词、一种行动、一种社会实践、一种私人的意义、一种公共的希望。课程不只是我们劳作的场所，也是我们劳作的成果，在转变我们的同时也转变自身。① 因此课程的功能应该从"开发"走向"理解"，课程美学在于对课程的历史、现在、未来的理解，侧重于对课程内部意义的解读，以唤醒教师的课程意识和文化自觉。从美的角度审视当前的课程，便可将课程转向一种新的身份：课程不是静态的，而是动态的，课程是个体对个人意义世界构建的过程；知识不是固有的，课程就不可能是预设的，教学就成了一种对话的过程，知识是在经验的分享中构建而来的。课程中的美，就是要唤醒我们在课程中要借助理解和想象的力量来发展学生智力，培养美学的认知能力，理解教师及其工作固有的美，唤醒教师对于自身工作挑战的热情，将教学视为一种艺术，以更具弹性与创意的方式来呈现教学，使师生能从教学历程中尽心探索、追寻意义，得到美感体验。两种取向不应相互对抗，而应相互融合，取长补短。

---

① 袁桂林：《派纳论概念重构和理解课程》，《外国教育研究》2003 年第 1 期。

美学与课程作为一种跨界研究的尝试，掀起了课程探究在认知论、方法论和价值论方面的变革，美作为人类最高的价值追求，为课程探究注入了充满意义的清新气息，使课程走向了诗意和想象。

诗意的课程以生命个体为出发点，关注人的内心世界，以实践现场为原点，关注真实的课程现象，倡导基于个体认识开展的个性化的课程研究，全面展示课程研究对于教师个体的生命意义，让教师在参与课程研究中彰显生命活力，关注生命的价值，体现了课程研究的转向——关注个体经验、关注生命价值、关注课程现象以实现诗与思的对话。课程是一个诗性的旅程，我们要创造灵性的空间，用启发引路，呼唤教师与学生伴随着期望、惊奇走入一个变化、浪漫的世界。诗意的课程让我们在人生的道路上，有机会驾驶华丽的马车，透过对世俗与灵性的参与，透过与神性的共同创造，迈向更高的境界，超越自己的或集体的极限。① 希冀课程在美学光辉的照耀下，其方法论、认识论、价值论能赋予新的意义和生命活力，使课程真正成为对话、协商、多元、审美的旅程，使教师能以陌生、质疑、批判的精神审视课程，以更多的惊喜、创新、想象力和诗性智慧开发和实施课程，以丰富学生的体验、精神和情感，还原其烂漫、健康、和谐的个性本真。

课程美学是一次觉醒的旅程，拥有工具和方向盘我们可以到达目的地，但是要领略路途的风景和人文，则需要依靠想象力。想象力本身就不是一种显性的实体和静态的至上，与其理性地把它诠释成冷冰冰的真理，不如赋予它一种诗意的语言和意象，留给读者一些理解的空间去体验。② 课程美学探究也是如此，它是一场课程文化的启蒙，对于修正陈旧的课程观念、丰富课程研究系统是有意义的。依靠单一的方法已无法解决当前课程改革产生的复杂问题，课程实践问题的解决依靠理论的多

① 欧用生：《诗性智慧及其对课程研究的启示》，《课程与教学季刊》2007 年第 3 期。
② 杨启亮、吴晓玲：《走近教学想象力：基于对以自然为法之教学观的理解》，南京师范大学出版社 2010 年版，序。

样性、方法的多维性和手段的多重性，课程美学探究为思考和研究课程问题提供了一种新的思路和视野。课程需要科学与美学的融合，正如诗与思的对话。

参考文献

一、中文文献

（一）著作类

《列宁全集》（14卷），人民出版社1957年版。

《马克思恩格斯选集》（第42卷），人民出版社1979年版。

《论语》，哈尔滨出版社2004年版。

[苏] 阿里宁娜：《美育》，刘伦振、张谦译，教育科学出版社1989年版。

[美] 阿伦·C.奥恩斯坦、琳达·S.贝阿尔－霍伦斯坦、爱德华·F.帕荣克：《当代课程问题》，余强译，浙江教育出版社2004年版。

[美] 阿普尔：《意识形态与课程》，黄忠敬译，华东师范大学出版社2001年版。

[美] 阿普尔：《教育的正确之路》，黄忠敬译，华东师范大学出版社2008年版。

[奥] 埃德蒙德·胡塞尔：《欧洲科学危机和超验现象学》，张庆熊译，上海译文出版社2005年版。

[美] 埃利奥特·W.艾斯纳：《教育想象——学校课程设计与评价》，李雁冰译，教育科学出版社2008年版。

[英] 艾弗·F·古德森：《专业知识与教师职业生涯》，刘丽丽译，北京师范大学出版社2007年版。

［美］艾伦·C.奥恩斯坦，费朗西斯·P.汉金斯：《课程：基础、原理和问题》，柯森译，江苏教育出版社 2002 年版。

［德］艾利卡·费舍尔·李希特：《行为表演美学——关于演出的理论》，余匡复译，华东师范大学出版社 2012 年版。

［美］艾斯纳：《儿童的知觉与视觉的发展》，孙宏等译，湖南美术出版社 1994 年版。

［美］艾斯纳：《教育想象——学校课程设计与评价》，李雁冰译，教育科学出版社 2008 年版。

［美］安德森：《为生活而艺术》，马菁汝等译，湖南美术出版社 2009 年版。

［美］安迪·哈格里夫斯：《知识社会中的教学》，熊建辉译，华东师范大学出版社 2007 年版。

［古希腊］柏拉图：《教育的艺术》，曹晚红译，汕头大学出版社 2009 年版。

包兆会：《庄子生存论美学研究》，南京大学出版社 2004 年版。

［英］鲍桑葵：《美学史》，商务印书馆 1985 年版。

蔡清田：《课程学》，五南图书出版公司 2008 年版。

曹晚红、吴大伟：《教育的艺术》，汕头大学出版社 2009 年版。

［苏］车尔尼雪夫斯基：《生活与美学》，周扬译，人民文学出版社 1957 年版。

陈伯海：《生命体验与审美超越》，三联书店 2012 年版。

陈美如：《课程理解——教师取向之研究》，五南图书出版公司 2007 年版。

陈明：《审美意识价值论》，安徽大学出版社 2006 年版。

陈先达：《回归生活：哲学闲思录》，北京师范大学出版社 2008 年版。

陈晓端、郝文武：《西方教育哲学流派课程与教学思想》，中国轻工业出版社 2008 年版。

崔光宙、林逢棋：《教育美学》，五南图书出版公司 2000 年版。

［加］大卫·杰弗里·史密斯：《全球化与后现代教育学》，郭洋生译，教育科学出版社 2000 年版。

［美］丹尼尔·贝尔：《后工业社会的来临——对社会预测的一项探索》，高铦译，新华出版社 1997 年版。

戴本博：《外国教育史》，人民教育出版社 1990 年版。

邓友超：《教师实践智慧及其养成》，教育科学出版社 2007 年版。

邓友超：《教育解释学》，教育科学出版社 2009 年版。

［法］迪尔凯姆：《社会学研究方法论》，胡伟译，华夏出版社 1988 年版。

董远骞等：《教学的艺术》，人民教育出版社 1993 年版。

丁朝蓬：《高中新课程评价》，天津教育出版社 2005 年版。

丁谷怡：《重建课堂文化》，教育科学出版社 2009 年版。

［法］杜夫海纳：《审美经验现象学》，韩树站译，文化艺术出版社 1996 年版。

［法］杜夫海纳：《美学与哲学》，孙菲译，中国社会科学出版社 1985 年版。

［美］杜威：《经验与自然》，傅统先译，中国人民大学出版社 2012 年版。

［美］杜威：《艺术即经验》，高建平译，商务出版社 2007 年版。

［美］杜威：《人的问题》，傅统先、邱椿译，上海人民出版社 2006 年版。

杜卫：《美育论》，教育科学出版社 2000 年版。

［德］恩斯特·贝勒尔：《尼采，海德格尔与德里达》，李朝晖译，社会科学文献出版社 2001 年版。

［加］范梅南：《生活体验研究——人文科学视野在的教育学》，宋

广文译，教育科学出版社 2003 年版。

方克立：《中国哲学大辞典》，中国社会科学出版社 1991 年版。

冯契：《哲学大辞典》，上海辞书出版社 1992 年版。

冯契：《认识世界和认识自己》，华东师范大学出版社 1996 年版。

［美］弗雷斯特·W.帕克，格伦·哈斯：《课程规划——当代之取向》，谢登斌、俞红珍译，浙江教育出版社 2004 年版。

［德］伽达默尔：《哲学解释学》，宋建平译，上海译文出版社 2004 年版。

［德］伽达默尔：《真理与方法》，洪汉鼎译，上海译文出版社 2004 年版。

［德］盖格尔：《艺术的意味》，艾彦译，华夏出版社 1999 年版。

［美］盖伊·莱弗朗索瓦兹：《教学的艺术》，佐斌等译，华夏出版社 2004 年版。

高宣扬：《解释学简论》，三联书店（香港）有限公司 1988 年版。

贡华南：《知识与存在：对中国近现代知识论的存在论考察》，学林出版社 2004 年版。

郭晓明：《课程知识与个体精神自由——课程知识问题的哲学审思》，教育科学出版社 2005 年版。

［英］哈奇生：《论美和德行两种观念的根源》，载《西方美学家论美和美感》，商务印书馆 1980 年版。

［德］海纳特：《创造力》，陈钢林译，工人出版社 1986 年版。

郝德永：《课程与文化：一个后现代的检视》，教育科学出版社 2002 年版。

［美］赫莱伯威茨：《学校课程设计》，孙德芳、孙杰译，中国轻工业出版社 2006 年版。

何齐宗：《教育美学》，重庆出版社 1995 年版。

［德］黑格尔：《美学》（第一卷），朱光潜译，商务印书馆 2008

年版。

[德] 黑格尔：《美学》（第二卷），朱光潜译，商务印书馆 2008 年版。

[德] 黑格尔：《美学》（第三卷），朱光潜译，商务印书馆 2008 年版。

[德] 胡塞尔：《纯粹现象学通论》，李幼蒸译，商务印书局 1996 年版。

[德] 胡塞尔：《现象学的观念》，倪梁康译，上海出版社 1986 年版。

胡正晖：《新编成语词典》，上海远东出版社 1995 年版。

黄光雄：《教学原理》，师大书苑有限公司 1995 年版。

黄清：《质的课程研究：原理、方法与应用》，广州高等教育出版社 2006 年版。

蒋孔扬、朱立元：《西方美学通史》（第四卷），上海文艺出版社 1999 年版。

靳玉乐：《课程研究方法论》，西南师范大学出版社 2000 年版。

靳玉乐：《学校课程领导论——理论研究与实践探索》，人民教育出版社 2011 年版。

靳玉乐：《课程论》，人民教育出版社 2012 年版。

[德] 卡西尔：《人论》，甘阳译，上海译文出版社 1985 年版。

[德] 康德：《判断力批判》，邓晓芒译，人民出版社 2008 年版。

[英] 柯林伍德：《艺术原理》，王志元译，中国社会科学出版社 1985 年版。

[丹] 克努兹·伊列雷斯：《我们如何学习：全视角学习理论》，孙玫璐译，教育科学出版社 2010 年版。

寇鹏程：《文艺美学》，上海远东出版社 2007 年版。

[美] 托马斯·库恩：《科学革命的结构》，傅大伟等译，允晨文化

事业有限公司 1974 年版。

　　［美］托马斯·库恩：《科学革命的结构》，金吾伦等译，北京大学出版社 2012 年版。

　　［捷］夸美纽斯：《大教学论》，傅任敢译，教育科学出版社 1999 年版。

　　［美］拉尔夫·史密斯，《艺术感觉与美育》，滕守尧译，四川人民出版社 2005 年版。

　　［美］拉里·希克曼：《阅读杜威为后现代做的阐释》，徐陶等译，北京大学出版社 2010 年版。

　　雷体沛：《存在与超越：生命美学导论》，广东人民出版社 2001 年版。

　　［英］里克曼：《狄尔泰》，殷晓蓉译，中国社会科学出版社 1989 年版。

　　李安泽：《东方美哲学的阐释与批评》，中国社会科学出版社 2007 年版。

　　李鹏程等：《西方美学史》，中国社会科学出版社 2008 年版。

　　李如密：《教学美的价值及其创造》，广东高等教育出版社 2007 年版。

　　李如密：《教学艺术论》，山东教育出版社 1995 年版。

　　李咏吟：《价值论美学》，浙江大学出版社 2008 年版。

　　李召存：《课程知识论》，华东师范大学出版社 2009 年版。

　　李政涛：《做有生命感的教育者》，北京师范大学出版社 2011 年版。

　　李子建，黄显华：《课程范式、取向和设计》，中文大学出版社 1996 年版。

　　廖哲勋等：《课程新论》，教育科学出版社 2003 年版。

　　梁福镇：《审美教育学内涵初探》，五南图书出版公司 2000 年版。

　　林惠祥：《文化人类学》，商务印书馆 2007 年版。

林少敏：《自由教育的高贵精神》，北京师范大学出版社 2010 年版。

刘放桐：《现代西方哲学》，中国城市出版社 1998 年版。

刘丰荣：《艾斯纳艺术教育思想研究》，水牛出版社 2006 年版。

刘纲纪：《美学与哲学》，武汉大学出版社 2006 年版。

刘庆昌、杨宗礼：《教学艺术纲要》，教育科学出版社 1993 年版。

刘生全：《论教育批评》，教育科学出版社 2006 年版。

刘小枫：《诗化哲学》，华东师范大学出版社 2007 年版。

刘泽民：《实践存在论的美学思考方式》，苏州大学出版社 2008 年版。

刘兆吉：《美育心理学》，西南师范大学出版社 1989 年版。

［美］刘易斯：《对知识和评价的分析》，江传月等译，社会科学文献出版社 2012 年版。

卢世林：《美与人性的教育——席勒美学思想研究》，人民出版社 2009 年版。

［美］罗蒂：《哲学和自然之境》，李幼蒸译，三联书店 1987 年版。

［英］罗素：《西方哲学史》，马元德译，商务印书馆 2004 年版。

骆玎：《中美教师教育实践课程比较研究》，中国社会科学出版社 2012 年版。

［美］罗伯特：《杜威》，彭国华译，中华书局 2002 年版。

［英］洛克：《人类理解论》（上册），关文运译，商务出版社 1983 年版。

吕达、刘立德、邹海燕：《杜威教育文集》，人民教育出版社 2008 年版。

联合国教科文组织教育发展委员会：《教育—财富蕴藏其中》，教育科学出版社 1996 年版。

联合国教科文组织国际教育发展委员会：《学会生存：教育世界的今天和明天》，教育科学出版社 1996 年版。

［加］F.迈克尔·康纳利、D.琼·克兰迪宁：《教师成为课程研究者：经验叙事》，刘良华、邝红军等译，浙江教育出版社 2004 年版。

［德］马克思：《1844 年经济学哲学手稿》，人民出版社 2000 年版。

马凤岐：《自由与教育》，北京师范大学出版社 2008 年版。

［美］马克瑞尔：《狄尔泰传》，李超杰译，商务印书馆 2003 年版。

［美］马斯洛：《自我实现的人》，三联书店 1987 年版。

［英］詹姆斯·W.麦卡里斯特：《美与科学革命》，李为译，吉林人民出版社 2000 年版。

［法］梅洛·庞蒂：《知觉现象学》，商务印书馆 2001 年版。

［法］米盖尔·杜夫海纳：《美学与哲学》，中国社会科学出版社 2008 年版。

［德］莫里茨·盖格尔：《艺术的意味》，华夏出版社 1999 年版。

［美］内尔·诺丁斯：《学会关心：教育的另一种模式》，于天龙译，教育科学出版社 2004 年版。

［德］尼采：《查拉斯图特拉如是说》，尹溟译，文艺出版社 1981 年版。

［德］尼采：《权利意志》，贺骥译，漓江出版社 2000 年版。

［德］尼采：《悲剧的诞生》，周国平译，译林出版社 2015 年版。

倪梁康：《胡塞尔现象学概念通释》，三联书店 2007 年版。

欧用生：《课程理论与实践》，学富文化事业有限公司 2006 年版。

［美］帕尔默：《教学的勇气》，蓝云、陈世佳译，心理出版社 2009 年版。

［法］柏格森：《创造进化论》，肖聿译，华夏出版社 2000 年版。

［法］帕格森：《时间与自由意志》，吴士栋译，商务印书馆 1984 年版。

［美］帕梅拉·博洛廷·约瑟夫：《课程文化》，余强译，浙江教育出版社 2008 年版。

［美］派纳：《课程：走向新身份》，陈时见译，教育科学出版社2008年版。

潘知常：《生命美学论稿》，苏州大学出版社2002年版。

潘知常：《生命美学论稿——在阐释中理解当代生命美学》，郑州大学出版社2002年版。

彭锋：《西方美学与艺术》，北京大学出版社2006年版。

彭富春：《哲学与美学问题——一种无原则的批判》，武汉大学出版社2006年版。

［法］彭加勒：《科学与方法》，李醒民译，商务印书馆2006年版。

彭立勋：《美感心理研究》，湖南人民出版社1985年版。

彭立勋等：《西方美学史》，中国社会科学出版社2005年版。

彭文晓：《教育美学散论》，华中科技大学出版社2009年版。

［美］乔治·J.波斯纳：《课程分析》，仇光鹏、韩苗苗等译，华东师范大学出版社2007年版。

冉铁星：《贫困的教育美学》，湖北教育出版社1999年版。

单中惠：《西方教育学名著提要》，江西人民出版社2000年版。

施良方：《课程理论——课程的基础、原理与问题》，教育科学出版社1996年版。

［德］叔本华：《作为意志和表象的世界》，石冲白译，商务印书馆1982年版。

［德］舒里安：《审美感知心理学》，罗悌伦译，漓江出版社1992年版。

［英］斯诺：《两种文化》，纪树立译，三联书店1994年版。

苏宏斌：《现象学美学导论》，商务印书局2005年版。

［苏］苏霍姆林斯基：《给教师的建议》，杜殿坤译，教育科学出版社2000年版。

［苏］苏霍姆林斯基：《教育的艺术》，肖勇译，湖南教育出版社

1983 年版。

[苏] 苏霍姆林斯基：《帕夫雷什中学》，赵玮等译，教育科学出版社 1983 年版。

孙俊三：《教育过程的美学意蕴》，湖南师范大学出版社 2006 年版。

陶西平：《教育评价辞典》，北京师范大学出版社 1998 年版。

[美] 泰勒：《课程与教学的基本原理》，罗康等译，中国轻工业出版社 2008 年版。

[美] 泰勒：《课程与教学的基本原理》，罗康、张阅译，中国轻工业出版社 2008 年版。

檀传宝：《德育美学观》，教育科学出版社 2006 年版。

汤拥华：《西方现象学美学局限研究》，黑龙江人民出版社 2005 年版。

[美] 托马斯·亚历山大：《杜威的艺术、经验与自然理论》，谷红岩译，北京大学出版社 2010 年版。

涂纪亮：《杜威文选》，社会科学文献出版社 2006 年版。

汪霞：《课程研究：现代与后现代》，上海科技教育出版社 2003 年版。

王北生：《教学艺术论》，河南大学出版社 1989 年版。

王昌树：《海德格尔生存论美学》，学林出版社 2008 年版。

王道俊、郭文安：《教育学》，人民教育出版社 2009 年版。

王国维：《静庵文集》，辽宁教育出版社 1997 年版。

王焕武等：《教育美学》，黑龙江教育出版社 1992 年版。

王建疆：《老庄人生境界的审美生成》，人民出版社 2006 年版。

王杰等：《美学》，高等教育出版社 2008 年版。

王世德：《美学词典》，知识出版社 1986 年版。

王晓华：《西方生命美学局限研究》，黑龙江人民出版社 2005 年版。

王岳川：《现象学与解释学文论》，山东教育出版社 1999 年版。

王枬：《美丽教师——教师职业美的研究》，广西师范大学出版社2002年版。

［美］威廉·M.雷诺兹、朱莉·A.韦伯：《课程理论新突破——课程研究航线的解构与重构》，张文军译，浙江教育出版社2008年版。

［美］派纳等：《理解课程》（上下），张华等译，教育科学出版社2003年版。

［英］威廉·荷加斯：《美的分析》，杨成寅译，广西师范大学出版社2002年版。

［美］维尔斯曼：《教育研究方法导论》，袁振国译，教育科学出版社1997年版。

［美］维克多·泰勒，查尔斯·温奎斯特：《后现代主义百科全书》，章燕、李自修译，吉林人民出版社2007年版。

魏正书：《教学艺术论》，辽宁大学出版社1991年版。

［意］里奥奈罗·文杜里：《西方艺术批评史》，迟轲译，江苏教育出版社2005年版。

吴黛舒：《"新基础教育"教师发展指导纲要》，广西师范大学出版社2009年版。

吴靖国：《诗性智慧与非理性哲学——对维柯《新科学》的教育学探究》，五南图书出版公司2004年版。

［德］席勒：《审美教育书简》，冯至等译，北京大学出版社1985年版。

萧湛：《生命，心灵，艺境（论宗白华生命美学之体系）》，上海三联书店2006年版。

［美］小威廉姆E.多尔、诺尔·高夫：《课程愿景》，张文军等译，教育科学出版社2004年版。

［美］小威廉姆E.多尔：《后现代课程观》，王红宇译，教育科学出版社2000年版。

谢登斌：《后现代主义课程范式聚焦》，学苑出版社 2003 年版。

[美] 辛普森：《杜威与教学的艺术》，耿益群译，中国轻工业出版社 2009 年版。

徐复观：《中国艺术精神》，春风文艺出版社 1987 年版。

[美] 亚瑟·K.埃利斯：《课程理论及其实践范例》，张文军译，教育科学出版社 2005 年版。

颜翔林：《后形而上学美学》，学林出版社 2007 年版。

燕良轼：《解读后现代主义教育思想》，广东教育出版社 2008 年版。

[美] 约翰·D.麦克尼尔：《课程：教师自主的行动》，人文国小教师团队译，洪叶文化 2006 年版。

[美] 约翰·D.麦克尼尔：《课程导论》，谢登斌，陈振中译，中国轻工业出版社 2007 年版。

杨明森：《教师美学》，职工教育出版社 1989 年版。

杨启亮、吴晓玲：《走近教学想象力：基于对以自然为法之教学观的理解》，南京师范大学出版社 2010 年版。

杨青松：《教学艺术论》，四川教育出版社 1993 年版。

杨时春：《走向后实践美学》，安徽教育出版社 2008 年版。

杨辛、甘霖、刘荣凯：《美学原理纲要》，北京大学出版社 1989 年版。

杨忠斌：《教育美学：美学与教育问题述评》，师大书苑有限公司 2008 年版。

叶澜：《教育研究方法论初探》，上海教育出版社 1999 年版。

叶朗：《美学原理》，北京大学出版社 2011 年版。

叶学良：《教育美学》，四川人民出版社 1989 年版。

[德] 伊曼努尔·康德：《论教育学》，赵鹏、何兆武译，上海人民出版社 2005 年版。

[苏] 尤·鲍列夫：《美学》，冯申、高叔眉译，译文出版社 1988

年版。

于伟：《现代性与教育——后现代语境中教育观的现代性研究》，北京师范大学出版社 2008 年版。

于永顺：《艺术审美鉴赏论》，吉林人民出版社 2006 年版。

袁鼎生：《教育审美学》，广西师范大学出版社 2001 年版。

［美］麦克尼尔：《课程：教师的创新》，徐斌艳、陈家刚译，教育科学出版社 2008 年版。

［苏］赞科夫：《和教师的谈话》，杜殿坤译，教育科学出版社 1980 年版。

甄晓兰：《课程经典导读》，学富文化事业有限公司 2007 年版。

张楚廷：《课程与教学哲学》，人民教育出版社 2006 年版。

张法：《美学的中国话语：中国美学研究中的三大主题》，北京师范大学出版社 2008 年版。

张方：《虚实掩映之间》，百花洲文艺出版社 2005 年版。

张弘：《西方存在美学问题研究》，黑龙江人民出版社 2005 年版。

张华：《课程与教学论》，上海教育出版社 2000 年版。

张华：《经验课程论》，上海教育出版社 2001 年版。

张焕庭：《西方资产阶级教育论著选》，人民教育出版社 1979 年版。

张武升：《教学艺术论》，上海教育出版社 1993 年版。

张玉能：《席勒美学论稿》，华中师范大学出版社 2009 年版。

张云鹏、胡艺珊：《现象学方法与美学——从胡塞尔到杜夫海纳》，浙江大学出版社 2007 年版。

张占斌：《毛泽东选集大辞典》，山西人民出版社 1991 年版。

章辉：《实践美学：历史谱系与理论终结》，北京大学出版社 2006 年版。

赵炳辉：《教师学》，中国科学技术出版社 2007 年版。

赵伶俐、汪宏：《百年中国美育》，高等教育出版社 2006 年版。

赵秀福：《杜威实用主义美学思想研究》，齐鲁书社 2006 年版。

［美］詹姆斯·比恩：《课程统整》，陈美如、王秀玲等译，学富文化事业有限公司 2000 年版。

甄晓兰：《课程经典导读》，学富文化事业有限公司 2007 年版。

甄晓兰：《课程理论与实务——解构与重建》，高等教育出版社 2004 年版。

郑钢、杨新援：《教育美学论稿》，湖南教育出版社 1996 年版。

钟启泉：《课程设计基础》，山东教育出版社 1998 年版。

钟启泉：《现代课程论》，上海教育出版社 2006 年版。

钟以俊、焦凤君：《教学美学导论》，广西教育出版社 1991 年版。

钟以俊：《美学视野中的学校教育》，广东教育出版社 2006 年版。

周浩波：《教育哲学》，人民教育出版社 2001 年版。

周来祥：《论美是和谐》，贵州人民出版社 1984 年版。

周宪：《美学是什么》，北京大学出版社 2002 年版。

周义：《教育美学引论》，天津教育出版社 2010 年版。

朱光潜：《文艺心理学》，人民文学出版社 1982 年版。

朱光潜：《西方美学史》，人民文学出版社 2007 年版。

朱光潜：《朱光潜全集》（第十卷），安徽教育出版社 1989 年版。

朱良志：《曲院风荷》，安徽教育出版社 2003 年版。

朱立元：《美学大辞典》，上海辞书出版社 2014 年版。

朱鹏飞：《直觉生命的绵延——帕格森生命哲学思想研究》，中国文联出版社 2007 年版。

朱志荣等：《从实践美学到实践存在论美学》，苏州大学出版社 2008 年版。

宗白华：《美学散步》，上海人民出版社 2010 年版。

［日］佐藤学：《学习的快乐——走向对话》，钟启泉译，教育科学出版社 2004 年版。

（二）论文类

阿普尔：《国家权力和法定知识的政治学》，马和民译，《华东师范大学学报》1992 年第 2 期。

柏燕：《接受美学对高中语文教学的启示》，《当代教育科学》2009 年 14 期。

班秀萍：《现象学美学的现代审视》，《江西社会科学》2001 年第 8 期。

卞俊良：《论教学风骨及其审美构建》，《青岛农业大学学报（社会科学版）》2007 年第 12 期。

陈登：《论罗曼·英伽登的现象学美学》，《四川外语学院学 2001 年第 7 期。

陈建华：《论基础教育、素质教育与博雅教育的内在关系》，《南京社会科学》2013 年第 9 期。

陈建翔：《教育美学视野下的教学操作艺术》，《教育理论与实践》2005 年第 2 期。

陈建翔：《席勒美育思想与当代教育美学》，《北京师范大学学报》1990 年第 2 期。

陈军：《教育美学》，《中山大学学报（社会科学版）》1995 年第 4 期。

陈龙海：《和谐发展观视域中教育美学的文化担当》，《教育研究与实验》2009 年第 4 期。

陈明华等：《语文课堂教学的美学视角》，《天津教育》1998 年第 6 期。

陈一壮：《埃德加·莫兰的"复杂方法"思想及其在教育领域内的体现》，《教育科学》2004 年第 4 期。

丁锐、张爽、马云鹏：《建构主义课堂环境研究：课程评价与课堂教学改进的有效工具》，《外国教育研究》2013 年第 8 期。

冯建军：《主体间性与教育交往》，《高等教育研究》2001 年第 11 期。

高建平：《从自然王国走向艺术王国——读杜威美学》，《中国社会科学院研究生院学部》2006 年第 5 期。

高清海：《"人"的双重生命观：种生命和类生命》，《江海学刊》2001 年第 1 期。

高英杰：《关于建立教育美学的构想》，《广东社会科学》1996 年第 3 期。

郝德永：《从二元性转向二重性：教育研究的方法论突破》，《教育研究》2013 年第 11 期。

韩烈文：《试论语文教师的美学修养》，《四川师院学报》1985 年第 1 期。

何齐宗：《中外教育美学思想史略》，《江西教育科研》1994 年第 3 期。

何茜：《西方课程研究的美学转向》，《比较教育研究》2010 年第 11 期。

贺小亮：《试论课堂教学的美学法则》，《江苏教育学院学报（社会科学版）》1988 年第 1 期。

胡健：《从审美对象到审美本体——论杜夫海纳的现象学美学》，《暨南学报（哲学社会科学版）》2007 年第 2 期。

胡潇：《论网络文化对哲学思维的解构》，《学术研究》2013 年第 10 期。

黄福艳：《论接受美学视野下的体悟式阅读教学》，《广西师范学院学报（哲学社会科学版）》2008 年第 10 期。

黄凯锋：《价值论美学论纲》，《上海社会科学院学术季刊》1999 年第 1 期。

黄凯锋：《价值论美学——美学研究的未来走向》，《哲学动态》

1998 年第 7 期。

黄忠敬：《课程研究的基本范式及比较》，《教育理论与实践》2004 年第 3 期。

靳玉乐、于泽元：《教学研究范式的后现代转换》，《西南师范大学学报（人文社会科学版）》2004 年第 5 期。

克莱德·E. 柯伦：《教学的美学》，周南照译，《教育研究》1985 年第 3 期。

李宝庆、靳玉乐：《麦克莱伦的批判课程理论及其启示》，《西南大学学报》2014 年第 9 期。

李广、马云鹏：《国际课程研究范式的多维转换》，《外国教育研究》2008 年第 12 期。

李其森：《谈谈体育教师的美学修养》，《山西师范大学学报（社会科学版）》1996 年第 4 期。

李如密：《国内外教学美学研究状况及存在问题》，《教育学术月刊》2008 年第 1 期。

李伟：《回归实践，回到理解》，《比较教育研究》2008 年第 7 期。

李小红：《论生成性课程实践的捕捉与利用》，《教育发展研究》2006 年第 10 期。

李小林：《论中学教师的美学修养》，《天府新论》2005 年第 5 期。

李雅婷：《H. Rugg 创造性自我表现之课程美学观点探究》，《课程与教学季刊（台北）》2007 年第 10 期。

李子华：《教育美学视阈中课堂教学言语的艺术化审美特质》，《教育科学论坛》2009 年第 4 期。

林逢祺：《美感创造与教育艺术》，《教育研究集刊》1998 年第 1 期。

林有祥：《课程教学美初探》，《东北师范大学学报》1987 年第 2 期。

林素卿：《美感经验对课程美学建构之启示》，《东海教育评论》2009 年第 3 期。

李善初：《教学美学初探》，《娄底师专学报》1989 年第 3 期。

刘成纪：《从实践、生命走向生态——新时期中国美学的理论进程》，《陕西师范大学学报》2001 年第 6 期。

刘华：《论莫里茨·盖格尔现象学美学及其意义》，《社会科学研究》2007 年第 3 期。

刘涛：《系统科学美学视野中的体育教学艺术》，《江苏社会科学（教育文化版）》2008 年第 1 期。

刘黎清：《大学课堂教学的美学思考》，《广西大学学报（哲学社会科学版）》2009 年第 4 期。

刘铁芳：《人、世界、教育：意义的失落与追寻 》，《教育研究》1997 年第 8 期。

刘旭光：《现象学的方法与当代文艺美学的新发展》，《文艺理论研究》2012 年第 3 期。

刘志军：《发展性课程评价体系初探》，《课程教材教法》2004 年第 8 期。

罗坚：《存在之思与生命之美——尼采的生命美学思想管窥》，《学术论坛》2010 年第 12 期。

吕宏波：《杜威实用主义美学与"审美无利害"原则》，《辽宁师范大学学报（社会科学版）》2007 年第 7 期。

马开剑：《杜威重建经验概念的课程价值》，《华东师范大学学报》2005 年第 1 期。

马云鹏，吕立杰：《近现代课程研究范式的演变及其启示》，《教育研究》2002 年第 9 期。

倪梁康：《现象学的动态意向分析及其问题》，《江苏社会科学》2004 年第 1 期。

欧用生：《诗性智慧的课程论述》，《幼儿教育（教育科学版）》2006 年第 12 期。

潘知常：《中国美学的思维取向——中国美学传统与西方现象学美学》，《南京大学学报》2002 年第 1 期。

潘知常：《生命美学：从本质到意义》，《贵州大学学报》2015 年第 1 期。

庞飞：《教育即审美——杜威的美育思想新论》，《美育学刊》2013 年第 2 期。

冉铁星：《20 世纪中国教育美学的走向及其意义》，《教育评论》1997 年第 2 期。

冉铁星：《教育美学与审美教育学的对象异同》，《湖南师范大学教育科学学报》2002 年第 6 期。

石磊：《教育美学初探》，《高等教育研究》1989 年第 3 期。

石磊：《教育美学的几个问题》，《高等教育研究》1990 年第 4 期。

施良方：《泰勒的课程与教学的基础原理——简述美国课程理论的兴起与发展》，《华东师范大学学报（教育科学版）》1992 年第 4 期。

孙冬梅、黄坤：《教育研究范式及方法的变革与融合》，《中国高教研究》2009 年第 2 期。

檀传宝：《教育学和美学交叉研究的三种水平》，《中国教育学刊》1995 年第 3 期。

檀传宝：《论教育美育》，《教育研究》2000 年第 12 期。

汪刘生：《试论教学美》，《教育研究》1990 年第 12 期。

汪霞：《概念重建课程研究的后现代本质与评价》，《比较教育研究》2005 年第 10 期。

汪霞：《后现代课程研究的兴趣：概念重建活动》，《全球教育展望》2002 年第 10 期。

王洪席：《课程的"现代性"危机与概念重建》，《全球教育展望》

2009 年第 9 期。

王敏：《教学美学观的迷失与出路》，《教育研究与实验》2004 年第 2 期。

王晓华《西方生命美学诞生的逻辑因缘与基本维度》，《深圳大学学报》2004 年第 1 期。

王秀清：《教学美学琐谈》，《南京社会科学》1994 年第 5 期。

王枬：《教育学立场的美学审视》，《教育研究》2007 年第 12 期。

王长纯：《当代西方教育艺术论初探》，《外国教育研究》1992 年第 4 期。

王牧华、靳玉乐：《当代西方课程理论的主要特点及其发展趋向》，《教育研究》2013 年第 11 期。

王中男：《考试文化：课程评价改革的深层桎梏》，《华东师范大学学报（教育科学版）》2013 年第 3 期。

王中男：《课程评价改革路在何方》，《教育理论与实践》2011 年第 11 期。

徐文彬、孙玲：《课程研究领域中概念重建运动的新近发展与趋势》，《比较教育研究》2007 年第 10 期。

杨秉静：《语文教师的美学修养与美育》，《山西教育学院学报》2002 年第 4 期。

杨道宇、董静：《走向实践智慧的课程评价》，《现代教育管理》2013 年第 7 期。

杨小微：《课程：学生个体精神生命成长的资源》，《华中师范大学学报（人文社会科学版)》2006 年第 5 期。

杨晓奇：《生命美学观照下的教师专业成长》，《教师发展研究》2011 年第 24 期。

易晓明：《杜威美学思想对当代美育的启示》，《教育研究与实验》2010 年第 1 期。

尹力:《教学美学的基本理论问题探讨》,《教育评论》1997 年第 2 期。

于伟:《教育观的现代性危机与新路径初探》,《教育研究》2005 年第 3 期。

余海明:《新课程改革背景下的评价技术改进》,《中国教育学刊》2013 年第 7 期。

余慧娟:《为了精神生命的主动发展——记叶澜与她的"新基础教育"》,《人民教育》2009 年第 5 期。

袁春平、范蔚:《语文阅读教学课堂创生及其策略——一种接受美学视野下的考察》,《当代教育科学》2008 年第 1 期。

威廉:《派纳论"概念重构"和"理解课程"》,《外国教育研究》2003 年第 1 期。

苑文秀:《教学美学研究中的几个问题》,《辽宁师范大学学报（社会科学版）》1991 年第 1 期。

查有梁:《"审美—立美"教育模式建构》,《课程教材教法》2003 年第 3 期。

张东娇:《论教育的悲剧精神——兼谈教育的美学气质》,《教育研究与实验》2004 年第 4 期。

张法:《杜夫海纳的现象学美学思想》,《四川外国语学院学报》2005 年第 7 期。

张华:《走向课程理解:西方课程理论新进展》,《全球教育展望》2001 年第 7 期。

张晶:《审美惊奇论》,《文艺理论研究》2000 年第 3 期。

张谦:《教育美学初探》,《理论与现代化》2001 年第 1 期。

张晓辉:《课堂教学美学研究的几个基本问题》,《当代教育论坛》2009 年第 5 期。

张晓剑:《论杜威哲学中的审美经验与教化问题》,《美育学刊》

2013 年第 1 期。

张永昊：《论教育精神与教育的美学精神——教育美学的精神追求》，《广西大学学报（哲学社会科学版）》2003 年第 2 期。

张永清、薛敬梅：《美在创造中——萨特的现象学美学思想简论》，《山西师大学报》2000 年第 1 期。

张永清：《胡塞尔的现象学美学思想简论》，《外国文学研究》2001 年第 1 期。

张永清：《现象学美学解读》，《山西师大学报》2003 年第 10 期。

张韵：《课程美学探究取向发展述评》，《重庆文理学院学报》2007 年第 1 期。

章启群：《胡塞尔意向性学说与现象学美学》，《北京大学学报（哲学社会科学版）》1994 年第 2 期。

赵建军：《论知识论与价值论美学的内在统一性》，《学术月刊》2004 年第 2 期。

赵奎英：《论现象学美学方法的整体性》，《山东大学学报》1999 年第 4 期。

郑钢：《关于建立教育美学的构想》，《湖南师范大学学报（社会科学版）》1987 年第 2 期。

钟启泉：《概念重建与我国课程创新》，《北京大学教育评论》2005 年第 1 期。

钟启泉：《走向人性化的课程评价》，《全球教育展望》2010 年第 1 期。

钟添腾：《课程美学的理念与探究》，《教育资料与研究》1992 年第 3 期。

钟以俊：《对现代教学艺术的一些思考》，《教育研究》1990 年第 12 期。

周淑卿：《无教学不足以成课程：美感认知理论的观点》，《西南大学学报》2009 年第 11 期。

周文杰：《21 世纪教育理论的生长点——教育美学》，《江西社会科学》2003 年第 9 期。

曾颖、杨昌勇：《女性主义对现代教育的批判、重构及启示》，《天津市教科院学报》2006 年第 8 期。

朱光明：《范梅南现象学教育学思想探析》，《比较教育研究》2005 年第 4 期。

朱志荣：《论实践美学发展的必然性》，《湖北大学学报》2008 年第 3 期。

（三）学位论文

陈锦惠：《教学历程中教师美感经验之研究：杜威美感经验的观点》，硕士学位论文，台北教育大学 1994 年。

陈静：《意境化课程研究》，博士学位论文，西南大学 2009 年。

杜韶容：《论教学意境及其后现代意蕴》，博士学位论文，华南师范大学 2003 年。

高伟红：《当代课程的和谐美新探：生命美学的观点》，博士学位论文，华东师范大学 2003 年。

黄清：《论质的课程研究》，博士学位论文，西南师范大学 2004 年。

江冬梅：《生命 艺术 直觉——帕格森与 20 世纪中国美学》，博士学位论文，西南大学 2011 年。

江欣颖：《科学课程美感经验之探究——游戏与想象的观点》，硕士学位论文，台北教育大学 1998 年。

金玉梅：《社会批判课程理论研究》，博士学位论文，西南大学 2007 年。

李雅婷：《课程美学探究取向的理论与实践之研究》，博士学位论文，台北师范大学 2002 年。

林千枫：《"美感认知"观对台湾课程研究之启示》，硕士学位论文，台北教育大学 1995 年。

刘旭东：《现代课程的价值取向》，博士学位论文，西北师范大学 2000 年。

刘宇：《意义的探寻》，博士学位论文，华东师范大学 2009 年。

彭虹斌：《课程组织研究——从内容到经验的转化》，博士学位论文，华南师范大学 2004 年。

宋燕：《课堂教学审美化研究》，硕士学位论文，西南师范大学 2004 年。

谭辉旭：《实践课程论研究》，博士学位论文，西南大学 2008 年。

唐丽芳：《课程改革中的学校文化》，博士学位论文，东北师范大学 2005 年。

汪霞：《课程研究：从现代到后现代》，博士学位论文，华东师范大学 2002 年。

王定功：《人的生命价值研究》，博士学位论文，北京交通大学 2012 年。

王恭志：《傅柯的生存美学及其对教师课程意识的启发与意义》，硕士学位论文，台北教育大学 2007 年。

王玲：《博弈视野下的课程政策研究》，博士学位论文，山东师范大学 2008 年。

王艳霞：《课程中的文化选择研究》，博士学位论文，中央民族大学 2007 年。

王玉玲：《审美教育与中学语文教学》，硕士学位论文，东北师范大学 2003 年。

王鹏辉：《当代美国课程研究范式的转型及对我国课程改革的启示》，硕士学位论文，西北师范大学 2007 年。

吴远山：《视觉艺术教师叙事课程实践之研究》，博士学位论文，台北教育大学 1998 年。

吴支奎：《课堂中的意义建构——学生参与课程发展研究》，博士学位论文，西南大学 2009 年。

夏雪梅：《课程变革实施过程的研究：学校组织的视角》，博士学位论文，华东师范大学 2008 年。

徐笑浓：《审美化教学研究——从生命美学的视角》，硕士学位论文，湖南师范大学 2007 年。

谢登斌：《当代美国课程话语研究》，博士学位论文，华东师范大学 2005 年。

杨荣昌：《教师继续教育课程体系研究》，博士学位论文，华东师范大学 2006 年。

杨云萍：《审美与审丑——感性学意义下的语文美育研究》，博士学位论文，湖南师范大学 2008 年。

余文森：《个体知识与公共知识——课程变革的知识基础研究》，博士学位论文，西南大学 2007 年。

张佳薇：《对话取向的艺术与人文教学实践》，硕士学位论文，台北艺术大学 1998 年。

张荣伟：《教育共同体及其生活世界改造——从"新基础教育"、"新课程改革"到"新教育实验"》，博士学位论文，苏州大学 2006 年。

赵炳辉：《新课改视域下教师课程意识研究——来自一所小学的个案研究》，博士学位论文，东北师范大学 2009 年。

周险峰：《教育文本理解论》，博士学位论文，华东师范大学 2006 年。

二、外文文献

（一）著作类

Beyer , L. , Art and Society, In Pinar, W. (Ed.), *Contemporary Curriculum Discourses*, Scottsdale, AZ: Gorsuch Scarisbrick, 1988.

Coffey, A. , Delamont, S. , *Feminism and the Classroom Teacher: Research , Praxis, Praxis, Pedagogy,* Routledge Falmer, 2000.

Dale, R. , Esland, G. , Macdonald Meds: *Schooling and Capitalism: A Sociological Reader,* London and Henley: Routledge and Kegan Panl, 1976.

Dewey: *Experience and Nature,* New York: Dover Publications, Inc, 1958.

Dewey: *The Aesthetic Element in Education,* John Dewey – The Early Works, 1882 – 1898, Illinois: Southern Illinois University Press, 1972.

Dewey: *The Child and the Curriculum,* Chicago: The University Of Chicago Press, 1956.

Short, E. C. , *Forms of Curriculum Inquiry,* New York: State University of New York, 1991.

Eisner, E. W. , *Cognition and Curriculum Reconsidered,* New York: Teachers College Press, 1994.

Eisner, E. W. , *Learning and Teaching: The Ways of Knowing,* Chicago, Illinois: The University of Chicago, 1985.

Eisner, E. W. , *The Arts and the Creation of Mind,* New Haven: Yale University, 2002.

Eisner, E. W. , Day, M. D. , *Handbook of Research and Policy in Art Education,* Mahwah: Lawrence Erlbaum Associates, 2004.

Eisner, E. W. , *The Art of Educational Evaluation: A Personal View,* England: Flamer, 1985.

Eisner, E. W. , *The Enlightened Eye: Qualitative Inquiry and the Enhancement of Educational Practice,* New York: Macmillan, 1991.

Greene, *Teacher as Stranger,* Beverly, M A: Wadsworth Publishing Company, 1973.

Haggerson, N. L. , *Expanding Curriculum Research and Understanding,*

New York: Peter Lang, 2000.

Hirst, P. H., *Knowledge and the Curriculum,* London: Rouflege and Kegan Paul, 1974.

Mann, J. S., Curriculum Criticism, Curriculum Theory Network, 1969.

Pinar, W. F., *Curriculum Theorizing – the Reconceptualists,* Berkeley: Mc Cutchan, 1975.

Maxine Greene, *Teacher as Stranger: Educational Philosophy for the Modern Age,* California: Wadsworth Publishing Compary, 1973, II.

Pinar, W. F., *Autobiography, Politics and Sexuality,* Bern, Switzerland: Peter Lang Publishing, 1994.

Pinar, W. F., *Curriculum Theorizing – the Reconceptualists,* Berkeley: Mc Cutchan, 1975.

Jackson, P. W., Curriculum and Its Discontents, In Giroux, J. A., Penna, A. N., Pinar, W. F. (Eds), *Curriculum and Instruction: Alternative in Education, Berkeley,* CA: McCutchan Publishing Corporation, 1981.

Short, E. C., *Forms of Curriculum Inquiry,* Albany, N: State University of New York Press, 1991.

Dilthelm, W., *Introduction to the Human Science I,* Detroit: Wayne state University Press, 1988.

Schubert, W. H., *Curriculum: Perspective, Paradigm, and Possibility,* Macmillan Publishing Company, 1986.

（二）论文类

Bullock, A., C. Hawk, P., *Developing a Teaching Portfolio: a Guide for Preservice and Practicing Teachers,* Merrill Prentice Hall, 2001.

Short, E. C., *Forms of Curriculum Inquiry,* State University of New York, 1991.

Eisner, E. W., Curriculum Development in Stanford University's Kettering Project: Recollections and Ruminations , *Journal of Curriculum Studies*, 1975(7).

Eisner, E. W. , Humanistic Trends and the Curriculum Field , *Journal of Curriculum Studies*, 1978(10).

Eisner Elliot W. , Reshaping Assessment in Education: Some Criteria in Search of Practice , *Journal of Curriculum Studies*, 1993(3).

Alan Bleakley, Robert Marshall, Toward an Aesthetic Medicine: Developing a Core Medical Humanities Undergraduate Curriculum, *Journal Medical Humanities*, Vol. 27, 2006.

Beth Juncker, Using Aesthetics as an Approach to Defining a New Children's Cultural Foundation within the Library and Information Science Curriculum , *Journal of Education for Library and Information Science*, Vol. 48, No. 2, 2007.

Curtis, Thomas E. , *Aesthetic Education and the Quality of Life*, Indiana University, 1981.

Derek Whitehead, The Pedagogical Aesthetic and Formative Experience: Educating for Aletheic Imagination in the Fine Arts Curriculum, *Journal of Visual Art Practice*, Vol. 3, No. 3, 2004.

Eisner, E . W. , Humanistic Trends and the Curriculum Field , *Journal of Curriculum Studies*, 1978(10).

Franzblau, Robert H. , *Aesthetic Education as a Subversive Activity : A Phenomenological Case Study of Robert Kapilow*, University of Nebraska - Lincoln, 1996.

Green, M. , The Artistic - Aesthetic and Curriculum, *Curriculum Inquiry*, 1977(6).

Gunther Kress, A Curriculum for the Future, *Cambridge Journal of Education*, Vol. 30, No. 1, 2000.

Growing Success: Assessment, Evaluation, and Reporting in Ontario School, CA: Ontario, 2010.

Haggerson, Nelson , L. , *Aesthetics are Basic*, Office of Public Instruction, 1979.

Haggerson, Nelson , L. , *Education for Aesthetic Awareness*, Cleveland State University, 1990.

Hahn, Jan Cladouhos. , *Framwork for Aesthetic Literacy*, Office of Public Instruction, 1994.

Hong–yu Wang, Aesthetic Experience, the Unexpected, and Curriculum, *Journal of Curriculum and Supervision*, Vol. 17, No. 1, 2001.

Jerelyn M. Pimentel, *High School Teachers' Perceptions of ePortfolios and Classroom Practice: A Single – Case Study*, Providence : Johnson and Wales University, 2010.

Kaagan, Stephen, S. , *Aesthetic Persuasion: Pressing the Cause of Arts Education in American Schools*, Rutgers University, 1990.

Greene, M. , Curriculum and Consciousness, *Teachers College Record*, 1971(3).

Madeja Stanley, S. , *Through the Arts to the Aesthetic: the Cemrel Aesthetic Education Curriculum Office of Public Instruction*, 1977.

Mazza , K. A. , Reconceptual I inquiry as an Alternative Mode of Curriculum Theory and Practice: A Critical Study, *Journal of Curriculum Theorizing*, 1982, (2).

Patrick Slattery, Karen, A. , Krasny: Hermeneutics, Aesthetics, and the Quest for Answerability: a Dialogic Possibility for Reconceptualizing the Interpretive Process in Curriculum Studies, *The Journal of Curriculum Studies*, Vol. 39, No. 5, 2007.

Practice: A Critical Study , *Journal of Curriculum Theorizing*, 1982.

三、其他参考文献

Macdonald, Theory and Practice，会议论文，1967 年。

曾昱豪：《美学取向课程与教学理论建构与应用》，课程美学学术论文集，1998 年。

方永泉：《MaxineGreene "教师即陌生人" ——教师哲学在教师专业发展方面的意义》，会议论文，2012 年。

洪咏善：《美学取向课程与教学理论建构与应用》，课程美学学术论文集，1998 年。

黄藤：《教育、艺术与支配：迈向自由的国度》，读书会报告，2009 年。

林逢祺：《教学的部分与整体》，《美学取向课程与教学理论建构与应用》，学术论文集，2009 年。

刘育忠：《美学取向课程与教学理论建构与应用》，课程美学学术论文集，1998 年。

任鸿隽：《人生观的科学或科学的人生观》，《努力周报》2012 年 4 月 18 日。

桑慧芬：《美学取向课程与教学理论建构与应用》，课程美学学术论文集，1998 年。

周淑卿：《艺术取径的教师发展：寻索 Eisner 的路径》，《美学取向课程与教学理论建构与应用》，学术论文集，2009 年。

《新华大字典》，商务印书馆 2011 年版。

教师专业标准：https：//wenku. baidu. com/view/06993151f78a65 29647d53b9. html？from = search，2014 – 8 – 17/2017 – 7 – 1。

中华人民共和国教育部：《小学教师专业发展标准》，2017 – 7 – 6。

https：//wenku. baidu. com/view/41f441e331b765ce0408147a. html？from = search，2015 – 10 – 9/2017 – 6 – 19。

《价值论》：http：//baike. baidu. com/link？url = AzmD3JWp – tHgIC-

zB1e – j8RP3A8jfJxniFl0BmCIvSQnph5ezj7HDMopA5PDoS5JA9yiAmK
tZWYgqeBGrR0KB7e3ZVia0zKnvXdlF5b5bUycwWNpZOBn9XIRDOW
s2TDWS, 2017 – 6 – 19。

《方法论》: https://wenku.baidu.com/view/83d9c21252d380eb62946
db6.html, 2010 – 9 – 24/2017 – 6 – 19。

后 记

　　本书是在我博士论文的基础上完成的。在要"交卷"的时候，我内心忐忑，也感觉到论文很多地方不尽人意，常常有推倒重来的冲动，但是无奈没有这个勇气，毕竟这是 8 年来学习和思考的结果。在这个过程中，体会到了思考和写作是"自我成长"的过程也是教师的一种生活方式。

　　论文的写作过程是幸运的。导师在我入学的时候曾经说过，博士论文是一个博士学术水准的最高体现。从那时候开始，博士论文的准备就成了读博士最焦虑的一件事情，我在博士选题过程中有过很多思想的挣扎，是选择一个自己熟悉的而容易完成的内容，还是选择一个崭新的难以完成的问题；是选择一个自己感兴趣的内容还是选择一个政策讨论的热点问题？每一个博士生都会经历这样的思考和纠结。在确定选题的时候，导师和我交流后说，你喜欢艺术，可以尝试从美学的角度来研究课程，目前西方课程美学的研究是很热门的。导师的提醒让我顿时精神一振，课程美学，这不仅是个有研究价值的新问题，也是我感兴趣的问题，能把自己的兴趣和艰苦的研究工作结合起来，无疑是很幸福的一件事。于是当即决心不仅要把博士论文完成好，更准备将其作为自己未来学术研究的重点领域。我非常感谢导师帮助我确定了这样一个有意义的选题，他以独有的教育智慧了解并尊重每一个学生的成长文化，这才是一位导师的睿智和能量。

博士论文写作的过程是艰难的，在着手开始论文资料收集和文献综述的时候我才发现，国内关于这方面的研究成果稀缺，而国外资料翻译以后由于文化差异导致信息是那么的艰涩难懂，同时发现自己对于美学理论的准备也很不充分。论文资料的准备可以说是费尽周折，先是到国家图书馆、香港教育学院图书馆、香港中文大学教育学院查阅资料，到台湾师范大学与周淑卿教授交流，到香港中文大学与李军教授、尹弘飚教授交流，后来到北京大学哲学系以访问学者身份师从叶朗教授学习美学理论。由于资料准备工作的不足，加之自己学术水平的局限，使得论文的进展缓慢甚至停滞……伴随着孩子的出生，已经过了正常毕业的时间，怀着焦急的心情我又重新投入论文的写作中。为了追赶时间，照顾孩子的工作交给了母亲和保姆，每天几乎都在办公室工作到深夜，没有了节假日，论文初稿仓促完成了，但是很不尽如人意，预答辩的时候老师们提了很多意见，导师也在我的初稿上做了数不清的批注，几乎整个论文的框架都调整了，无奈之下，论文答辩只能再次推迟。那时的心情是非常复杂和焦虑的，一方面是作为母亲因为投入工作而没能尽到照顾幼女的责任，难以平衡家庭、孩子、工作、论文的关系让人感觉精神压力巨大。另一方面，一拖再拖的毕业论文让人感觉心情坠落到了无底的深渊，没有实现自己对导师的承诺更让我焦虑和汗颜。不过坦率地说，那时候的我思维是僵固的，脑海中一片茫然，就像一个文字的搬运工一样，只是不断地往电脑里输入文字，丝毫没有对论文进行慎思和琢磨，那时候我在写后记的时候竟然感觉无话可说，这样的论文质量肯定是不高的。平时严厉的导师似乎是看出了我的窘迫，反而宽慰我说，不要着急也不要有太多顾虑，论文慢慢改，也许收获会更大。听完导师的话，我开始收拾心情，正确面对问题，重新理顺思路，又回归到论文写作的艰难征途上。

论文的写作过程是充实的。论文写作固然艰难，但也伴随着很多的快乐。在博士学习期间，聆听了很多老师的课，感受老师们的风采，也分享了老师们的智慧。我的硕士生导师范蔚教授，她不仅是我的老师，也是我的朋友，更是我的榜样，她用一位女性的智慧为我解读了很多生活上的问题，也为我的学术发展提供了很多最中肯的建议。朱德全老师不仅真诚的和我们分享他自己的治学经验，在工作上也给予我很多鼓励和帮助，他让我感受到一位学者开阔的胸襟和睿智的思维。徐学福老师独到的学术研究视角和直率的个性，让我感受到一位学者对学术的真诚。兰英老师常常以朋友的身份关心我的生活和论文的进展。师母胡席玉老师以女性温和优雅的姿态关心我的生活和工作，为师门营造了一种阳光、快乐的生活气息，她以优雅、善良的大家风范让我们感受着温暖和祥和。论文的写作过程得到了很多校外师长的关心和鼓励，吕达老师每次见面都询问我论文的进展，催促我早日完成书稿，提醒我关注国外学者论文方面的最新成果，给我寄书送我资料，这既是鼓励又是鞭策，他对学界后辈的扶持和帮助让我感动。陆有铨老师对于教育问题独到而精辟的见解，让我开阔视野，陆老师以"好生活就是好好的生活"的朴实而深刻的人生哲学影响着我。叶澜老师每次和我的谈话和微笑，都让我如沐春风，给我传递着一名女性学者脱俗超然的优雅。为了完成博士论文，我曾经到北京大学哲学系跟随叶朗先生学习美学一年，在北大的一年，倾听了汤一介、乐黛云、朱良志、章启群、彭吉象、甘阳等许多大家的学术讲座。那段时光，每天背着书包骑着单车奔走于教室和图书馆之间，如痴如醉地站一天或者坐地上听讲座是常态，虽然辛苦但是精神上是无比满足的，那种思想自由、学术思维活跃、行为如风的感觉终生难忘。在台湾旅游，冒昧拜访周淑卿教授，她不仅热情接待还慷慨赠送我书籍资料和茶叶，在香港中文大学，尹弘飚、李军教授为查阅资料提供了很多帮助。教育学部这个充满进取和开拓精神的教育精英团队和各位领导师长，给予我们学术研究的保障、高水平的发展平台、如家的归属感。我的硕士研究生，他们以认真的态度为我查阅资料、翻译外文以及核对注释，诚恳地支持我的工作，理解我对他们的疏忽。是学术让我们结缘，是思想让我们成群，是教育让我们团结，感谢所有前辈的提携和鼓励，感谢朋友们的支持和帮助。课程是个体经验成长的历程，著书立传是"自我文本"的记录和解读。这个过程对于个体认知的丰富和身心的励炼是刻骨铭心的，她给我带来的探索知识的兴奋感，疑惑难解的挫败感、享受独处的幸福感，没有这样的经历，就不会感受到浩瀚科学世界的精妙和徜徉知识海洋的静逸空灵的感觉。

我要感激人生这段独特而难忘的经历和一路相伴的人，同时更要感谢我身边的亲人们，感谢一直注视和关心我的父母、姐姐、姐夫，我一直认为我成绩属于我的家庭。父母已年过古稀，依然为我的学业、家务操劳，宽容我的忙碌，我此生不敢忘记，一定会好好回报你们。我的先生是我的学术伴侣和精神依靠，他总是第一个倾听我陈述观点的人，他包容我的缺点、支持我的学术思考、照顾我的情绪、分担我的忧虑、指点我的迷津。孩子5岁了，正值天真可爱充满灵气的年纪，希望你能理解父母的忙碌，忙碌不代表遗忘，而是更深厚的爱，忙碌是人生的常态，希望你能学会在忙碌中诗意的生活，在未来的日子，正如你爱唱的歌——"我们三人一条心，什么都不怕"，希望你成为一个阳光、正直、聪慧的人。"胸无城府人如玉，腹有诗书气自华"，岁月沉淀性格，读书让我宁静，在教育领域20多年的历练和思考，自己也逐渐成熟，内心增添了几许淡定和稳重。我一直庆幸自己拥有很多的美好，同时也越发感觉到生命的意义与责任，此刻，我的内心充满感恩与虔诚，感谢大家对我真诚的关心和帮助，也许感谢还未尽完，那也无法阻止我将它们深藏于内心，我将以全心的爱回报大家。

何　茜

2017 年夏于田家炳书院

2019 年秋修改于加拿大温莎大学